Croton II

von
Artur Tadevosyan

Übersetzt von: Romina Kuhne

Für Genehmigungen, Serienveröffentlichungen, Kürzungen, Adaptionen oder unseren Katalog weiterer Veröffentlichungen
schreiben Sie bitte an: Ozark Mountain Publishing, Inc.
P.O. Box 754, Huntsville, AR 72740
ATTN: Permissions Department

Library of Congress Katalogisierung-in-Publikations-Daten

1963 – Croton II von Artur Tadevosyan

Von den Planern überzeugt, nimmt Croton ein weiteres Leben auf der Erde an, um den Zweck seiner Seele zu erfüllen.

1. Channeling 2. Geistführer 3. Bewusstsein 4. Metaphysik. Tadevosyan, Artur, 1963 - II. Metaphysisch III. Geistführer IV. Titel

Library of Congress Katalogkartennummer: 2025948632
ISBN: 978-1-950639-51-9

Covergestaltung und Layout: Victoria Cooper Art
Buchschriftarten: Times New Roman
Übersetzt von: Romina Kuhne
Buchdesign: Nicklaus Pund

Veröffentlicht von:
P.O. Box 754, Huntsville, AR 72740
Telefon: 800-935-0045 oder 479-738-2348
Fax: 479-738-2448
WWW.OZARKMT.COM
Gedruckt in den Vereinigten Staaten von Amerika

Inhalt

Prolog

Raymond wurde in einem kleinen osteuropäischen Land geboren, das seit dreitausend Jahren um sein Überleben als Nation kämpfte. Es war mitten im zwanzigsten Jahrhundert, eine Zeit, in der der Frieden frisch errungen war und sich sowohl im Inneren des Landes als auch im Verhältnis zu seinen Nachbarn eine gewisse Stabilität eingestellt hatte.

Als Kind war Raymond nicht gerade der Klügste in seiner Klasse – stets umgeben von vielen Freunden, die ihm zuverlässig dabei halfen, in der Schule wie außerhalb irgendeinen Unsinn anzustellen. Seine Familie aus der Arbeiterschicht tat ihr Möglichstes, ihm eine gute Bildung zu ermöglichen. Sein natürliches Talent für jede Art von sportlicher Betätigung verhalf ihm zu einem Platz an einer angesehenen Oberschule – und bald auch zu einer gewissen Beliebtheit. Diese wiederum wurde vor allem an der Menge weiblicher Aufmerksamkeit gemessen, an der es ihm nie mangelte. Schon in jungen Jahren verliebte sich Raymond immer wieder – und jedes Mal war er überzeugt: Diesmal ist es die Eine. Die Eine – und keine andere. Doch das Feuer verlosch nie lange, ehe es von einer neuen Flamme wieder entfacht wurde – lodernder und ungestümer als je zuvor.

Raymond war auch nicht der Größte in seiner Klasse, doch er war ausgesprochen gut aussehend. Seine Augen waren so dunkel, dass sie fast schwarz wirkten. Das wellige, dunkle Haar saß stets makellos, als sei es gerade erst frisiert worden. Seine kurze, gerade Nase und das kräftige Kinn, auf dem sich schon früh erste Bartstoppeln zeigten, verliehen ihm das Aussehen eines jungen Mannes mit unbeugsamem Willen und unerschütterlicher Entschlossenheit. Er war einer, auf den man sich verlassen konnte – ein „stand-up guy" –, der seine Freunde nie im Stich ließ, ganz gleich, wie groß der Kampf auch war. Allein das reichte aus, um ihm den Respekt und die Anerkennung seiner Mitschüler zu sichern.

Anne gehörte zu den „guten Mädchen". Ganz gleich, wie hartnäckig sich der Ärger auch an sie heranschlich – sie verstand es, ihm stets aus dem Weg zu gehen. Als ihre engen Freundinnen begannen, mit Zigaretten und Alkohol zu experimentieren, blieb sie ihnen treu verbunden, ohne sich von den Versuchungen anstecken zu lassen. Die Liebe hatte bisher keinen Weg in Annes Herz gefunden, doch sie war sich sicher, dass auch für sie der richtige Moment eines Tages kommen würde. Die Jungen um sie herum erschienen ihr allesamt unreif und ihres Herzens nicht würdig.

Endlich neigte sich das letzte Jahr dem Ende zu – ein Jahr, das wie ein endloser Aufstieg zum Gipfel der schulischen Bildung gewirkt hatte. Niemand konnte es erwarten, sich kopfüber in die wirkliche Welt zu stürzen – eine Welt voller Abenteuer, Hoffnungen und ohne die Fesseln der Kontrolle. Der Wind der Freiheit tanzte bereits auf ihrer Haut und kitzelte ihre Nasen mit dem verlockenden Duft der Unabhängigkeit.

Raymond kannte all die beliebten Mädchen seiner Schule – doch keine vermochte es, sein Interesse lange zu halten. Seine romantischen Unternehmungen endeten stets in Enttäuschung, und seine Freunde verspotteten ihn deshalb mit dem Spitznamen „Englische Bulldogge". Sobald seine Eroberung geglückt war, verlor er das Interesse. Raymond war sich dieser Eigenschaft bewusst, doch er konnte nichts dagegen tun. Es gab jedoch ein Mädchen in seiner Klasse, das seinen ruhelosen Geist gefangen nahm. Sie hatte große, braune Augen – anklagend und unerbittlich. Immer wenn Raymond Ärger mit den Lehrern hatte, fanden ihre Augen ihn, und mit ihnen kam das nagende Gefühl der Schuld über sein kindisches Verhalten.

Anne hatte langes, glattes Haar in einem mausbraunen Ton. Ihr Gesicht war rund, und ihre makellose Nase bildete eine gerade Linie hinab zu ihren kleinen, aber vollen Lippen. Im Vergleich zu den anderen Mädchen ihrer Klasse war ihre Haut auffallend hell – als hätte kein Sonnenstrahl sie je berührt. Es war, als sei sie von einer unsichtbaren Aura der Reinheit umgeben, ein stilles Schutzschild gegen jeden Jungen, der sich ihr mit unlauteren Absichten nähern wollte.

In letzter Zeit war es ihr gelungen, eine leise Neugier in Raymonds Gedanken zu wecken – eine Neugier auf diesen Gipfel namens Anne, der von seinem Standpunkt aus mit jedem Tag höher und unerreichbarer schien. Obwohl er sonst keine Scheu kannte, fremde Mädchen anzusprechen, fand er nicht den Mut, sich ihr zu nähern. Diese großen, braunen, tadelnden Augen hatten eine tiefe Angst vor Zurückweisung in ihm verankert – eine Zurückweisung, die unweigerlich in Demütigung vor seinen Freunden geendet hätte. Und doch kam jener Tag, an dem die langen Arme des Schicksals einen Weg fanden, sie unaufhaltsam zueinander zu führen – zu einem Aufeinandertreffen, das lange vor ihrer Geburt auf diesem großartigen Planeten Erde geplant und vorherbestimmt worden war.

Es war eine heiße Sommernacht, und die Stimmung war ausgelassen in freudiger Erwartung der nahenden Schulferien. Raymond befand sich auf einer jener zahlreichen Partys, die er regelmäßig mit seinen Freunden besuchte. Doch diese Feier unterschied sich von allen anderen durch ein einziges, entscheidendes Detail: Anne war da. Nie zuvor hatten sie einander außerhalb der Schulflure gesehen, und niemals hatte er sie ohne Schuluniform erlebt. Anne trug ein schlichtes, unauffälliges Kleid, doch in Raymonds Augen war es das schönste Gewand, das je einen Menschen zierte. Alles an ihr war an diesem Abend anders – sie war wie ein Magnet mit nur einem Ziel, und dieses Ziel war er. Mit dem ersten Takt eines langsamen Tanzes wurde Raymond von einer unwiderstehlichen Kraft zu ihr hingezogen, die ihm den Mut verlieh, sie zum Tanz aufzufordern. Der Drang, in ihre braunen Augen zu blicken, sie zu berühren und von ihr berührt zu werden, trieb seine Gedanken in einen taumelnden Wirbel. Zu seinem Glück nahm sie seine Einladung an, und gemeinsam schritten sie in die Mitte der Tanzfläche. Behutsam legte er seine Hände auf ihre Taille, während sie ihre auf seine Schultern legte.

In diesem Moment hörte die Welt ringsum auf zu existieren.

Raymond spürte seinen Herzschlag bis in den Hals pochen, so heftig, dass ihm die Worte im Mund stecken blieben. Von Beginn des Tanzes an versuchte er, respektvoll Abstand zu wahren – aus Angst, sie zu brüskieren. Doch schon bald zog sie sich näher zu ihm heran und ließ zu, dass ihre Körper sich in sanfter Berührung begegneten. Dieses schüchterne, zurückhaltende Mädchen übernahm plötzlich mutig die Führung, setzte ihren Willen gegen den seinen durch – und er ergab sich nur allzu gern. Im nächsten Moment spürte er ihren ganzen Körper an sich. Diese Geste setzte eine unsichtbare Kraft in Bewegung, eine Energie, die zwei Seelen untrennbar miteinander verband. Von da an wussten sie beide, dass ein Leben in Trennung für sie nicht mehr möglich war. Für alle folgenden Tänze, gleich welchen Taktes, blieben sie ineinander verschlungen, ohne ihre Umgebung noch wahrzunehmen. Seit jenem Augenblick, da sie sich verbunden hatten, hatten sie kein Wort gewechselt – es war auch nicht nötig. In diesem Tanz, in diesem Gefühl, in diesem Zauber der Nacht wollten sie die Ewigkeit finden.

Erst als die Musik unvermittelt verstummte und die Tanzfläche sich geleert hatte, kehrten sie zurück auf die Erde. Raymond bot Anne an, sie nach Hause zu bringen – und so gingen sie, Hand in Hand, die meiste Zeit schweigend. In seinem Inneren wünschte er sich, ihr Zuhause läge am anderen Ende der Welt, nur um diesen Weg mit ihr endlos fortsetzen zu können. Doch leider wohnte sie nur zwei Blocks entfernt. So blieb ihm nicht genug Zeit, all das zu sagen, was er sagen wollte. Es war so viel – und zugleich wusste er nicht, womit er hätte beginnen sollen. Also schwieg er. Es fühlte sich an, als hätte er sie eine Ewigkeit lang gesucht, und nun war sie da, direkt neben ihm – und er war sprachlos. Als sie ihr Haus erreichten, blieben sie voreinander stehen, und Anne blickte ihm direkt in die Augen. Es waren nicht mehr die tadelnden Augen, die er aus dem Schulalltag kannte. Jetzt waren sie erfüllt von Zärtlichkeit und Vertrauen. In diesem Blick lag ein stummes Verstehen – und eine stille Erwartung. Raymond spürte, dass seine nächste Geste von großer Bedeutung sein würde. Bedacht entschied er sich dafür, ihre Hand zu küssen. Anne wünschte sich ihren ersten Kuss – und sie war bereit dafür. Es wäre der perfekte Abschluss für diesen magischen Abend gewesen. Doch alles, was sie bekam, war ein Kuss auf die Hand. Raymond fürchtete, ihr Vertrauen zu verletzen und diesen unvergesslichen Moment durch Hast zu zerstören. Sie verabschiedete sich von ihm, ging zur Tür des bescheidenen Elternhauses und verschwand dahinter.

Raymond ging nach Hause, legte sich ins Bett und konnte die ganze Nacht nicht schlafen. Er durchlebte in Körper und Seele immer wieder jeden einzelnen Moment, den sie miteinander verbracht hatten. Er wollte seine Kleidung nicht wechseln, denn ihr Parfum hing noch immer an ihm, und er konnte nicht genug davon bekommen. Er schloss die Augen in der Hoffnung, dass der Schlaf die Zeit bis zu ihrem nächsten Treffen verkürzen würde. Die allmächtige Zeit, Herrscherin über alles und jeden auf dieser Welt, war zu seinem größten Feind geworden. Ihre gemeinsame Zeit war so schnell vergangen, und jetzt, da sie getrennt waren, schien die Zeit stillzustehen. Er hatte die Liebe in ihrer reinsten Form gefunden, und das konnte im geistigen Reich nicht unbemerkt bleiben.

Thales, der auf der Suche nach geeigneten Eltern war, bei denen Croton in seinem nächsten physischen Leben inkarnieren konnte, konnte diese neu entstandene Liebe nicht übersehen – eine Liebe mit großem Potenzial, eines Tages das stabile Fundament einer starken Familie zu bilden. Er beobachtete mit wachem Blick die Entwicklung dieser Beziehung auf der Erde. Er studierte ihre Lebensbäume und all die früheren Leben, die sie bereits auf dem Planeten geführt hatten. Dabei stellte Thales fest, dass sich ihre Lebenswege mit Crotons bislang nie gekreuzt hatten.

Eines jedoch beunruhigte ihn: die Vielzahl kurzer Äste in Annes Lebensbaum. Und all diese Enden würden erscheinen, wenn Croton gerade einmal Mitte zwanzig wäre – viel zu früh, um seine Mutter zu verlieren. Das veranlasste Thales dazu, sich an die geistigen Führer von Anne und Raymond zu wenden. Er bat sie, die beiden jungen Menschen behutsam zusammenzuführen und ihre Verbindung so bald wie möglich in eine Ehe münden zu lassen.

In der Zwischenzeit wurden Raymond und Anne zu einem unzertrennlichen Paar. Nur die Nacht hatte noch Macht über diese Verbindung, trennte ihre Körper, nicht aber ihre Seelen. Beide schlossen die Schule erfolgreich ab und wagten sich hinaus in die unbekannten Gewässer des Erwachsenseins. Trotz vieler Hindernisse gelang es ihnen, ihr Leben mit hohen moralischen Werten zu führen – genau so, wie es vorgesehen war. Sie entschied sich, Literatur und Sprache zu studieren und Lehrerin zu werden, wie schon ihre Mutter und Großmutter vor ihr. Er schrieb sich an der Technischen Universität ein, um die neuesten Errungenschaften der Menschheit zu erforschen. Kein Tag verging, an dem sie einander nicht sahen.

Die meisten ihrer Familien waren mit ihrer Verbindung einverstanden, aber Raymonds Mutter, Elsa, schien anderer Meinung zu sein. Sie war eine kleine, stämmige Frau. Ihre rosigen Wangen verrieten jede ihrer Emotionen im Bruchteil einer Sekunde. Ihr rundes Gesicht war von kurzem Haar umrahmt, das in einem künstlichen Aubergineton gefärbt war. Ihre hellbraunen Augen waren zwar klein, schmälerten jedoch nicht das Gesicht dieser Frau, die voller Leben und unerschöpflicher Energie war. Sie sagte oft zu Raymond: „Du bist erst neunzehn, was weißt du schon vom Leben? Geh hinaus, entdecke die Welt und finde dich selbst darin."

Unterbewusst wusste sie, dass die Hochzeit nicht hinter den Bergen lag und sich nicht würde aufschieben lassen.

Auf Thales' Bitte hin, ihm Bericht über den Verlauf der Dinge zu geben, erhielt er von den geistigen Begleitern der beiden die Antwort, dass alle ihre Verbindung unterstützten – mit Ausnahme von Raymonds Mutter. Die Gelegenheit, auf sie einzuwirken, ließ nicht lange auf sich warten. Elsa wurde krank und kam wegen eines kleineren Eingriffs ins Krankenhaus. Als Raymond und Anne sie besuchten, trafen sie auf eine weitere Frau, die sich mit ihr das Zimmer teilte – eine Frau namens Sophia. Irgendetwas an ihr war anders. Beide spürten auf seltsame Weise, dass sie sie schon lange kannten. Während Elsa sich von der Operation erholte, freundete sie sich mit Sophia an – denn Sophia war keine gewöhnliche Frau. Sie konnte Menschen aus türkischen Kaffeetassen die Zukunft lesen, und auf wundersame Weise lagen ihre Vorhersagen für Freunde und Bekannte oft erstaunlich richtig. Wenn sich alle bei ihr auf einen Kaffee trafen, drehten sie erwartungsvoll ihre kleinen Tassen um, in der Hoffnung, dass Sophia etwas in den getrockneten Kaffeeresten erkennen würde. Sie sah Bilder und Zeichen, die sonst niemand zu sehen vermochte. Auch Elsa machte da keine Ausnahme – auch sie suchte Antworten bei Sophia.

Nach ihrer gewohnten Kaffeepause reichte Elsa Sophia ihre Tasse. Diese nahm sie entgegen, warf jedoch keinen Blick hinein, sondern sagte: „Findest du nicht auch, dass die beiden perfekt zueinander passen?"

„Wer?", fragte Elsa.

„Dein Sohn und Anne. Wenn ich du wäre, hätte ich sie längst verheiratet."

„Er ist doch noch ein Kind", entgegnete Elsa.

Darauf antwortete Sophia: „Sieh dir an, wie sie sich lieben. Manche Menschen gehen ihr ganzes Leben, ohne je so eine Liebe zu finden. Du weißt doch, wie das Leben ist – manchmal passiert etwas, und sie verlieren diese Liebe und finden sie nie wieder."

„Dann war es keine wahre Liebe", erwiderte Elsa. „Oh doch, sie ist echt! Sie sind nur noch jung und vielleicht etwas ungestüm damit. Aber sie sind von Gott gesegnet. Glaub mir, ich weiß, wovon ich rede. Mach es fest."

„Ich werde darüber nachdenken", sagte Elsa abschließend.

Das Thema wurde nie wieder angesprochen.

Einige Tage später wurde Elsa aus dem Krankenhaus entlassen, und noch am selben Abend fragte sie Raymond: „Willst du wirklich heiraten?"

„Ja, Mama", antwortete Raymond, überrascht von ihrer Frage.

„Hast du denn keine Angst, dir dein Leben unnötig zu verkomplizieren?"

„Nein, Mama", erwiderte er selbstbewusst. „Ich weiß, wir sind beide noch Studenten, aber ich werde einen Teilzeitjob finden."

Doch Elsa ließ davon nichts gelten. „Das wird nicht nötig sein. Wenn das wirklich dein Wunsch ist, dann werden wir euch unterstützen."

„Ja, das ist es", sagte Raymond.

„Dann mach ihr einen Antrag", forderte Elsa ihn auf, mit einem listigen Lächeln im Gesicht und einem Segen in den Worten.

Raymond war so überrascht, dass er einen Moment lang strauchelte, um zu begreifen, was da gerade passiert war. Ausgerechnet von seiner Mutter hätte er das am wenigsten erwartet. Seit drei Jahren war er nun mit Anne zusammen, aber ans Heiraten hatte er nie wirklich gedacht – bis zu diesem Moment.

„Warum eigentlich nicht?", sagte er zu sich selbst.

Am nächsten Tag erzählte er Anne davon.

Es war kein Antrag mit Ring in der einen Hand und Feuerwerk im Hintergrund. Er schilderte ihr schlicht das Gespräch mit seiner Mutter und fragte nach ihrer Meinung. Es war unmöglich für Anne, ihre Freude zu verbergen. Am liebsten hätte sie laut „JA" gerufen – immer und immer wieder.

Doch zwei Dinge hielten sie davon ab. Erstens befanden sie sich in einem vollbesetzten Linienbus, und zweitens wollte sie nicht den Anschein von Verzweiflung erwecken.

Also sagte sie nur: „Ich werde mit meinen Eltern sprechen. "

Nachdem Raymond Anne von all dem erzählt hatte, verschwand es erst einmal wieder aus seinem Kopf.

Am nächsten Nachmittag trafen sie sich nach dem Unterricht im Park, in der Nähe ihrer Universitäten.

Sie saßen im Garten im Gras, und Anne sagte: „Ich habe mit meinen Eltern gesprochen."

„Und worüber genau?"

„Über deinen Heiratsantrag."

„Oh!", erinnerte sich Raymond. „Und?"

„Sie waren total begeistert und sagten, sie wären bereit für den Besuch deiner Eltern."

Raymond und Anne blieben den ganzen Nachmittag über im Park. Sie hielten einander in inniger Umarmung, still begleitet von der Mischung aus Angst und Aufregung über diese neue Reise, in die sie hineingestolpert waren. Vieles davon schien sich ihrer Kontrolle zu entziehen, als wären sie bloße stille Zeugen ihres eigenen Schicksals. Noch am selben Abend bat Raymond seine Mutter, sich bereit zu machen, Annes Eltern zu besuchen und um ihre Hand anzuhalten. In dem Land, in dem sie lebten, war es Brauch, dass die Eltern des zukünftigen Bräutigams den Eltern der zukünftigen Braut einen Besuch abstatteten, um offiziell um deren Tochter zu bitten. Eine Ablehnung durch die Familie des Mädchens wäre als Schande für die Familie des Jungen gewertet worden. Nach ein paar Beruhigungstabletten rief Elsa Raymonds Vater, Hector, hinzu, um Zeuge des Chaos zu werden, das ihr Sohn über die ganze Familie gebracht hatte.

Raymond, völlig ahnungslos darüber, was er eigentlich falsch gemacht hatte, stand an die Wand gelehnt im

Wohnzimmer – wie ein Verurteilter im Angesicht des Erschießungskommandos. Raymonds Vater war ein Mann Anfang sechzig. Sein ehemals rauchschwarzes Haar und der Schnurrbart waren mittlerweile fast vollständig ergraut. Vom jahrelangen starken Rauchen hatten sich die Haare über seiner Oberlippe rostgelb verfärbt. Sein gesamtes Gesicht wurde dominiert von dem mächtigen Höcker auf seiner Nase, der ihm das Aussehen eines uralten Kriegers verlieh. Seine einst großen, braunen Augen lagen nun im Schatten einer Traurigkeit, die den Ballast jener Erinnerungen spiegelte, die er mit sich trug. Er sprach selten, doch wenn er es tat, verstummten alle. Seine Sätze waren kurz und präzise, seine Urteile endgültig und nicht zur Diskussion freigegeben. In seinem Leben hatte er alles gesehen, was es zu sehen gab. Als Teilnehmer des Zweiten Weltkriegs trug Hector die Narben unzähliger Gräueltaten in sich – sie hatten ihn zu einem harten und kaum zu durchdringenden Mann gemacht.

Schon als kleiner Junge fragte Raymond seinen Vater oft nach Geschichten aus dem Krieg, doch irgendwie wusste Hector stets, diesen Gesprächen auszuweichen. Erst viel später, als Raymond längst erwachsen war, sprach sein Vater schließlich mit ihm über den Krieg – und das, was er sagte, blieb Raymond für immer im Gedächtnis.

„Ich bete zu Gott, dass du, deine Kinder und deren Kinder niemals einen Krieg erleben müssen. Die Menschen verlieren ihre Menschlichkeit, der Krieg bringt das Schlimmste in ihnen hervor. Die meisten Soldaten haben Dinge getan, über die sie später nicht mehr sprechen konnten, weil sie sich dafür schämten. Diese Scham trugen sie ihr Leben lang mit sich – eine Last aus Erinnerungen und Gefühlen, vor der es kein Entkommen gab. Allein das hinderte sie daran, ehrlich zu sein – nicht nur zu ihren Liebsten, sondern auch zu sich selbst", erklärte Hector..

Seit diesem Gespräch fragte Raymond seinen Vater nie wieder nach dem Krieg. Er hatte einfach gelernt, ihn noch mehr zu respektieren. Raymond wusste, dass die Worte seines Vaters in Sachen Heirat die letzten sein würden – und dass er sie annehmen und mit ihnen leben musste.

Nachdem er sich Elsas Argumente angehört hatte, die sich offenbar seit dem Vortag geändert hatten, sagte Hector: „Es gibt auch eine gute Seite an all dem."

„Welche gute Seite?", fragte Elsa.

„Um diese Zeit nächstes Jahr bin ich Großvater."

Dann wandte er sich seinem Sohn zu und sagte: „Wir werden gehen und um ihre Hand anhalten."

Er legte die Hände auf Raymonds Schultern, sah ihm in die Augen und fragte: „Bist du bereit, Vater zu werden?

„Ja, Papa", antwortete Raymond – selbst überrascht von seiner eigenen Entschlossenheit.

„Dann soll es so sein", sagte Hector und nahm seinen Sohn in die Arme.

Zwei Wochen später standen Raymonds Eltern vor Annes Haustür. Man bat sie hinein und führte sie ins Wohnzimmer. Anne war nirgends zu sehen. Die Tür zum Wohnzimmer wurde Raymond vor der Nase zugeschlagen, und er blieb allein im Flur zurück. Er fühlte sich wie ein vertrocknetes Blatt, kaum noch am Zweig hängend, dem Willen des Windes ausgeliefert. Die Zeit schien stillzustehen. Im Wohnzimmer entschieden vier Erwachsene über sein Schicksal – und er war von diesem Geschehen ausgeschlossen. Irgendwann öffnete sich die Tür, und er wurde hineingebeten. Zu seiner Überraschung war Anne bereits im Raum. Raymond bemerkte Tränen in ihren Augen – Tränen des Glücks.

Elsa, Raymonds Mutter, blickte ihn mit Zärtlichkeit, aber auch mit Traurigkeit an. Sie umarmte ihn und sagte: „Du bist jetzt verlobt, mein Sohn."

Sie zog den Verlobungsring aus ihrer Handtasche, steckte ihn Anne an den Finger, umarmte sie und küsste sie sanft auf beide Wangen. Hector umarmte sie ebenfalls und sagte: „Pass gut auf meinen Sohn auf."

Im nächsten Moment schien es, als hätte jemand den Befehl gegeben: Die Tür zum Salon flog auf, und eine Schar von Annes Verwandten strömte herein, umarmte Raymond, küsste ihn, zupfte ihm an den Wangen und beglückwünschte ihn. Wie aus dem Nichts erschien ein riesiger Tisch, wurde blitzschnell gedeckt und mit Speisen und Getränken überhäuft. Alle setzten sich, und die Feier begann. Die beiden jungen Leute wurden nebeneinandergesetzt, und alle stießen auf ihre gemeinsame

Zukunft an, wünschten ihnen alles Glück der Welt. Raymond und Anne, überwältigt von der immer weiter steigenden Aufregung dieses Nachmittags, hielten sich unter dem Tisch an den Händen und hoben Glas um Glas auf sich selbst – ein Toast nach dem anderen, immer wieder.

Seltsame Gefühle ergossen sich in ihre Seelen und überfluteten ihre Gedanken. Bis zu diesem Moment waren sie niemand gewesen – unbemerkt durchs Leben gegangen, von den meisten Verwandten kaum wahrgenommen, fast unbekannt. Heute waren sie jemand. Alles drehte sich um sie und war für sie. Um Mitternacht war die Feier vorbei. Die Hochzeit war für das Frühjahr geplant – fünf Monate, um die Stärke ihrer Gefühle und die Tiefe ihres Versprechens zu erproben.

Forschung

Nachdem sie sich von Croton verabschiedet und ihn seinem Schicksal überlassen hatten, kehrten Henry und Rose in ihre Realität zurück. Sie saßen einander am Esstisch gegenüber, beide in Gedanken versunken, bemüht zu begreifen, was soeben geschehen war. Sie wirkten wie zwei verlassene Kinder, dazu bestimmt und gezwungen, allein im Unbekannten zu überleben. Rose war die Erste, die das Schweigen durchbrach, und stellte die Frage, die all ihre anderen, rationaleren Gedanken überlagerte: „Und jetzt?"

Diese Frage hätte Henry nur zu gerne Rose gestellt, doch als Mann des Hauses und derjenige, der sich weit besser mit den spirituellen Ebenen auskannte, musste er die Führung übernehmen und versuchen, die nächsten Schritte vorauszusehen. Außerdem kannte er – von ihnen beiden – Croton am besten..

„Croton hat uns beide als seine Führer gewählt", sagte Henry und griff nach dem losen Ende eines unsichtbaren Seils, in der Hoffnung, dass es ihn zu etwas Bedeutungsvollem führen würde.

„Ja", stimmte Rose zu. „Seine Beweggründe sind mir allerdings nicht ganz klar. Ich dachte, die meisten Seelen auf der Erde haben nur einen einzigen geistigen Führer."

„Vielleicht sah er die Kraft in unserer Verbindung", erwiderte Henry.

„Oder vielleicht ... sah er unsere Liebe?"

„Das ist es!", rief Henry. „Jetzt verstehe ich es!"

„Was?" Rose fuhr erschrocken auf bei Henrys plötzlicher Reaktion.

„Wir ergänzen uns doch perfekt in dieser Aufgabe. Ich werde der Verstand sein – und du das Herz! Verstehst du nicht?"

„Was soll ich verstehen?"

„Wir sind wie ein menschlicher Körper – das Zusammenspiel von Herz und Verstand lässt ihn funktionieren."

„Na, du Schlauberger", sagte Rose sarkastisch und rollte mit den Augen. „Darauf bin ich schon längst gekommen – ganz ohne deine Hilfe. Ich wollte wissen, was wir jetzt tun sollen."

Plötzlich wurde Henry etwas klar. Etwas Wichtiges, das ihm bislang nicht in den Sinn gekommen war. Etwas, das ihm einen Schauer durch die Seele jagte und seinen klaren Blick trübte. Er sah Rose mit entsetztem Blick an.

„Was ist denn jetzt schon wieder?"

„Haben wir überhaupt eine Ahnung, wohin Croton geschickt wurde?"

Das einzige Wort, das diese Lage auf den Punkt brachte, schoss Rose durch den Kopf … „Scheiße."

Henry legte beide Hände an die Schläfen und konzentrierte sich darauf, Thales zu rufen – in der Hoffnung, dieser könnte sie aus diesem Schlamassel retten. Doch Thales war nicht erreichbar. Oder er wollte es nicht sein..

„Ich kann nicht fassen, dass wir ausgerechnet das Wichtigste vergessen haben", sagte Rose.

„Okay, keine Panik. Es gibt sicher einen Weg, das wieder geradezubiegen", versuchte Henry sie zu beruhigen.

Er stand auf und begann nervös vom einen Ende des Zimmers zum anderen zu gehen. Beim dritten Hin und Her verlor Rose die Geduld.

„Hörst du wohl auf damit? Mir wird ganz schwindelig!"

Henry setzte sich wieder hin, diesmal in den Sessel. Er versank tief in seinen Gedanken. Thales stand stumm als Zeuge dieser Szene daneben, ohne sich einzumischen. Der einzige Gedanke, der ihm durch den Kopf ging, war: Wenn sie eine Lösung für dieses Problem finden würden, dann hätte Croton mit seiner Wahl recht gehabt.

Henry begann, sich an seine gesamte Reise durch die Übergangswelten zu erinnern – von dem Moment an, als er Croton zum ersten Mal begegnet war. Ihm wurde bewusst, mit wie viel Sorgfalt und Voraussicht Croton seine Einführung in die geistige Welt geplant und durchgeführt hatte. Er erinnerte sich an die Orte, die sie gemeinsam besucht hatten, und an all die Seelen, denen er durch Croton begegnet war.

Plötzlich hielt Henry inne. Diese Gedankenlinie erinnerte ihn an jemanden – jemanden, der ihnen in dieser Angelegenheit helfen konnte. „Wie konnte ich ihn nur vergessen!", rief Henry.

„Vergessen? Wen?", fragte Rose.

„Wenn uns jemand helfen kann, dann er!"

„Wer denn, um Himmels willen?", rief Rose, der langsam die Geduld ausging. „Aaron!", sagte Henry.

„Und wer zum Teufel ist Aaron?"

„Wir dürfen jetzt keine Zeit verlieren, du wirst es gleich verstehen."

„Was ist denn so eilig?"

„Die Zeit hier und die Zeit auf der Erde verlaufen nicht synchron. Gott weiß, wie lange Croton schon ohne unsere Führung auf dem Planeten ist." Henry griff nach Roses Hand. „Komm, wir müssen los!"

Einen Moment später befanden sie sich in der Königlichen Bibliothek von Alexandria. Henry wählte den direkten Weg in den Lesesaal, ohne den Innenhof und all die architektonischen Wunder auf dem Weg zu beachten. Sein Stuhl, wie immer, stand für ihn bereit – doch seltsam war, dass daneben ein zweiter Stuhl bereitgestellt war. Ihre Anwesenheit blieb Aaron nicht verborgen – ein kleiner Mann mit schlichten Holzbrillen –, der mit einem charmanten Lächeln auf sie zukam. Nach einer kurzen Begrüßung richtete er seine Aufmerksamkeit auf Rose.

„Ich sehe, du bist nicht allein. Und wenn ich fragen darf – wer ist deine bezaubernde Begleitung?"

Henry wollte Rose angemessen vorstellen, doch bevor er den Mund öffnen konnte, unterbrach ihn Aaron: „Lass mich raten: Es muss deine Frau aus deinem früheren Leben sein – Rose?" Er verbeugte sich leicht.

„Du bist gut informiert", sagte Rose und verbeugte sich ebenfalls.

„Das ist mein Beruf", sagte Aaron. „Was führt euch in meine bescheidene Einrichtung?"

„Wollen wir uns erst setzen?", fragte Henry.

„Ja, natürlich – bitte, macht es euch bequem."

3

Croton II

Rose und Henry saßen nebeneinander, während Aaron sich den Stuhl gegenüber griff und sich an den Tisch setzte.

Henry und Rose begannen, ihm von ihrem Dilemma zu erzählen. Sie häuften einen ganzen Berg an Fragen auf – eine nach der anderen.

„Wo ist Croton jetzt? Wie viel Zeit ist seitdem auf der Erde vergangen? In welchem Teil der Welt ist er? In welcher Stadt? Geht es ihm gut?"

„Whoa, whoa, whoa! Ganz ruhig – gebt mir eine Sekunde. Ich verstehe eure Sorge um Croton, aber der Reihe nach."

Beide verstummten und warteten gespannt auf Aarons Vorschläge für einen Rettungsplan.

„Ich hole zuerst das Buch seines aktuellen Lebens, und von da aus sehen wir weiter", sagte Aaron und verschwand in dem engen Labyrinth aus Gängen zwischen zahllosen Regalen.

Als Aaron weg war, fragte Rose: „Wo sind wir hier eigentlich?"

„Dieser Ort ist ein gigantisches Lagerhaus."

„Für was?"

„Für Vergangenheit und Gegenwart – die im selben Moment zur Vergangenheit wird."

„Willst du mich absichtlich verwirren?"

„Nein, mein Schatz. Dieser Ort ist die Bibliothek des planetaren Gedächtnisses. Alles, was in der Vergangenheit geschah und was gerade geschieht, wird hier aufgezeichnet und aufbewahrt. Es ist wie die DNA des Planeten."

„Ich habe über diesen Ort in spirituellen Büchern gelesen. Nennt man das nicht die Akasha-Chronik?", fragte Rose.

„Das kann gut sein", sagte Henry und bemerkte Aaron, der mit einem sehr dünnen Buch in der Hand zurückkam.

„Noch nicht viel Buch, was?", sagte Henry.

„Was hast du erwartet? Crotons Leben hat ja gerade erst begonnen", erwiderte Aaron.

Rose platzte heraus: „Ist er schon geboren worden?"

„Nein. Noch nicht", antwortete Aaron.

Nachdem Aaron das dünne Buch gründlich gelesen hatte, sagte er: „Mmm … ja."

„Was? Was soll das heißen?", fragte Henry.

„Ich glaube, ihr werdet euch in unbekannten Gewässern wiederfinden."

„Das ist unser allererster Auftrag", sagte Henry, scheinbar zu Croton sprechend. „Musste es ausgerechnet du sein? Mein Mentor und mein geistiger Führer? Was hast du dir dabei gedacht?"

„Das ist gar nicht so ungewöhnlich", sagte Aaron. „Viele Geistführer wählen ihre Schüler, um sie in das nächste Leben zu begleiten. Das gibt ihnen einen guten Grund, ihre Aufgabe mit Verantwortung zu erfüllen. Aber das ist nicht der Grund meiner Bedenken."

„Was sind denn dann deine Bedenken?", fragte Rose.

„Es ist der Geburtsort, den die Planer für ihn ausgewählt haben."

„Was ist damit?", fragte Henry.

„Weder er noch ihr beide wart jemals mit dieser Art von Gesellschaft oder Kultur konfrontiert. Es wird sehr herausfordernd – nicht nur für ihn, sondern auch für euch."

„Kannst du bitte etwas konkreter werden?", fragte Henry.

„Ich denke, um eure Aufgabe erfolgreich zu meistern, solltet ihr etwas mehr über den Ort wissen, in den Croton hineingeboren wird."

„Wie sollen wir das anstellen?", fragte Rose.

„Ich kann euch helfen."

Henry und Rose sahen sich an und sagten gleichzeitig: „Bitte tu das."

„Okay", sagte Aaron und nahm sich einen Moment, um seine Gedanken zu ordnen. Er hatte viel zu sagen und noch mehr zu erklären. Er war dabei, eine Kultur offenzulegen, von der sie zwar gehört, aber nichts gewusst hatten. „Crotons Lebensplaner haben ihm ein Leben in einem der härtesten Länder ausgesucht", sagte Aaron.

„Wegen der Armut?", fragte Rose.

„Nein. Es geht nicht um körperliche Herausforderungen, sondern um geistige."

„Was meinst du damit?"

„Versuchungen", antwortete Aaron und sah Henry und Rose an. Er suchte nach einem Zeichen, dass sie die Tragweite der Aufgabe verstanden, die ihnen anvertraut worden war.

„Aber das ist doch recht gewöhnlich", sagte Henry.

„Ja, aber … es gibt ein großes Aber."

Aaron schwieg erneut, auf der Suche nach den richtigen Worten, um die Situation einfach und klar zu erklären. „Der Ort, an dem er bald geboren wird, unterscheidet sich sehr von der Welt, in der ihr einst gelebt habt."

„Wie sehr unterscheidet er sich?", fragte Rose.

„In den meisten Ländern, die fest in irgendeiner Religion verwurzelt sind, sind auch die grundlegenden moralischen Werte tief im Denken der Menschen verankert. In dem Land, in dem Croton leben wird, wurde Religion durch die Vorstellung von Gott in Gestalt eines politischen Führers ersetzt."

„Sprechen wir über ein kommunistisches Land?", fragte Henry.

„Ja, mein Freund", antwortete Aaron.

„Willst du sagen, dass dieses Land von Gott verlassen wurde?", fragte die naive Rose.

„Nein, nein, nein. Kein Land und keine Seele wird je vom Schöpfer verlassen. Ganz gleich, wie sehr ein Land oder eine Seele versagt."

„Und was dann?", fragte Rose ungeduldig.

Henry drückte sanft ihre Hand unter dem Tisch, um sie zu beruhigen.

„Es tut mir leid. Bitte fahre fort", sagte sie.

„Bevor das kommunistische Regime etabliert wurde", erklärte Aaron, „war es ein Land mit einer siebzehnhundertjährigen Geschichte des Christentums, das von Generation zu Generation weitergegeben wurde – trotz zahlloser Kriege, nicht nur ums Überleben als Nation, sondern auch für das Recht auf ihren Glauben. Nun aber, nur wenige Jahre nach der Revolution, wurde ihre christliche Religion durch die Prinzipien von Gleichheit und Freiheit für alle ersetzt – und vor allem durch die Leugnung der Existenz Gottes. Die Generationen, die vor der Revolution geboren wurden, tragen den christlichen Glauben noch immer in ihren Herzen. Die neuen Generationen jedoch sind ein Problem. Und Croton wird einer von ihnen sein."

„Warum ist das ein Problem?", fragte Rose.

„Was das Land getan hat – oder besser gesagt, was die Parteiführer getan haben – war, ein Glaubenssystem zu nehmen und es durch ein anderes zu ersetzen. Die Kommunisten haben schlicht die Vorstellung von Gott genommen und ihre politischen Führer an dessen Stelle verehrt. Sie haben Gottes Gesetz durch menschliches Gesetz ersetzt."

„Ich kann dir nicht ganz folgen", sagte Henry. „Menschliche Gesetze hat es doch immer gegeben, unabhängig von Glaubenssystemen."

„Ja, da hast du recht, aber ...", fuhr Aaron fort, „seit Anbeginn der menschlichen Zivilisation gab es immer die Gottesfurcht. Im Herzen wussten die Menschen, dass sie vielleicht dem Gesetz des Menschen oder des Staates entkommen konnten, niemals aber dem Gericht Gottes – und schon gar nicht seiner Strafe. Nun, in dem Land, dem ihr beide begegnen werdet, gibt es nur noch menschliches Gesetz – und ihr wisst, wie unvollkommen und parteiisch das sein kann. Die junge Generation glaubt fest daran, dass man straffrei davonkommt, wenn man dem Gesetz des Staates entgeht. Die Arbeit der Vollstrecker bleibt dort unbemerkt, denn niemand erkennt die Strafe für Fehlverhalten an – sie nennen es einfach ‚Unfälle'. Außerdem wissen wir alle: Moral wird nicht vom Staat vermittelt, sondern von der Religion. Es liegt an den Eltern und Schulen – und die scheitern kläglich."

„Willst du sagen, wir stehen vor einer unmoralischen Gesellschaft?", fragte Rose.

„Nein, nicht direkt. Moral existiert, aber nur wenige folgen ihr."

„Diejenigen, die ihr folgen, sind wahrscheinlich fortgeschrittene Seelen", sagte Henry.

„Ganz genau", bestätigte Aaron. „Sie versuchen, durch ihr Denken und Handeln anderen einen besseren Weg zu zeigen. Das macht ihr Zusammenleben mit dem Regime jedoch unmöglich – und unter Umständen lebensgefährlich."

„Warum also haben die Planer dieses Land für Croton gewählt? Ist das eine Art Strafe?", fragte Rose.

„Nein, es geht nie um Strafe. Vielmehr ist es eine Gelegenheit, eine andere physische Realität zu erleben und mit Seelen zu interagieren, denen ihr noch nie begegnet seid."

„Sind sie denn so anders?", fragte Henry.

„In gewisser Weise, ja."

„In welcher Hinsicht?", fragte Henry erneut.

„In diesen Ländern gibt es keine jungen Seelen, der Großteil der Bevölkerung besteht aus alten Seelen."

„Das sollte doch eigentlich gut sein", sagte Henry.

„Nicht unbedingt. Diese Seelen haben in früheren Leben ihre Aufgaben mehrfach nicht erfüllt."

„Welche Aufgaben?", fragte Rose.

„Empathie, Mitgefühl und Vergebung gegenüber anderen zu entwickeln."

„Aber das ergibt doch keinen Sinn", sagte Henry. „Die Planer schicken sie immer wieder in dieselbe Gesellschaft, anstatt sie auf Länder zu verteilen, in denen Mitgefühl und Empathie stark entwickelt sind, damit sie das erfahren und lernen können – natürlich scheitern sie dann."

„In dem Fall bekämen wir bloß eine Imitation", sagte Aaron. „Wenn es um Bewusstseinsentwicklung geht, können wir nur auf den rechten Weg hinweisen. Gehen muss ihn jede Seele selbst."

„Du willst also sagen, dass jede Seele ihren eigenen Weg aus dem Schlamassel finden muss?", fragte Henry.

„Genau."

Nachdem er darüber nachgedacht hatte, fragte Henry: „Wie soll Croton in so einer Gesellschaft einen hohen moralischen Kodex bewahren – und trotzdem wahre Liebe finden?"

„Genau da kommt ihr ins Spiel", sagte Aaron mit einem breiten Lächeln.

„Oh Gott. Er wird definitiv scheitern", sagte Henry mit einem tiefen Seufzen.

„Unterschätzt euch nicht – ihr schafft das. Vertraut mir", sagte Aaron, entschuldigte sich und verließ den Lesesaal.

Henry und Rose blickten einander verwirrter und verängstigter an als bei ihrer Ankunft. Plötzlich sprang Henry aus dem Stuhl.

„Wir haben vergessen zu fragen, wie wir Croton finden sollen!"

Aarons vertraute Stimme erklang in seinem Kopf: Macht euch keine Sorgen, ihn zu finden – er wird euch finden.

Hochzeit

Fünf Monate hatten Raymond und Anne gewartet, um sich das Jawort zu geben – und mit diesem Schritt endete ihr unbeschwertes Leben. Die weiche, weiße Decke des Winters wich langsam dem Erwachen der Natur unter der zärtlichen Berührung der Sonne. Dieses süße Schlummern mündet jedes Jahr in ein unwiderstehliches Verlangen, zu lieben und geliebt zu werden. Alles in der physischen Welt erhebt sich in eine höhere Schwingung – hin zur Erneuerung seines eigenen Wesens. Es war der Hauptgrund, weshalb diese uralte Tradition der Frühlingsehen in so vielen Kulturen ihren festen Platz gefunden hat.

Es war März, und die Hochzeit stand bevor. Alle notwendigen Vorbereitungen waren auf beiden Seiten der Familie getroffen worden. Raymond, noch ein Teenager, hatte das Gewicht der Verantwortung, die er sich auf seine unerfahrenen Schultern zu laden im Begriff war, noch nicht erkannt. Die erdrückende Last, die er sein Leben lang würde tragen müssen, würde mit den Jahren nur zunehmen.

Für den Moment aber sonnte er sich im warmen Regen der Aufmerksamkeit von Freunden und Verwandten. Sein Ziel war klar – er wollte Anne besitzen. Ihren Geist und ihren Körper, wie ein Kleinkind, das seine Spielsachen nicht mit anderen teilen will. Kurz bevor Raymonds Familie sich auf den Weg zu Annes Haus machen wollte, fragte Elsa ihren Mann: „Was denkst du? Wird das halten?"

Hector überlegte einen Moment, dann sagte er: „Es liegt in ihren Händen. Alles, was wir tun können, ist, sie finanziell und seelisch zu unterstützen, bis wir sterben." Bei diesen Worten brach er in schallendes Gelächter aus. In diesem Augenblick verspürte Elsa das Bedürfnis, ihn zu umarmen – und fast hätte sie es getan, mit einem Lächeln auf den Lippen. Doch Hector wich aus und sagte: „Schau nach, ob alle bereit sind zum Aufbruch." Dann drehte er sich um und verließ den Raum.

Elsa konnte nicht begreifen, was mit ihrem liebevollen und fürsorglichen Ehemann geschehen war. Diese zwei Jahre, die er im Krieg verbracht hatte, hatten etwas mit ihm gemacht. Es hatte sich angefühlt, als könne nichts das Glück trüben, das sie bei seiner Rückkehr empfand – doch er war nicht mehr derselbe Mann. Hector war vollkommen in sich gekehrt, und trotz all ihrer Bemühungen, ihren Mann zurückzugewinnen, blieb er auf Abstand und verschlossen. Der Riss, der plötzlich in ihrer Ehe entstanden war, wuchs stetig – und mit ihm die Erkenntnis, dass der Mann, mit dem sie ihr Leben teilte, ihr völlig fremd geworden war. Jeder Versuch, ihn wiederzufinden, zerschellte wie eine Welle an einer steilen Felswand. Elsa wusste, dass der Krieg etwas mit Hector gemacht hatte, doch was genau, blieb ihrem Verstehen verborgen. Neben seinen ergrauten Haaren und dem verletzten Arm hatte Hector eine unsichtbare dunkle Wolke mit nach Hause gebracht. Eine Wolke, die dauerhaft über ihm hing, bereit, jederzeit einen Blitz zu entladen – manchmal in völlig unpassenden Momenten. Er war zu einem Mann mit aufbrausendem Temperament und starkem Willen geworden. Elsa verabscheute zutiefst den Gedanken, dass Krieg oder Armee aus einem Jungen einen Mann machen sollten. Alles, was sie zurückbekommen hatte, war ein anderer Mensch – nicht der, den sie einst kennengelernt und geliebt hatte. Dennoch war sie Gott auf ewig dankbar, dass er ihren Mann zu ihr zurückgebracht hatte, denn die meisten Frauen hatten dieses Privileg nicht. Ihre Männer, Brüder und Väter kehrten nicht heim. Diese zwei Jahre des Wartens hatten sich angefühlt wie zwanzig. Jedes Mal, wenn sie die Schritte des Postboten vor der Tür hörte, begann ihr Herz in atemberaubendem Tempo zu schlagen. Das Glück und der Schrecken zerrissen sie innerlich – Glück über die Möglichkeit eines Briefes von Hector, und Schrecken vor der Nachricht seines Todes. Jeden Abend betete sie zu Gott, er möge ihren Mann vor allem Unheil bewahren und ihn ihr unversehrt zurückbringen.

Was sie – wie auch jeder andere lebende Mensch auf diesem Planeten – nicht wissen oder verstehen konnte, war, welche enorme Belastung jede Art von Krieg für die geistige

Welt bedeutete. Das Chaos und die Verwirrung, die in der physischen Welt herrschten, übertrugen sich in die geistige, wodurch die Geistführer derjenigen Soldaten, die die Schlacht überleben sollten, unter enormen Druck gerieten. Die vielen Erlebnisse, die Soldaten in verzweifelten Momenten als Wunder beschrieben, waren in Wirklichkeit die unermüdliche Arbeit ihrer Führer, die sie dazu brachten, unzähligen Kugeln und unvorhersehbaren Splittern auszuweichen – einfach, weil es noch nicht ihre Zeit war zu sterben. Einer Armee von Soldaten im Kampf folgt stets eine andere Armee: die der Vollstrecker. Beide Armeen erfüllten ihre Pflicht. Die eine kämpfte für ihr Land, die andere stellte das universelle Gleichgewicht wieder her. Für jene, deren Zeit gekommen war, warteten die Geistführer geduldig, bis die Seele den Körper verließ, um sich dann auf der anderen Seite um sie zu kümmern. Was Elsa nicht wusste, war, dass jede einzelne Seele, die sich je inkarniert hatte, den Krieg erfahren musste – Teil davon sein, ihn durchleben oder durch ihn sterben. Es ist der Weg der Seelenentwicklung. Jeder Mensch, der einer solchen Prüfung ausgesetzt war, kam dem Rand des Unbekannten so nahe, dass er den Tod beinahe schmecken und ihm direkt in die Augen blicken konnte. In diesem einen Moment hörte er auf, sich vor ihm zu fürchten.

Hector wusste, dass man nie wieder derselbe Mensch ist, sobald man den Geschmack des Todes auf den Lippen gespürt hat. Schon in den ersten Tagen an der Front erkannte er, dass es leicht war, auf die Position des Feindes zu feuern, solange man ihn nicht sehen konnte. Es war jedoch ungleich schwerer, zu zielen und zu schießen, wenn man das Gesicht jenes Lebens vor sich sah, das man im Begriff war zu nehmen. Bei einer Begegnung aus nächster Nähe hörte er auf, ein Feind zu sein – er war einfach nur ein anderer Soldat, der aus eigenem Willen gegenübergestellt worden war. Das Schlimmste war: Es war jemandes Sohn, Ehemann oder Vater. Wenn man schießt und das Leben eines geliebten Menschen nimmt, verändert das nicht nur die Chemie deiner Seele, sondern auch die Chemie deines gesamten Körpers. Wenn man das Haus oder Land seiner Familie gegen einen Angreifer verteidigt, lässt sich die

Tat des Tötens leichter rechtfertigen. Doch sobald man sich auf fremdem Boden, in einer fremden Stadt wiederfindet, verliert man das Gefühl für Sinn und Zugehörigkeit. Jeder Soldat musste das früher oder später erfahren – den weichen, kaum wahrnehmbaren Wandel vom Verteidiger zum Angreifer. Und all die Leben, die man in dieser Zeit genommen hat, sind umso schwerer zu vergessen.

Hector hatte alles gesehen, vom ersten Tag des Krieges bis zu dem Tag, an dem er verwundet wurde. Er hatte Dinge miterlebt, von denen er wünschte, er hätte sie nie gesehen. Dinge, die eine so tiefe Spur in seinem ganzen Wesen hinterließen, dass sie ihm den einst friedlichen Schlaf raubten. Ständig wiederkehrende Albträume waren die Erinnerung an die Taten seiner Vergangenheit. Die Gesichter verlorener Freunde und getöteter Feinde fügten sich zu einer einzigen Kategorie zusammen – gefallene Brüder. Bei seiner Rückkehr schleppte Hector ein anderes Leben mit in sein Zuhause. Er musste damit leben und versuchen, seine Familie nicht damit zu belasten. Doch in dem Versuch, eine unsichtbare Mauer zwischen Gegenwart und Vergangenheit zu errichten, ließ er alles, was er zu Beginn ihrer Ehe mit Elsa geteilt hatte, auf der anderen Seite zurück. Auch der große Altersunterschied zwischen ihnen trug zur Entfremdung bei. Mit jedem Jahr nahmen seine ehelichen Pflichten weiter ab. Statt sich Elsa zu öffnen und gemeinsam nach einer Lösung zu suchen, schirmte er sich vollständig ab und ließ scharfe Stacheln wachsen, die keinen Raum für Elsas Fragen ließen. Elsa blieb mit dem Eindruck zurück, dass ihr Mann einfach aufgehört hatte, sie zu lieben.

Bald fuhr ein Konvoi weißer Autos, aneinandergekettet in einer langen Prozession, auf Annes Haus zu. Bei ihrer Ankunft strömten die Gäste aus den Fahrzeugen, begleitet von einer traditionellen Kapelle in leuchtenden, prachtvollen Farben. Sie begannen zu tanzen, während sie darauf warteten, dass Annes Verwandte herauskamen, die Geschenke entgegennahmen und sie ins Haus einluden. Schon bald traten diese heraus, und die gesamte Gruppe bewegte sich ins Haus hinein – mit ihnen ein gewaltiges Gefühl von Freude, Glück und seligem Chaos. Nach drei Stunden voller Trinksprüche und Tanz wurden beide Gesellschaften mit Mühe aus Annes Haus hinauskomplimentiert. Das nächste Ziel war das Standesamt, wo das glückliche Paar vom Staat offiziell als Eheleute eingetragen wurde. Nachdem ein paar Fotos gemacht worden waren, stiegen alle wieder in ihre Autos und fuhren zu Raymonds Elternhaus. Elsa war der Tradition nach von dieser Feier ausgeschlossen. Ihre Aufgabe war es, zu Hause zu bleiben, alles vorzubereiten und in gespannter Erwartung auf das Eintreffen des jungen Paares mit all den Gästen zu warten. Sie bereitete zwei Teller vor, die das Brautpaar vor dem Betreten des Hauses zerbrechen sollte, sowie zwei Streifen traditionellen Fladenbrotes, die dem Paar auf die Schultern gelegt wurden. Dieser letzte Akt sollte Fruchtbarkeit und eine lange, beständige Ehe symbolisieren.

Die Feier dauerte bis ein Uhr morgens, und gegen zwei Uhr verabschiedeten sich die letzten Gäste, wünschten dem Paar alles Gute und teilten ihre persönlichen Ratschläge für eine glückliche Ehe mit ihnen. Einer von Hectors engsten Freunden trat an Raymond heran und riet ihm mit feinem Takt, sich in der Hochzeitsnacht ein wenig zurückzuhalten. Auf Raymonds Frage nach dem Warum sagte er: „Ich habe dich trinken sehen, vertrau mir einfach."

„Okay", sagte Raymond und verstand den Hinweis.

Raymond konnte es kaum erwarten, dass endlich alle gingen – es war ihre erste Nacht als frisch Vermählte. Zum ersten Mal würden sie gemeinsam zu Bett gehen, ohne Angst, erwischt zu werden, oder dass Anne schwanger werden könnte. Endlich verließen die letzten Gäste das Haus, und mit ihnen auch Raymonds Eltern, sodass das Paar ganz für sich allein war. In dem Moment, als sich die Tür schloss, umarmte Raymond Anne und hob sie vom Boden hoch. Nach ein paar Drehungen sagte er: „Du gehörst jetzt ganz offiziell mir."

„Und du gehörst mir", erwiderte Anne und belohnte ihn mit einem langen Kuss.

Er konnte es kaum erwarten, sie aus dem Berg weißer Stoffe zu befreien, in dem sie steckte, und ihren Körper an seinem zu spüren. Ihr Schlafzimmer war neu eingerichtet. Alles war frisch – die Möbel, die Vorhänge und sogar die Bettwäsche. Als sie schließlich ins Bett kamen, machten sich die vielen Stunden des Stehens und Hinsetzens bei jedem einzelnen Toast in Form von Erschöpfung bemerkbar. Ihre Augenlider wurden schwer, und beim ersten Kuss glitten sie beide in einen tiefen, süßen Schlummer – einen Schlummer, der achtsam von ihren geistigen Führern behütet und von ihnen mit schönen Träumen versehen wurde, die sie am Morgen völlig vergessen haben würden.

In nur einer Nacht wurden diese Neunzehnjährigen zu Erwachsenen, indem sie sich aus freien Stücken in die Tiefen des Erwachsenenlebens stürzten – ein Leben, das sich mit einem einzigen Wort beschreiben lässt: Verpflichtung. Verpflichtung zueinander und zu dem neuen Menschen, den sie erschaffen und großziehen würden. Verpflichtung gegenüber ihren Eltern, wenn diese älter wurden, und eines Tages gegenüber ihren Enkeln, wenn sie kamen. Verpflichtung gegenüber der Gesellschaft und dem Leben selbst. Das gesamte menschliche Dasein erscheint wie eine lange Kette von Verpflichtungen, beginnend in dem Moment, in dem zwei Seelen eins werden. Das Scheitern an einem einzigen dieser Glieder würde unweigerlich den Zusammenbruch aller anderen nach sich ziehen. Doch sie waren zu jung, um das zu begreifen. Für den Moment schliefen sie friedlich nebeneinander, warteten darauf, vom Leben geweckt und empfangen zu werden – einem hoffnungsvollen Leben voller Überraschungen, einem Leben, das ihnen gerade eines seiner schönen Gesichter zeigte und die unangenehmen noch verborgen hielt, um sie erst später zu enthüllen.

Im ersten Monat nach der Hochzeit wohnte das junge Paar bei Raymonds Eltern in einem der ihnen zugewiesenen Schlafzimmer. Doch schon bald bestand Anne darauf, eine eigene Wohnung zu mieten. Nach einigem Widerstand stimmte Raymond schließlich zu, und mit Hilfe ihrer Eltern fanden sie eine Wohnung im selben Viertel. Während dieser ganzen Zeit fragte Hector Elsa immer wieder, ob Anne schwanger sei.

„Du musst geduldig sein!", wiederholte Elsa immer wieder. „Solche Dinge brauchen Zeit!"

Drei Monate nach ihrer Hochzeit zogen Raymond und Anne in eine eigene Wohnung – genau in jene Wohnung, in der Croton einst so sorgfältig im „Vorbereitungsraum" studiert hatte. Sie waren beide noch Studenten, und es war die glücklichste Zeit ihres Lebens, die bald von der Nachricht überstrahlt wurde, dass Anne schwanger war. Die ganze Familie war außer sich vor Freude. Jeder wünschte sich, dass es ein Junge werden würde. Nur Raymond sagte: „Solange das Baby gesund ist, bin ich der glücklichste Mann der Welt."

Alles verlief so, wie es sein sollte, als Anne Raymond anrief und sagte: „Komm, komm schnell, Liebling! Gib mir deine Hand. Hast du es gespürt?"

„Was gespürt?"

„Den ersten Tritt deines Sohnes!"

Durchbruch

Henry nahm Roses Hand und brachte sie in ihre eigene Welt zurück. Die Erkenntnis, dass Croton noch nicht in die physische Welt geboren worden war, verschaffte ihnen etwas Zeit und vorübergehenden Trost. Sie konnten sich entspannen und ihre nächsten Schritte sorgfältig planen. Henry setzte sich an den Tisch, stützte die Ellbogen auf und bettete sein Gesicht in seine Hände. Rose bemerkte, wie sein Bein unruhig unter dem Tisch wippte. Sie trat hinter seinen Stuhl, umarmte ihn und sagte: „Entspann dich, mein Liebster. Alles, was wir tun müssen, ist zu warten und zuzuhören."

„Ist das nicht das Schwierigste überhaupt?"

„Ja", stimmte Rose zu.

Sanft nahm sie seine Hand, half ihm aufzustehen und führte ihn hinaus aus dem Haus. Sie gingen hinunter in den Garten, zu den gestaffelten Wasserbecken. Hand in Hand folgten sie dem schmalen Pfad, der sie in den Wald führte, dorthin, wohin er sie auch tragen mochte.

„Schau dir diese Schönheit an", sagte Rose, in der Hoffnung, Henrys Gedanken durch die umgebende Natur abzulenken.

„All diese ‚Schönheit' wurde einst von Croton erschaffen – als Willkommensgeschenk für mich", sagte Henry. „Ich hab mich so sehr an seine nervige Stimme in meinem Kopf gewöhnt. An seine Einmischung, wenn ich ihn brauchte, und auch dann, wenn ich meinte, ihn nicht zu brauchen. An seine Neugier und seine Gleichgültigkeit, an sein …"

„Du vermisst ihn einfach", unterbrach ihn Rose und legte ihre Hand auf seine Schulter, während sie weitergingen.

„Ich dachte immer, wenn du erst einmal hier bei mir wärst, wäre mein Leben vollständig, und wir würden keine Sorgen mehr haben. Vollkommenes Glück."

„Und jetzt bist du enttäuscht?"

„Nein, mein Schatz. Es war auch so – bis …"

„… du deinen Freund verloren hast?", vollendete Rose seinen Gedanken.

„Ja."

„Ich glaube, egal wo wir sind – wir werden immer jemanden oder etwas haben, um das wir uns sorgen", sagte Rose und blieb für einen Moment stehen, was auch Henry zum Anhalten brachte. Sie sah ihm in die Augen und sagte: „Mach dir keine Sorgen, wir werden ihn bald wiedersehen. Aber dir ist klar, dass es nicht mehr derselbe Croton sein wird, und dass es ein ganzes Menschenleben brauchen wird, um ihn zurückzubekommen."

„Ich weiß", antwortete Henry.

Sie gingen weiter, immer tiefer in den herrlichen Wald hinein, still bewundernd, wie viel Gedanken Croton in dessen Erschaffung gesteckt hatte. Jeder von ihnen war in seine eigenen Erinnerungen und Gedanken versunken, still lauschend und hoffend, eine vertraute Stimme zu hören. Eine Stimme, die Zeit und Raum durchdringen musste, um sie am anderen Ende des Universums zu finden und ein neues Kapitel ihrer geistigen Existenz einzuleiten.

„Habt ihr mich völlig vergessen?"

Henry und Rose sahen sich an und riefen wie aus einem Mund: „Croton!"

Im nächsten Moment standen sie in Anne und Raymonds Schlafzimmer. Croton stand da, in voller Pracht wie ein römischer Senator. Neben ihm lag Anne, friedlich schlafend. Sie umarmte ein langes Kissen, auf dem auch ihr Kopf ruhte und das zwischen ihren Beinen und Armen lag.

„Habt ihr mich vermisst?", fragte Croton mit einem überheblichen Lächeln.

„Du hast ja keine Ahnung!", antwortete Henry.

„Doch, ich habe eine Ahnung, und genau deshalb habe ich euch gerufen. Hört auf, euch um mich zu sorgen, und erforscht weiter die Realitäten. Da draußen gibt es so viel zu sehen und zu erleben."

„Und was ist mit dir?", fragte Rose.

„Im Moment geht es mir gut. Aber ich werde eure Hilfe brauchen."

„Wann?", fragte Rose.

„Während und nach meiner Geburt", antwortete Croton und sah dabei nur Rose an.

„Und was ist mit mir?", fragte Henry.

„Ich werde deine Hilfe später brauchen, wenn ich älter bin. Um zu verhindern, dass ich zu viele dumme Fehler mache."

„Ich werde mein Bestes tun", sagte Henry, ohne die geringste Ahnung zu haben, wie er ihm helfen sollte.

Rose schaltete sich ein, indem sie sagte: „Als Mutter kann ich mich nicht zurückhalten, dir eine Frage zu stellen."

„Bitte tu es", sagte Croton. „Es ist wahrscheinlich meine letzte Chance, euch etwas zu zeigen, das ihr vollkommen vergessen habt." Nach einer Minute des Schweigens sagte er: „Wie ihr bereits wisst, wird all mein Wissen bald vollständig vor mir verhüllt sein, gespeichert in meinem Unterbewusstsein, bewacht von Aaron in den verstaubten Regalen der Bibliothek. Also bin ich zum letzten Mal gern zu Diensten."

Rose, die ihre Tränen kaum zurückhalten konnte, fragte: „Was erlebst du gerade?"

„Ich freue mich sehr, euch beide zu sehen, wahrscheinlich zum letzten Mal, denn ich weiß nicht, ob ich euch bei eurem nächsten Besuch erkennen werde. Im Allgemeinen läuft alles gut. Ich stelle mich dem Fötus noch immer vor, aber die meiste Zeit bin ich draußen, erkunde die Umgebung, kommuniziere mit anderen ungeborenen Seelen."

„Woher weißt du, wann du zurück zum Baby musst?", fragte Rose.

„Weiß ich nicht. Ich werde zurückgezogen, sobald das Baby wach ist. In den Momenten, in denen die Mutter die Bewegungen des Babys spürt. Ich bekomme meine Freiheit zurück, sobald das Baby schläft."

„Ich nehme an, das wird nicht mehr lange so sein", sagte Rose.

„Korrekt."

„Wie geht es jetzt weiter?", fragte Henry.

„Ihr solltet in eure Realität zurückkehren, und wenn ihr Hilfe braucht, wendet euch an Thales."

„Ich habe es versucht, aber er hat nicht geantwortet!", klagte Henry.

„Das ist seine Art, Dinge zu tun, er ist ein Beobachter, er wird nicht so sein wie ich."

„Was meinst du damit?", fragte Henry.

„Ständig in euer Leben reinzuplatzen."

„Ich glaube, das ist das, was wir am meisten vermissen werden", sagte Henry.

„Wendet euch an Thales, wenn ihr ihn am dringendsten braucht. Seine Weisheit ist unendlich und sein Leitspruch ist kurz. Vertraut seinen Worten. Eure Unfähigkeit, ihn zu sehen oder wahrzunehmen, bedeutet nicht, dass er abwesend ist. Außerdem habe ich ihn bereits gebeten, auf euch aufzupassen, während ich weg bin."

„Danke", sagten Henry und Rose gleichzeitig und bemerkten, dass Anne im Begriff war, aufzuwachen.

„Es ist Zeit zu gehen", sagte Croton.

„Wie werde ich wissen, wann du mich brauchst?", fragte Rose.

„Du wirst es wissen", sagte Croton, als er verschwand.

Sie hörten ein Quietschen, als sich die Haustür öffnete, und sahen, wie Raymond leise ins Schlafzimmer trat. Anne öffnete die Augen und schenkte ihm ein breites und bezauberndes Lächeln.

„Wie geht's dir, mein Schatz? Hast du gut geschlafen?", fragte Raymond.

„Ja!", antwortete Anne und streckte sich.

„Wie geht's dem Baby?", fragte Raymond, beugte sich über sie, küsste Anne und legte seine Hand auf ihren Bauch.

Henry sah Rose an und sagte: „Sie werden in Ordnung sein. Lass uns gehen."

Ankunft

Drei Monate später brachte Anne einen wunderschönen Jungen zur Welt. Er wog vier Kilogramm und war zweiundfünfzig Zentimeter groß. Sein flauschiges, dunkles Haar bedeckte seinen ganzen Kopf und fiel ihm über Nacken und oberen Rücken. Die ganze Familie versammelte sich auf der Krankenhausstation, um die Ankunft eines neuen Familienmitglieds zu feiern. Raymond, zusammen mit seinen Eltern und Annes Eltern, verbrachte die ganze Nacht im Krankenhaus. Um drei Uhr morgens erfuhren sie, dass es dem Baby gut ging und alles reibungslos verlaufen war.

Ein paar Wochen vor diesem Ereignis war das Wetter durchgehend heiß gewesen, und alle sehnten sich nach Regen. Seltsamerweise zeigte die Natur ausgerechnet in der Nacht von Crotons Geburt ihre Freundlichkeit und brachte Regenfälle, die die heiße Augustnacht abkühlten. Die Luft wurde sofort klar – mit dem frischen Atem der Pflanzen, die so sehnsüchtig auf Wasser gewartet hatten. In dem Moment, in dem die Krankenschwester die Geburt des Babys verkündete, schlug ein gewaltiger Blitz in der Umgebung ein, gefolgt von lautem Donner.

„Ein echter Mann ist heute geboren worden", sagte Raymond, hob die Augen zur Decke und dankte Gott für dessen Ankündigung. Wem Raymond am meisten hätte danken sollen, war jedoch die arme Rose. Wie eine hingebungsvolle Mutter ihr Kind beschützt, war sie während der gesamten Schwangerschaft an Annes Seite. Sie versuchte, die unerfahrene Mutter davon abzuhalten, dem Fötus ungewollt zu schaden – sei es im Schlaf, indem sie Anne beeinflusste, die bequemste Position für das Baby zu wählen, oder am Tag, indem sie sie dazu brachte, die nahrhaftesten Speisen für das Kind zu sich zu nehmen.

Henry, der während der gesamten Schwangerschaft abwesend gewesen war, hätte die Geburt von Croton um keinen

Preis der Welt verpasst. Hand in Hand mit Rose war er ein unzertrennlicher Teil des Pflegeteams im Kreißsaal. Sie drückten und atmeten synchron mit Anne und ihrer Geistführerin.

Als alles vorbei war, sagte Henry: „Nach all dem brauche ich einen richtigen Urlaub."

„Halt den Mund", sagte Rose und umarmte ihn.

„Ich meine es ernst. Ich war nicht einmal bei der Geburt meiner eigenen Tochter dabei."

„Stimmt, da hast du sogar recht!", sagte Rose mit einem tadelnden Blick. „Jetzt hast du wenigstens etwas über uns Frauen gelernt."

„Eine Sache habe ich auf jeden Fall gelernt."

„Was denn?"

„Dass ich niemals als Frau auf die Erde zurückkehren werde", sagte Henry mit schockierter Miene. „Übrigens – haben sie dem Kind schon einen Namen gegeben?"

„Ich habe den letzten Monat versucht, Anne meine Gedanken zu schicken."

„Hattest du Erfolg?" fragte Henry.

„Ich weiß es nicht. Wir müssen abwarten."

Genau in diesem Moment fragte Raymonds Vater, Hector, Anne: „Habt ihr schon einen Namen für meinen Enkel gefunden?"

„Wir denken noch darüber nach und …"

„Dann gib ihm besser einen Kriegernamen", sagte Hector mit Nachdruck.

„Ich bin mir nicht sicher", sagte Anne und sah unschlüssig zu Raymond hinüber.

„Erzähl ihm von deinem Traum", drängte Raymond.

Anne wurde still und wandte für einen Moment den Kopf zum Fenster. Es schien, als wolle sie über den Horizont der Betonlandschaft hinwegblicken, in der Hoffnung, ein letztes Mal eine Bestätigung zu erhalten. Alle im Raum warteten gespannt darauf, was es mit dem Traum auf sich hatte. Das Baby schlief friedlich neben ihr, und eine Decke vollkommener Stille legte sich über den Raum. Als Anne den Kopf wieder drehte und Hector ansah, bemerkte er eine einzelne Träne, die über ihre Wange lief. Dann durchbrach sie die Spannung und sagte: „Ich habe diesen Traum zweimal gehabt. Es war ein Engel, ganz in Weiß, mit ausgebreiteten Flügeln. Sie reichte mir ein neugeborenes Kind, eingewickelt in eine Decke. Es war ein Junge, aber am meisten überraschte mich ihre Bitte." Sie verstummte erneut.

„Welche Bitte?" fragten Hector und Elsa gleichzeitig.

„Das Kind Croton zu nennen."

„Bist du dir sicher?", fragte Hector. „Ich glaube nicht, dass es so einen Namen in unserer Kultur gibt."

„Ich weiß", sagte Anne. „Und genau das überrascht mich so. Aber sie hat den Namen immer wieder wiederholt."

„Ich mag den Namen. Er klingt stark und männlich", sagte Elsa.

„Ich mag ihn auch", sagte Raymond.

„Dann sei es so", stimmte Hector mit einem tiefen Seufzer zu.

„Wirklich? Ein Engel?", sagte Henry sarkastisch und sah Rose an. „Das ist das Beste, was dir eingefallen ist?"

„Aber es hat doch funktioniert, oder?" Rose konnte ihre Freude kaum verbergen. „Ich hätte es einfach nicht ertragen, wenn er einen anderen Namen bekommen hätte. Es hätte sich nicht richtig angefühlt."

Gegen Abend hatten alle den Raum verlassen, und Anne war mit dem neugeborenen Croton allein. Henry bestand nicht darauf, die physische Realität zu verlassen, wegen der Erfahrung, die er zuvor mit seiner Enkelin Vivy gemacht hatte – als sie gerade geboren war und sich für eine ganze Weile mit ihm verständigen konnte. Tief in seinem Inneren hoffte er auf ein letztes Wiedersehen mit Croton, auf eine letzte Anweisung, aber er erschien nicht, und sie warteten die ganze Nacht vergeblich. Das Baby schlief friedlich und lächelte hin und wieder im Schlaf – die spirituelle Verbindung war vollständig verschwunden.

„Ich schätze, die Bindung zwischen Seele und Körper ist ziemlich stark", sagte Henry mit einem Anflug von Enttäuschung in der Stimme.

Croton II

„Du solltest dich für ihn freuen. Alles, was wir wissen müssen, wissen wir bereits. Lass uns nach Hause gehen. Rose schob sanft ihre Hand unter Henrys Arm und zog ihn zu einem unsichtbaren Durchgang zurück in ihre eigene Realität.

Soccy

Als Henry und Rose nach Hause zurückkehrten, hatte sie eine Frage an ihn.

„Findest du es nicht ein bisschen seltsam, dass wir so lange voneinander getrennt sein können, ohne uns zu vermissen?"

„Doch."

„Und wie erklärst du dir das, du Superhirn?"

Henry lächelte und fragte zurück: „Wie lange warst du wieder auf der Erde?"

„Fast drei Monate", antwortete Rose.

„Für mich waren das wie drei Minuten."

„Und was ist mit mir?", fragte Rose mit erhobener Stimme. „Ich hätte doch die Zeitspanne spüren müssen."

„Aber das hast du nicht?"

„Nein."

„Auch wenn du im Physischen warst, gehörst du immer noch dem Geistigen an, und unsere Wahrnehmung bleibt dieselbe."

„Das ist alles zu kompliziert, ich glaube nicht, dass ich es ganz verstehe."

„Vielleicht sollst du es auch gar nicht. Nimm die Dinge einfach, wie sie sind – vertrau mir, das macht dein Leben weniger kompliziert."

„Vielleicht hast du recht."

Rose verharrte für einen Moment.

„Was jetzt?", fragte Henry..

„Ich glaube, das Baby ist wach." Rose küsste Henry zum Abschied und eilte zurück zu ihren Aufgaben.

Henry blickte sich im Raum um und spürte eine völlige Leere. Plötzlich wurde ihm klar, dass alle, die seinem Leben Bedeutung gaben, ihn verlassen hatten. Rose, Croton, Moritzio. Der Raum, von dem Croton immer gesagt hatte, er existiere nicht, begann plötzlich um ihn herum zu schrumpfen. Er beschloss, vom Sofa aufzustehen und zum Strand zu gehen. Doch selbst dort fand er keinen Trost.

Ich muss was tun.

Ihm wurde klar, dass Crotons Geburt Rose für eine ganze Weile von ihm fernhalten könnte – mindestens fünfzehn Jahre irdischer Zeit. Den Umfang dieser Zeitspanne im geistigen Raum zu erahnen, überstieg seine Vorstellungskraft. Plötzlich erinnerte er sich an Crotons Worte über die Vorteile, die mit der Verpflichtung eines Geistführers einhergehen. Croton hatte gesagt, dass er dadurch Zugang zu anderen Realitäten bekommen konnte, die für andere Seelen unerreichbar waren. Dieser letzte Gedanke ließ Henry keine Ruhe, und seine natürliche Neugier übernahm erneut die Kontrolle. Die Möglichkeit, sich selbst auf eine neue Reise zu begeben, füllte ihn ganz aus, und die einzige Seele, die dies ermöglichen konnte, war Thales. Er hatte sonst niemanden, an den er sich wenden konnte. Er kehrte schnell auf sein Lieblingssofa zurück und begann zu meditieren, in der Hoffnung, dass Thales ihn hören würde..

Nach einiger Zeit hörte Henry etwas.

„Vergib mir das Fehlen einer Form und Gestalt, die du wahrnehmen könntest. Aber ich höre dich sehr gut und bin gerne bereit, dir zu helfen."

„Danke, dass du geantwortet hast. Obwohl Croton mir aufgetragen hat, dich nur bei dringenden Angelegenheiten zu stören, glaube ich, dass dies eine davon ist."

„Du kannst meine Hilfe in Anspruch nehmen, wann immer du möchtest", antwortete Thales.

„Würdest du so freundlich sein, mich in andere Reiche zu führen? Ich habe niemand anderen, an den ich mich wenden kann."

Das werde ich tun. Aber um das zu ermöglichen, muss ich dich einer anderen Seele vorstellen. Übrigens hattest du die Gelegenheit, ihn in deinem letzten physischen Leben zu treffen."

„Wer ist es?", fragte Henry.

„Lass mich dein Gedächtnis auffrischen."

Seltsame und unbekannte Dinge begannen mit Henry zu geschehen, und der Raum um ihn herum verwandelte sich langsam in etwas anderes. Alles um ihn herum löste sich auf und verwandelte sich spontan. Augenblicke später fand sich Henry in seinem Lieblingspub wieder.

„Ist das die Gegenwart oder die Vergangenheit?", fragte Henry, während er sich umsah.

„Vergangenheit", antwortete Thales.

Vertraute Gerüche und Gesichter, die Henry erkannte, schlugen in seinem Gedächtnis ein. Der Ort, der ihn früher so oft gerufen hatte, rief diesmal keinerlei Nostalgie in ihm hervor. Es überraschte ihn tief, wie vollkommen gleichgültig er gegenüber dem war, was einst einer seiner Lieblingsorte gewesen war.

Ich schätze, ich bin da rausgewachsen.

„Warum sind wir hier?", fragte Henry.

„Ich möchte, dass du dich an jemanden erinnerst."

„An wen?"

„Schau", sagte Thales und lenkte Henrys Aufmerksamkeit auf den alten Mann, der immer in einer abgelegenen Ecke des Pubs saß. Niemand hatte je auf ihn geachtet. „Erinnerst du dich an ihn?"

„Natürlich. Wir nannten ihn immer ‚Soccy', kurz für Sokrates, den antiken griechischen Philosophen."

Sokrates war ein alter Mann, ein wenig untersetzt und klein gewachsen. Er hatte einen längeren Bart, und sein Haar sah aus, als wäre es nie gebürstet oder gewaschen worden. Er war immer schlecht gekleidet, seine Schuhe völlig abgetragen, die Sohlen mit Löchern durchsetzt. Jeder, der ihn im Pub kannte, sagte: „Der Mann braucht dringend ein Bad und eine gute Frau!"

Henry erinnerte sich, dass die Stammgäste des Pubs es mieden, an seinem Tisch zu sitzen – warum, wusste er damals nicht. Einmal war der Pub so voll, dass ihm keine Wahl blieb. Es schien, als habe Soccy auf ein frisches Ohr gewartet, und nun eines gefunden. Nicht nur das – er hatte sich daran geklammert wie an einen Rettungsring. Er beschwerte sich ununterbrochen über alles. Nichts konnte ihn zufriedenstellen

– Regierung, Politik, Gewerkschaften, Menschen, neue Generationen, Rechtssysteme, Moralvorstellungen ... du nennst es, er verurteilte es. Henry bemerkte, dass Soccy die Dinge auf eine Weise sah, wie es sonst niemand tat. Zunächst fand er ihn interessant, und Soccy hatte tatsächlich seine Aufmerksamkeit geweckt. Doch später verstand Henry, warum alle anderen ihn mieden. Es war einfach zu viel, um es aufzunehmen, besonders für jemanden, der in den Pub kam, um sich vom Alltag zu entspannen. Außerdem hatte Soccy nichts Gutes über irgendetwas oder irgendwen zu sagen. Seine Negativität überlagerte jeden Zuhörer, und schon nach der ersten Stunde wuchs in Henry der Wunsch, vor diesem Mann zu fliehen. Nach Henrys Einschätzung war Soccy ein einsamer Mann, von der Gesellschaft ausgestoßen und von seiner Familie – falls er eine hatte – vernachlässigt. Jemand, der weder in der Welt um sich noch in sich selbst seinen Platz finden konnte, an den Rand des Lebens geschoben, in Erwartung, dass der Tod seine letzten Besitztümer einforderte. Obwohl Henry Mitleid mit ihm hatte, setzte er sich nie wieder an seinen Tisch, egal wie voll der Pub war. Später erinnerte sich Henry, dass Soccy plötzlich verschwunden war. Auf Nachfrage bekam er vom Barkeeper die Antwort, dass man glaube, der alte Mann sei unter mysteriösen Umständen gestorben. Seit jenem Tag hatte Henry nie wieder etwas von ihm gehört – als hätte es den alten Mann nie gegeben.

Aus seinen Erinnerungen gerissen, fragte Henry Thales: „Und was ist mit ihm?"

„Ich möchte, dass du ihn noch einmal triffst. Ich denke, er ist der perfekte Führer für deine nächste Reise."

Einen Moment später verwandelte sich Henrys Zimmer, genau wie zuvor zum Pub, nun wieder zurück in sein normales Wohnzimmer.

„Wow!", sagte Henry und bewunderte, wie Thales arbeitete.

„Ich werde dich jetzt verlassen", sagte Thales und verschwand leise.

Nicht wissend, was ihn erwartete, stand Henry von seinem Lieblingssofa auf – so, wie man aufsteht, wenn man einen neuen Gast in seinem Haus erwartet. Einen Moment später sah Henry eine vertraute Gestalt eines alten Mannes in seinem Wohnzimmer.

„Bin ich hier richtig?"

„Ich glaube schon", antwortete Henry.

Er sah nicht viel anders aus als in Henrys Erinnerung – nur deutlich sauberer und besser gepflegt.

„Ich erinnere mich an dich. Du bist der nette Herr aus dem Pub", sagte Soccy.

Das Wort „nett" ließ Henrys Wangen erröten, als er daran dachte, wie sehr er früher versucht hatte, Soccys Gesellschaft zu vermeiden.

„Ich erinnere mich auch an dich", antwortete Henry und stellte sich erneut vor.

„Alle nannten mich immer Soccy, obwohl mein Name Andrew ist. Aber du kannst ruhig Soccy sagen – ich habe den Namen inzwischen liebgewonnen."

Es ist schön, dich wiederzusehen, Soccy."

„Wie kann ich dir also helfen?"

„Thales sagte, du könntest mich in andere Reiche führen?"

„Die einzigen Realitäten, zu denen ich dich bringen kann, sind Reiche niedriger Schwingung." Soccy blickte Henry direkt in die Augen, um seine Reaktion zu sehen.

„Das ist in Ordnung", sagte Henry und unterdrückte seine Enttäuschung.

Henry wusste nicht, was ihn erwartete, und das ganze Setting wirkte nicht gerade vielversprechend für eine angenehme Reise. Er hatte schon von den unteren Reichen gehört und verband sie gedanklich stets mit der Hölle – trotz Crotons Worten über deren Nicht-Existenz.

„Was ich aus dem Gespräch mit Thales entnommen habe, ist, dass dir diese Reise helfen wird, die physische Realität besser zu verstehen – jene, der sich die von dir geführte Seele stellen muss."

„Ich bin bereit", sagte Henry.

Soccy legte seine rechte Hand auf Henrys linke Schulter und blickte ihn mit tiefem Mitgefühl an. „Wir müssen unsere

Croton II

Schwingung erheblich senken, aber lass dich davon nicht beunruhigen."

„Werde ich nicht."

Eine Sekunde später wurden sie von einem wirbelnden Nebel erfasst, der sie mit gewaltiger Kraft nach unten zog. Henry schloss die Augen, und als er sie wieder öffnete, war alles zum Stillstand gekommen. Die Szenerie vor seinen Augen war herzzerreißend. Die ihm vertraute Pracht der Farben war verschwunden. Sie standen auf einem verbrannten, schwer gezeichneten Boden. Von Vegetation war nichts zu sehen – alles, was geblieben war, war bis ins Innerste verkohlt. Dunkle Wolken hingen so tief, dass sie beinahe den Boden berührten, bereit, sich in einem gewaltigen Regenguss zu entladen. Trotz der bedrohlichen Umgebung lag eine seltsame Ruhe in der Luft. Das Gefühl, dass etwas Schlimmes bevorstand, schlich sich in Henrys Bewusstsein – als erlebe er den Moment der Stille vor dem Sturm. Genau in diesem Moment hörte er ein lautes Geräusch, das ihn an Gewehrfeuer erinnerte.

Zwei Sekunden später riss eine furchtbare Explosion den Boden direkt neben ihnen auf. Die Wucht der Detonation war so heftig, dass Henry zu Boden ging und seinen Kopf schützend mit den Armen bedeckte. Soccy rührte sich nicht – er sah dem Geschehen ruhig zu. Es wirkte sogar, als ziehe er eine gewisse Befriedigung daraus.

„Wovor hast du Angst? Getötet zu werden?", fragte Soccy, belustigt über den verängstigten Henry, der sich an den Boden klammerte.

Als Henry die Absurdität seines Verhaltens erkannte, sprang er auf und klopfte sich den Staub von der Kleidung.

„Wo sind wir überhaupt – und was zur Hölle war das?" Henry war peinlich berührt.

„Ein Schlachtfeld", sagte Soccy und blickte über das trostlose Ödland. „Denkmal menschlicher Dummheit. Gefällt es dir nicht?"

„Ich hasse es", antwortete Henry.

„Warte. Du wirst es noch mehr hassen."

Noch bevor Soccy seinen Satz beendet hatte, bemerkte Henry eine Gruppe schwer bewaffneter Soldaten, die hinter

30

dem nächsten Hügel auftauchte. Sie gingen zum Angriff über. Im selben Moment sah er eine weitere Gruppe vom gegenüberliegenden Hang heranstürmen – ebenfalls zum Angriff bereit. „Es sieht so aus, als würden wir mitten in dieses Gefecht geraten."

„Keine Sorge. Sie können uns nicht sehen. Aber wir haben den Vorteil, sie aus nächster Nähe beobachten zu können."

Beide Gruppen kamen schnell näher. Sie schossen sinnlos beim Laufen aufeinander. Im nächsten Moment waren sie in direkter Nähe, kämpften mit Messern, versuchten, sich an die Kehle zu gehen, auf jede erdenkliche Weise Schaden anzurichten.

„Schau dir ihre Gesichter an", sagte Soccy.

Die grotesk verzerrten Gesichter der Soldaten spiegelten Wut und Hass wider. Die Unfähigkeit, den Gegner zu töten, machte sie nur noch wütender. Henrys Gesicht war vom Entsetzen gezeichnet. Er drehte sich zu Soccy um und schrie: „Bitte, bring sie dazu aufzuhören!"

„Das kann ich nicht. Sie kämpfen bis zum Ende."

„Bis zu welchem Ende?" rief Henry.

„Bis sie sich gegenseitig erschöpft haben und zu ihren Basen zurückkehren."

Im nächsten Moment sah Henry einen schwer bewaffneten Soldaten mit einem riesigen Messer in der Hand auf sich zu rasen. Henry biss die Zähne zusammen, hielt den Schrei zurück, streckte die Hände aus und schloss die Augen.

Als er sie wieder öffnete, saßen sie friedlich am Ufer eines Bergflusses, umgeben von einer unvorstellbar schönen Natur. Der Himmel war blau, und nur das sanfte Murmeln des Wassers störte die Ruhe dieses Paradieses.

„Wo sind wir?" fragte Henry erleichtert.

„Ich weiß es nicht. Du hast mich hierhergebracht", sagte Soccy und ließ den Blick über die Umgebung schweifen.

„Als ich die roten Augen dieses Soldaten sah, voller Wut und Angst, war das der erste Ort, der mir in den Sinn kam."

„Flucht", schloss Soccy.

Henry sah ihn an und fragte: „Was war das? Haben sie denn nicht begriffen, dass der Krieg vorbei ist, dass sie keine

Soldaten mehr sind? Ist ihnen nicht bewusst, dass sie keinen physischen Körper mehr haben?"

„Die Antwort auf all deine Fragen ist: Nein, das wissen sie nicht."

„Wie ist das möglich? Und warum tun ihre Geistführer nichts?"

„Du, mehr als jeder andere, solltest wissen, dass sie ihre Führer nur sehen oder um Hilfe bitten können, wenn sie dazu bereit sind."

„Ach ja. Und wann hört dieser Wahnsinn auf?"

„Niemals", antwortete Soccy.

„Findest du nicht, dass das ein wenig hart ist für diese armen Seelen? Ich verstehe ja, dass sie als Soldaten wahrscheinlich viele Dinge getan haben, die sie nicht hätten tun sollen, aber das?"

„Ich will dir das ganze Bild zeigen", sagte Soccy.

Henry machte es sich auf dem Felsen bequem, auf dem er saß, bereit, die Gründe hinter diesem sinnlosen Wahnsinn zu verstehen.

Mit einem tiefen Seufzer und erkennbarem Schmerz in der Seele begann Soccy seine Erzählung:

„Diese armen Seelen, wie du richtig bemerkt hast, begreifen in der Tat nicht den Zustand und das Wesen ihrer gegenwärtigen Existenz. Auf der Erde waren die meisten von ihnen Waisen. Kinder, die niemals Vater oder Mutter kannten. Sie erfuhren nie familiäre Geborgenheit oder – noch entscheidender – nie berührte sie die Liebe. In manchen Ländern wurden sie vom Staat ausgewählt und zu treuen Soldaten der Machthaber erzogen. In anderen von Milizen oder extremistischen religiösen Organisationen. Alles, was sie kannten, waren Armeelager, Vorgesetzte – und einander."

„Du willst also sagen, ihre Gedanken waren von Anfang an vergiftet?"

„Ja. Genauer gesagt: Man hat ihnen gesagt, *was* sie denken und *wie* sie zu denken haben. Ein Vorgesetzter in der Befehlskette wurde zum Elternersatz. Das Armeelager wurde ihr Zuhause, und die Kameraden wurden zur Familie. Die meisten dieser jungen Männer haben nie die Nähe einer Frau erlebt. Das Einzige, was man ihnen beigebracht hat, war zu töten."

„Letzteres hat offenbar nicht besonders gut funktioniert", sagte Henry sarkastisch. „Was wird mit ihnen geschehen? Bleiben sie für immer in dieser Hölle oder gibt es ein Licht am Ende des Tunnels?"

„Es gibt immer ein Licht, irgendwann. Ganz gleich, wer du bist, wo du bist oder was du getan hast. Außerdem habe ich durch meine Erkundungen dieser niederen Reiche erkannt, dass die universellen Gesetze nicht immer mit den menschlichen Gesetzen übereinstimmen."

„Inwiefern?" fragte Henry.

„Zum Beispiel auf der Erde: Wenn jemand das Gesetz bricht, wird der Richter nicht einmal fragen, ob der Angeklagte sich seines Tuns bewusst war."

„Mit anderen Worten: Unwissenheit schützt nicht vor Strafe?"

„Ganz genau. Aber hier, im spirituellen Gericht, wird man für falsches Handeln nicht zur Rechenschaft gezogen, wenn man es aus Unwissenheit begangen hat."

„Das ergibt Sinn, denn hier ist man im Gerichtssaal ein offenes Buch. Die wissen mehr über uns als wir selbst. Auf der Erde lügen Verbrecher sich das Maul fusselig und tun so, als hätten sie keine Ahnung von ihrem Fehlverhalten." Henry schwieg für einen Moment und dachte intensiver nach. „Ich denke, es ist nur gerecht zu sagen: Wenn jemand nicht zwischen richtig und falsch unterscheiden kann, wie soll man von ihm erwarten, das Richtige zu tun?"

„Die Situation dieser unglücklichen Soldaten wird sich also erst dann ändern, wenn sie selbst die Sinnlosigkeit ihrer Taten erkennen."

Henry blickte auf die Natur um sich herum – auf diese friedliche Landschaft, die er in einem einzigen Augenblick erschaffen hatte, nur um der erschreckenden Realität zu entfliehen. So leicht und mühelos. Etwas, das ihm ganz natürlich kam, während es für die Seelen in den niederen Reichen unerreichbar schien. Plötzlich wurde ihm der Vorteil bewusst, den er gegenüber diesen jungen Seelen hatte. Diese Erkenntnis brachte ihm zugleich Erleichterung und Scham.

„Du brauchst kein schlechtes Gewissen zu haben", sagte Soccy. „Wenn du tief genug in deine eigene Vergangenheit gräbst, wirst du feststellen, dass du selbst einmal an einem ähnlichen Ort warst."

„Das weiß ich. Trotzdem erscheint es mir ungerecht."

Soccy ließ Henry Zeit, über das Gesagte nachzudenken, und trat dann behutsam näher.

„Wenn du willst, kann ich ein Treffen mit einem der Soldaten arrangieren, der es geschafft hat, all den Wahnsinn hinter sich zu lassen."

„Das würde ich sehr gerne", sagte Henry.

„Ich fürchte nur, ihn in dieses Paradies zu bringen, das du erschaffen hast, ist unmöglich – obwohl ich mich daran nicht sattsehen kann. Aber wir können ihn in seiner Welt besuchen."

„Das ist in Ordnung."

Soccy legte seine Hand auf Henrys Schulter, und beide schlossen die Augen.

Die Szenerie, die sich Henry beim Öffnen der Augen bot, war völlig unerwartet. Er war es gewohnt, Seelen in ihren eigenen Welten oder persönlichen Realitäten zu begegnen, meist irgendwo in Europa – das hatte er auch diesmal erwartet. Doch der Ort, an dem er nun stand, war ihm nur aus dem Fernsehen bekannt, besucht hatte er ihn nie. Soweit sein Blick durch den dichten Rauch reichte, befand er sich in einem ländlichen afrikanischen Dorf. Über das Gelände verstreut standen zahlreiche Hütten zwischen Bäumen und Büschen. Die Hütten waren zylindrisch, aus Stein errichtet und mit Lehm abgedichtet. Ihre Dächer bestanden aus konisch geformtem Stroh. Kleine Öffnungen, die als Türen dienten, waren mit bunten Tüchern verhängt. Im Dorf herrschte reger Betrieb; Seelen bewegten sich durch enge Pfade, die sich kreuz und quer durch die Siedlung zogen. Im Unterschied zu den Reichen, die Henry kannte – in denen die meisten Bewohner zwischen fünfundzwanzig und dreißig Jahren alt wirkten –, lebten hier Menschen aller Altersgruppen, von Neugeborenen bis zu Dreißigjährigen. Was Henry am meisten erstaunte, war die

Vielfalt an Farben und Gesichtszügen: europäische Züge mit dunkler Haut, afrikanische mit heller – und alle Schattierungen dazwischen. Diese ungewöhnliche Mischung und das friedliche Miteinander ließen ihn unwillkürlich die Augenbrauen heben.

„Sei nicht zu streng mit ihnen", sagte Soccy. „Sie sehen so aus, wie sie sich selbst sehen, und das kannst du ihnen nicht absprechen."

„Können sie uns sehen?"

„Noch nicht. Aber um mit ihnen kommunizieren zu können, müssen wir unsere Schwingung weiter senken. Sei nicht überrascht, wenn du dich dann anders wahrnimmst."

„Wie werde ich aussehen?"

„Du wirst es sehen. Du musst dir nur wünschen, dass sie dich sehen können. Aber bevor du das tust, denk daran: Du darfst ihnen nicht zu viele Informationen geben. Das würde sie nur verwirren. Sei mehr Zuhörer als Sprecher", sagte Soccy mit einem breiten Lächeln im Gesicht.

Henry schloss die Augen und stellte sich vor, wie er mit einigen Menschen aus dem Dorf sprach. Obwohl Soccys Warnung über eine mögliche Überraschung ihn zögern ließ, seine Augen wieder zu öffnen, tat er es schließlich doch. Als Henry die Augen öffnete, stand er vor einem alten afrikanischen Mann, der wie ein Stammesführer gekleidet war. Der größte Teil seines Körpers war in leuchtend bunte Stoffe gehüllt. An seinen Hand- und Fußgelenken trug er zahlreiche Armreifen. Nase und Ohren waren mit Ringen aus Tierknochen durchstochen. Über seinen Schultern lag ein Leopardenfell, und in der Hand hielt er einen langen, kunstvoll verzierten Stab – das Bild einer eindrucksvollen, fast widersprüchlichen Gestalt. Diese fremde Erscheinung ließ Henry ein paar Schritte zurückweichen, und er blickte sich suchend nach Soccy um.

„Ich stehe direkt vor dir", sagte der Stammesführer, der vor ihm stand.

„Soccy?", fragte Henry und versuchte, seinen Reisebegleiter zu erkennen.

„Ja, ich bin's."

Erst nach genauerem Hinsehen erkannte Henry ihn. In diesem Verkleidungsspiel waren es die Augen, die ihn verrieten.

„Ich will dir etwas zeigen", sagte Soccy.

Er führte Henry zu einer kleinen Pfütze mit stehendem Wasser und sagte: „Sieh hinein."

Henry blickte auf die ruhige, schlammige Wasseroberfläche und sah darin einen weiteren Stammesführer – dem, der neben ihm stand, nicht unähnlich.

„Bin das ich?", fragte Henry und griff an seinen grau gewellten Bart, strich über sein tief zerfurchtes Gesicht und fuhr mit der Hand über den Hut, der aus einer Art Tierhaut gemacht war.

„Ja, das bist du", bestätigte Soccy.

„Aber so sehe ich mich nicht. Das verwirrt mich. Das widerspricht allem, was ich bisher gelernt habe."

„Beruhige dich. Alles ist in Ordnung. Ich schätze, du hattest bisher keine Gelegenheit, die niederen spirituellen Reiche zu besuchen."

„Wahrscheinlich nicht."

„Lass es mich erklären. Wir besuchen diese Realitäten mit dem Ziel zu beobachten oder zu lehren. Wenn du nur beobachtest, musst du nicht sichtbar sein. Wenn du aber interagieren willst, ist dein Erscheinungsbild entscheidend. Wir müssen so aussehen, wie sie es erwarten."

„Okay, ich verstehe."

„Meistens sind wir hier, um zu helfen – und dazu gehört auch, zu lehren. Sag du mir: Was ist wohl hilfreicher, um das gewünschte Ergebnis zu erzielen – dein modisches Outfit eines Dreißigjährigen oder das, das wir jetzt tragen?"

„Ich verstehe", sagte Henry.

Nach einer Weile des Nachdenkens über das Gehörte fragte Henry: „Darf ich dir noch eine letzte Frage stellen?"

„Bitte – und sie muss nicht die letzte sein."

„Wer hat dieses Aussehen für mich gewählt? Ich war es offensichtlich nicht."

„Ich war es auch nicht", antwortete Soccy. „Unsere Besuche drehen sich ganz um sie – darum, was sie beruhigt.

Wenn du dich entscheidest, ein Reich zu betreten, das wesentlich niedriger schwingt als dein eigenes, passt du dich automatisch so an, dass dich die Bewohner als Wissenden erkennen. Oder einfacher gesagt: als Lehrer. So war es immer, so ist es und so wird es wahrscheinlich bleiben. Wenn du mich fragst: Das macht unsere Arbeit sehr viel einfacher."

Plötzlich erinnerte sich Henry daran, wie Thales sich bei ihrer ersten Begegnung gezeigt hatte – und bei jeder weiteren: der alte Mann in altgriechischer Kleidung. Das alte Griechenland hatte Henry immer mit Weisheit verbunden. Dann erinnerte er sich daran, wie Croton ihm gesagt hatte, dass Thales ein berühmter Philosoph gewesen sei – also ein Liebhaber der Weisheit. Selbst Crotons äußere Erscheinung bei der ersten Begegnung hatte in Henry Vertrauen und Respekt geweckt. Henry hatte eine Eingebung, die ihm half, die verstreuten Puzzleteile zu einem verständlichen Bild zusammenzusetzen.

„Jetzt ist mir alles klar."

„Dann lass uns den Mann treffen", sagte Soccy.

Soccy deutete mit der rechten Hand die Richtung an, in die sie gehen sollten. Sie nahmen einen schmalen Pfad, der sie bald zu einer der Hütten führte. Soccy klopfte ein paar Mal an die Wand und rief: „Jemand zu Hause?"

Savuka

Henry trat vorsichtig zur Seite, und ein junger Junge trat aus der Öffnung hervor.

Große schwarze Augen und schneeweiße Zähne fielen Henry als Erstes ins Auge. Eine wohlproportionierte, breite Nase und volle Lippen verstärkten seine Faszination. Das ganze Gesicht dieses etwa fünfzehnjährigen Jungen strahlte ein tiefes, reines Glück aus.

Als der Junge Soccy erblickte, rief er: „Padre!", und fiel ihm mit der Inbrunst eines verlorenen Kindes in die Arme, das einen wiedergefundenen Elternteil umklammert. Nach einem Moment stellte Soccy Henry dem Jungen vor, der respektvoll seine rechte Hand ausstreckte und leicht den Kopf senkte. Dann zog er den Vorhang zur Seite, der den Eingang der Hütte bedeckte, und lud seine Gäste ein, einzutreten. In der Mitte der kleinen zylindrischen Struktur bemerkte Henry ein offenes Feuer, mit einer Öffnung direkt darüber im Dach, durch die der Rauch abziehen konnte. *Das erklärt den Rauch, der über dem ganzen Dorf hängt,* dachte Henry. Sie setzten sich auf den Boden rund um das Feuer. Es war das erste Mal, dass Henry im spirituellen Reich einem offenen Feuer begegnete. Vorsichtig streckte er seine rechte Hand aus und hielt sie direkt über die Flamme. Einen Moment später dachte er: *Illusion.*

„Was hast du denn erwartet?", kicherte Soccy.

„Es sieht ziemlich echt aus", verteidigte sich Henry, woraufhin Soccy antwortete: „So wie alles andere in diesem Reich auch."

„Darf ich ein paar Fragen stellen?", begann Henry zögerlich.

„Na, ist das nicht der Grund, warum wir hier sind?"

Henry wandte sich dem Jungen zu und fragte: „Wie heißt du, mein Sohn?"

„Savuka", antwortete dieser, mit einem tiefen Ausdruck von Dankbarkeit im Gesicht und in der Stimme.

„Ich vermute, du warst ein Krieger", sagte Henry.

„Ja, das war ich", antwortete Savuka, wobei sich Tonfall und Gesichtsausdruck schlagartig veränderten. Henrys Aussage rief alte, ungeliebte Erinnerungen wach – Erinnerungen, die Savuka nur zu gern hinter sich gelassen hätte.

Sanft fragte Soccy: „Ist es in Ordnung für dich, darüber zu sprechen?"

„Ja, Padre", antwortete Savuka, fasste sich und streckte mutig die Brust.

Hungrig nach Erkenntnis begann Henry, Fragen zu stellen.

„Würdest du mir bitte erklären, wie du zu der Erkenntnis gekommen bist, dass es Zeit war, weiterzugehen?"

„Verstehst du die Frage?", fragte Soccy nach.

„Ja, Padre", und er begann, seine Geschichte zu erzählen. „Vor ungefähr fünfzig Erdenjahren bin ich gestorben – oder genauer gesagt, im Kampf gefallen. Ich kämpfte in einem Krieg gegen einen Nachbarstamm. Ein dummer, bedeutungsloser Krieg. Offenbar wurde ich in den ersten Minuten des Gefechts erschossen, aber ich bemerkte es nicht."

„Wie das?", fragte Henry überrascht.

Savuka erklärte: „Ich spürte einen stechenden Schmerz in meiner Brust, dann wurde alles schwarz. Als ich wieder zu mir kam, war der Schmerz verschwunden und ich stand mitten auf dem Schlachtfeld. Der Kampf schien vorbei. Ich bemerkte ein paar weitere Soldaten wie mich. Zuerst waren wir verwirrt, doch dann fanden wir unseren Kommandanten. Er stellte die überlebenden Soldaten zu einem neuen Regiment zusammen, und wir zogen uns zurück. Soweit ich sah, taten die feindlichen Soldaten das Gleiche."

„Und dann …?", fragte Henry ungeduldig.

„Wir führten eine endlose Kette von Schlachten auf demselben Schlachtfeld, zogen uns zwischen den Kämpfen ins Lager zurück, um uns von der Erschöpfung zu erholen. Nach und nach begann ich zu spüren, dass etwas nicht stimmte. Irgendetwas war anders an diesen Kämpfen, nicht so, wie ich sie in Erinnerung hatte."

„Und dann?", drängte Henry.

Soccy legte Henry die Hand aufs Handgelenk und drückte es leicht. Henry wurde bewusst, dass er ungeduldig und fordernd geworden war. Er hielt sich mit der rechten Hand den Mund zu, um sich selbst zum Schweigen zu bringen.

Savuka fuhr fort: „Eines Tages beschloss ich, der Sache auf den Grund zu gehen."

Henry wollte verzweifelt dazwischenfragen, was er denn unternommen habe, aber er hielt sich mühsam zurück.

„Ich beschloss, mich selbst zu verletzen. Ich ging aus dem Lager, dorthin, wo mich niemand sehen konnte, und schnitt mir tief ins Handgelenk – eine offene, blutende Wunde ... doch etwas fehlte."

Henry konnte sich nicht länger beherrschen. „Was? Was fehlte?", rief er laut.

„Der Schmerz. Ich spürte überhaupt nichts. Mein ganzer Körper war taub. Und in diesem Moment fragte ich mich: Lebe ich überhaupt? Ich erinnere mich, dass ich völlig verwirrt war, nicht wusste, was ich denken oder tun sollte. Und genau in diesem Augenblick geschah ein Wunder." Er hielt inne, sah Soccy mit liebevollen Augen an und sagte: „Ich sah meinen Padre. Er kam, um mich zu retten."

Henry bemerkte Tränen in Savukas Augen. „Er kam, um mich aus der Hölle zu holen, in der ich war. Er baute diese Hütte für mich und brachte mich hierher. Seitdem habe ich einen eigenen Ort in einem friedlichen Dorf, umgeben von den wunderbarsten Menschen, die ich je getroffen habe."

„Das war alles?", fragte Henry, dessen sechster Sinn ihm sagte, dass da noch mehr sein musste.

Savuka warf Soccy einen besorgten Blick zu. Soccy nickte ihm aufmunternd zu, weiterzusprechen.

„Mein Padre hat mir eine völlig neue Welt eröffnet – oder besser gesagt: Er hat mir meine eigene Welt gezeigt, aber aus einer anderen Perspektive. Ich begann langsam zu begreifen, was ich getan hatte. Schreckliche Dinge. Dinge, die ich am liebsten aus meinem Gedächtnis löschen würde."

„Und dann hast du dich einem Ältestenrat gestellt?", fragte Henry und sah zu Soccy.

„Ja, einem Gremium von Richtern", bestätigte Soccy.

„Sie haben mich durch die wahre Hölle geschickt", fuhr Savuka fort. „Sie ließen mich den physischen Schmerz spüren, den ich anderen zugefügt hatte. Das war erträglich – bis sie mich den Kummer meiner Opfer und ihrer Familien fühlen ließen. Ich weiß nicht, wie lange ich in diesem Zustand aus entsetzlichem körperlichen und seelischen Schmerz verharrte, bevor mein Padre mich zum zweiten Mal rettete."

Ein ungewohntes Schweigen erfüllte den Raum.

Und dann?", fragte Henry aufrichtig interessiert.

Savuka antwortete: „Jetzt will ich zurückgehen."

„Warum? Bist du hier nicht glücklich?"

„Doch, das bin ich. Aber ich muss diese Erinnerungen loswerden. Sie verfolgen mich. Padre hat mir geraten, ein neues Leben zu führen und bessere Entscheidungen zu treffen – dann werde ich die alten vergessen können. Ich hoffe nur, dass er für mich bessere Eltern findet. Eine gute Familie. Ich möchte die Wärme einer Mutter spüren, ihre Umarmungen, ihre Küsse auf meinen Wangen. Die Stärke der Hand eines Vaters, der mich in schwierigen Zeiten beschützt. Ich möchte eine richtige Familie erleben. Eine, die mich – egal was geschieht – niemals auf die Straße setzen würde."

Er verstummte einen Moment lang, dann sagte er leise: „Es sei denn … ich verdiene es nicht."

Soccy unterbrach ihn sofort: „Natürlich verdienst du es, mein Sohn. Und ich arbeite daran. Hab nur Geduld." Dann erhob er sich vom Boden und verkündete: „Es ist Zeit für uns zu gehen."

Savuka fragte: „Wann sehe ich dich wieder?"

„Bald, mein Sohn. Sehr bald", antwortete Soccy. Dann verließen er und Henry die Hütte.

Nach einem längeren Fußweg von Savukas Hütte fragte Henry: „Bist du sein geistiger Führer?"

„Jetzt ja", antwortete Soccy.

„Was ist mit demjenigen passiert, der ihn im letzten Leben geführt hat?"

„Er hat seinen Zweck erfüllt", erwiderte Soccy, wobei sich ein Anflug von Wut in seine Stimme mischte.

„Was meinst du damit?", fragte Henry.

„Der arme Junge wurde den Vollstreckern überlassen – ein stumpfes Werkzeug in ihren Händen. Gott sei Dank haben die Planer mir die Chance gegeben, mich um ihn zu kümmern."

„Vielleicht haben sie ein Potenzial in ihm gesehen", überlegte Henry.

„Sie sehen alles. Es ist geradezu beängstigend, wie viel sie über uns wissen", gab Soccy zu.

„Es mag beängstigend sein, aber es gibt auch ein Gefühl der Sicherheit – angesichts ihrer Weisheit und ihres Bewusstseins", sagte Henry.

„Da stimme ich dir vollkommen zu. Außerdem arbeite ich mit einem von ihnen zusammen, um Savukas Zukunft zu planen. Er hat sich ein ruhiges, sicheres Land ausgesucht, in dem er geboren werden will. Jetzt müssen wir nur noch eine anständige Familie für ihn finden."

„Erleben all diese jungen Seelen nach dem Urteil durch den Ältestenrat eine solch tiefgreifende Erkenntnis?"

„Nein, ganz und gar nicht. Ich habe zum Beispiel einen anderen Jungen angesprochen – dreizehn Jahre alt, ebenfalls ein Krieger. In seinem jungen Alter hatte er Gräueltaten begangen, die ich nicht einmal beschreiben kann. Weißt du, was er mir nach seiner Anhörung sagte?"

„Was?"

„Er sagte, dass er hier ein Niemand sei – aber dass die Leute zuhause Angst vor ihm hatten und ihn respektierten, trotz seines Alters. Er habe Schmerz verursacht – na und, er habe schließlich selbst auch gelitten."

„Ich kann kaum glauben, was du sagst – er war doch nur ein Kind", sagte Henry schockiert.

„Veränderungen in der Persönlichkeit einer Seele geschehen niemals plötzlich", erklärte Soccy. „Es ist ein langsamer, fortschreitender Prozess, der harte Arbeit der Seelen selbst erfordert – und die vollständige Hingabe ihrer Führer."

Diese Bemerkung zur Verantwortung der geistigen Führer ließ Henry an Croton denken – aber dann erinnerte er sich daran, dass Rose ständig bei ihm war. Diese Erkenntnis genügte, um jeden Zweifel zu zerstreuen, dass Croton vielleicht vernachlässigt wurde.

Er führte seine Fragen fort: „Wie viele Realitäten wie die, die wir vorhin besucht haben, existieren?"

„Du meinst die Schlachtfelder?", fragte Soccy.

„Ja", bestätigte Henry.

„So viele, wie es Konfliktzonen auf der Erde gibt. Und weißt du, was mich daran traurig macht?"

„Was denn?"

„Diese Realitäten werden niemals einen Mangel an neuen Seelen haben. Wenn unsere Geister menschliche Gestalt annehmen, verlieren sie ihre Menschlichkeit. Ich weiß, das klingt widersprüchlich – aber so ist es. Sie finden immer irgendeinen Grund zu kämpfen. Oder noch schlimmer: Sie überzeugen andere, für ihre Überzeugungen und Ambitionen zu kämpfen."

„Andererseits", wandte Henry ein, „ist es auch der einzige Weg, auf dem wir unsere wahre Natur entdecken können."

In genau diesem Moment hörten sie ein lautes, anschwellendes Geräusch, das Henry als Trommel identifizierte. Im Gegensatz zur sonst zufälligen Bewegung der Seelen im Dorf zog der Trommelschlag sie alle in geordnete Formationen. So wie Eisenspäne von einem Magneten angezogen werden, so folgten die Seelen dem Ruf der Trommeln.

Henry bemerkte, dass das Licht des Abends langsam verschwand und der übermächtigen Nacht wich. In der Mitte des kleinen Dorfplatzes flackerte das helle Licht eines Feuers, und wie Motten vom Licht angezogen wurden alle Seelen in einem dichten Kreis um das Feuer versammelt – sich noch dazwischen zu quetschen wäre unmöglich gewesen. Im Takt des Trommelrhythmus begannen sie langsam, das Feuer zu umrunden und zu tanzen. Die weiblichen Seelen begannen zu singen, dann stimmten die männlichen Stimmen mit ein. Für das, was sich vor seinen Augen entfaltete, fand Henry nur ein einziges Wort: Harmonie.

„Ist das nicht unglaublich?", sagte Soccy.

Sie beobachteten die gesamte Zeremonie schweigend, bis der Kreis der Seelen stehen blieb und sich alle um das Feuer versammelten. Einer nach dem anderen begann, Geschichten aus seinem früheren Leben zu erzählen, Erfahrungen zu teilen. Sie lachten gemeinsam und teilten ihre Traurigkeit, trösteten sich einfühlsam. Soccy brachte es auf den Punkt: Sie verbinden sich.

Henry fragte: „Wie oft passiert so etwas hier?"

„Wir hatten Glück, das mitzuerleben. Ich habe das zuvor noch nie gesehen."

Nach einiger Zeit verfielen alle ganz natürlich in einen tiefen und friedlichen Schlaf. Henry war darüber sehr erstaunt.

„Sie schlafen wirklich?", fragte er.

„Ja", antwortete Soccy. „Geister wie du und ich verfügen über andere Energielevels und -mengen als diese jungen Seelen. Aktivitäten wie Tanzen, Singen und intensives Kommunizieren kosten sie viel Energie – und Schlaf ist die beste Art für sie, sich zu regenerieren."

Noch immer überrascht fragte Henry weiter: „Aber sie sind alle gleichzeitig eingeschlafen. Wie ist das möglich?"

„Du musst dir bewusst machen, dass junge Seelen noch nicht lange vom Schöpfer getrennt sind. Sie sind noch stark mit der Quelle verbunden – und miteinander. Sie teilen eine gemeinsame Realität. Was einige wenige wünschen, dem folgen die meisten. Nacht, Trommelschlag, Tanz, spontaner Schlaf – all diese Harmonie zeigt die Einheit dieser Seelen. Mit der Zeit, nach vielen Inkarnationen auf der Erde, werden sie so wie wir – einsam und kompliziert. Aber jetzt sind sie noch rein und verbunden."

In diesem Moment hörte Henry die Stimme von Rose, die ihn rief ... „Henry, kannst du mich hören? Ich brauche dich."

„Ich glaube, meine Frau versucht, mich zu erreichen." Henry bedankte sich bei Soccy für die eindrucksvolle Zeit und verabschiedete sich.

„Ich hoffe, wir sehen uns wieder", sagte Soccy dem verschwindenden Henry hinterher, „und vergiss nicht, dein Aussehen wieder zu ändern."

„Gute Idee! "

Wieder Zuhause

Einen Moment später erschien Henry im Krankenhaus neben Rose; er vermutete, dass seit seinem letzten Besuch nicht viel Zeit vergangen war.

„Hast du mich gerufen?", fragte Henry.

„Ich musste", sagte Rose mit tränengefüllten Augen.

„Was ist passiert, mein Schatz? Was habe ich diesmal verpasst?" Henry war verwirrt, was wohl schiefgelaufen sein könnte.

„Schau", sagte Rose und zeigte auf einen etwa fünfjährigen Jungen, dessen rechte Hand frisch verbunden war.

„Wer ist das?", fragte Henry neugierig, während er den Jungen betrachtete, der auf dem Krankenhausbett saß.

Der Junge hatte dunkles, welliges Haar und tiefbraune Augen. Seine sehr ausdrucksstarken Augenbrauen, die schienen ein Eigenleben zu führen, waren gesenkt und spiegelten seine Unzufriedenheit mit dem, was die Ärzte mit ihm gemacht hatten. Er hatte eine kleine, niedliche Nase und winzige Lippen, die fest aufeinandergepresst waren, um sein Unwohlsein zu unterdrücken.

Die Schuluniform, die er trug, hatte bessere Tage gesehen. Trockene, nur notdürftig abgewischte Schlammpartikel bedeckten sie vollständig, sodass die ursprüngliche Farbe kaum noch zu erkennen war. Angeblich schwarze Schuhe waren zu einem schmutzigen Braun geworden, und ihre zerrissenen Spitzen wirkten wie gierige kleine Mäuler. Er trug kurze Hosen, die mehrere Wunden an seinen Knien freilegten, und ungleichmäßig heruntergerutschte, dreckige Socken um die Knöchel. Unter seinen Augen zeichneten getrocknete Tränenspuren, vermischt mit Staub, dunkle Schatten. Das Einzige, das neu an dem Jungen war, war eine frische Schnittwunde an seinem rechten Arm.

„Wer ist das?", fragte Henry erneut, verwirrt.

„Wer denkst du denn?", murmelte Rose. „Mein schlimmster Albtraum – Croton!"

Henry konnte es kaum glauben. „So lange war ich weg?"

„Ist dir nicht aufgefallen, wie die Zeit vergangen ist?", erwiderte Rose ebenso überrascht. „Ich hoffe, dass diese letzten Jahre für dich spannender waren als für mich."

Henry machte einen Schritt auf das Bett zu und betrachtete den kleinen Jungen vor sich – einen Jungen, der ihm völlig fremd war. Als wollte er die verlorene Zeit wiedergutmachen, beobachtete er den Jungen aus der Distanz, sah auf seine Bewegungen und Reaktionen, versuchte herauszufinden, was für ein Mensch aus ihm wurde.

„Er ist ein ganz besonderer kleiner Mann", sagte Rose, als sie Henrys bedauernden Blick bemerkte, mit dem er den Jungen betrachtete. „Alles, was zählt, ist, dass du jetzt hier bist, mein Schatz."

Henry erzählte, was ihn so lange beschäftigt hatte. Er berichtete Rose von seinen Erfahrungen in den niederen Sphären, von Soccy und Savuka, von den Kriegszonen und den armen Seelen, die dort weiterhin kämpften.

„Und was ist mit dir? Ich scheine eine ganze Menge verpasst zu haben. Was ist hier auf der Erde geschehen? Ich fühle mich völlig losgelöst von dieser Realität, und ehrlich gesagt – ich fühle mich richtig schuldig, dich bei dieser Aufgabe allein gelassen zu haben."

„Das brauchst du nicht", sagte Rose. „Die letzten fünf Jahre, die ich mit Croton verbracht habe, waren zugleich schön und anstrengend. Ich bin geworden wie eine dieser überfürsorglichen Mütter, die jeden Schritt ihres Kindes überwacht, um es vor Schaden zu bewahren. Ich will nicht angeben, aber ich werde ziemlich gut darin, ihn zu beschützen. Ich habe einige Nächte an seinem Bett verbracht und dabei Albträume abgewehrt."

„Woher kommen diese Albträume?", fragte Henry mit aufrichtig besorgtem Tonfall.

Rose hatte sich diese Frage selbst schon gestellt und war zu dem Schluss gekommen: „Ich denke, eine Seele wie Croton trägt viele schreckliche Erinnerungen in ihrem Unterbewusstsein, und diese Erinnerungen suchen ihn manchmal heim und belästigen ihn in Form von Albträumen. Ich versuche dann, sie zu blockieren und durch schöne Gedanken zu ersetzen, oder ich wecke ihn einfach, damit sie aufhören. Ich hätte nie gedacht, wie viel schwieriger es ist, sich um einen Jungen zu kümmern als um ein Mädchen!"

„Warum sagst du das?"

Von dem Moment an, in dem er die Augen öffnet, bis zu dem, in dem er einschläft, ist er ein unkontrollierbarer Wirbelwind voller Energie. Er braucht ständig etwas, womit er sich beschäftigen kann."

„Aber ist das nicht etwas Gutes?"

„Gut? Er ist der unartigste Junge, dem ich je begegnet bin! Nichts bringt dieses lebendige Energiebündel auch nur für eine Sekunde zur Ruhe. Sieh ihn dir doch an", sagte Rose und zeigte voller zärtlicher Liebe auf den Jungen. In einem offensichtlich verlorenen Kampf versuchte der kleine Croton verzweifelt, vom Bett zu kommen, während die arme Anne mit aller Kraft dagegenhielt.

„Siehst du?", lachte Rose. „Das Einzige, was ihn für einen kurzen Moment ruhigstellt, ist klassische italienische Musik. Immer wenn Anne Enrico Caruso oder Mario Lanza spielt, ist er wie verzaubert – und wir bekommen alle wenigstens dreißig Minuten Ruhe!"

„Das ergibt durchaus Sinn. Alles Italienische ist tief in seinem Unterbewusstsein verankert. Aber wenn du ihn den ganzen Tag über so eng begleitest, wie erklärst du dann das hier?", fragte Henry und zeigte auf Crotons verletzten Arm.

„Ich mache nur mich selbst dafür verantwortlich", gestand Rose. „Ich war nur einen Moment nicht an seiner Seite – und das ist das Ergebnis."

„Bist du weggegangen?"

„Ja, ich habe Emily und Vivi besucht. Ich vermisse sie so sehr. Vermisst du sie denn gar nicht?", fragte Rose mit vorwurfsvollem Ton.

„Natürlich vermisse ich sie. Aber damit ich sie besuchen kann, müssen sie meinen Namen erwähnen – oder zumindest an mich denken", antwortete Henry mit hörbarer Enttäuschung und einem Hauch Traurigkeit in der Stimme.

„Das stimmt nicht. Ich war selbst Zeugin – und nicht nur einmal –, wie sie deinen Namen erwähnt haben. Du warst wahrscheinlich nur zu beschäftigt, um es zu hören", entgegnete Rose.

„Vielleicht hast du recht. Wie geht es ihnen denn? Was passiert so in ihrem Leben?"

„Ach, nicht viel. Vivi ist zu einer wunderschönen jungen Frau herangewachsen, und die Jungen können ihre Augen nicht von ihr lassen", sagte Rose stolz. „Meine arme Emily ist älter geworden, aber sie ist ganz zufrieden in ihrer Ehe mit Jeff. Im Großen und Ganzen geht es ihnen gut. Ich nutze jede Gelegenheit, wenn sie meinen Namen erwähnen, um sie zu besuchen und wenigstens für einen kurzen Moment bei ihnen zu sein – manchmal nur ein paar Sekunden –, um ein Teil ihres Alltags zu bleiben, in der Hoffnung, diesen nie enden wollenden Schmerz der Trennung ein wenig zu lindern."

„Dieser Schmerz entspringt reiner Liebe", sagte Henry sanft.

„Wahrscheinlich hast du recht", murmelte Rose und versank für einen Moment in Gedanken.

Um sie aufzuheitern, fragte Henry: „Und was gibt es Neues bei Raymond und Anne?"

Rose berichtete freudig: „Beide haben erfolgreich ihren Abschluss gemacht, trotz der Herausforderungen mit dem Baby. Raymonds Eltern haben viel geholfen, besonders sein Vater Hector hat viele Stunden mit Croton verbracht."

„Das ist wirklich nett von ihnen", sagte Henry.

Rose fuhr fort: „In dieser Kultur ist es sogar üblich, dass Kinder von den Großeltern großgezogen werden. Obwohl Raymond und Anne Croton sehr lieben, bleibt ihnen einfach nicht genug Zeit, alles für ihn zu tun. Es ist traurig, dass sie die schönsten Momente seines Lebens verpassen – Zeit, die nie zurückkommt."

„Mach dir keine Sorgen, die Präsenz von Hector in Crotons Leben beruhigt mich ungemein", sagte Henry.

„Warum sagst du das?", fragte Rose überrascht.

„Ich sehe in diesem Mann eine unendliche Weisheit, und ich weiß, dass er Croton in den frühen Jahren helfen wird, zwischen richtig und falsch zu unterscheiden."

„Es ist interessant, dass du das erwähnst – die Bindung zwischen Croton und Hector ist erstaunlich. Er geht nie ins Bett, ohne eine Gutenachtgeschichte von seinem Großvater zu hören. Und das sind keine Märchen. Hector erzählt ihm Geschichten aus seinem eigenen Leben. Geschichten, die er von seinem Großvater gehört hat. Geschichten, die immer höchste moralische Werte und menschliche Tugenden vermitteln. Croton hört aufmerksam zu – und bittet jeden Abend um mehr."

„In seinem Alter?", fragte Henry angenehm überrascht.

„Ja, ist das nicht erstaunlich? Es ist allerdings auch etwas traurig, dass er nicht dieselbe enge Verbindung zu seinem Vater hat."

„Vielleicht liegt das daran, dass Raymond ihm bisher noch nicht viel beibringen kann", schlug Henry vor.

„Vielleicht ist es wirklich nur das."

„Arbeitet er?"

„Ja, er hat tatsächlich eine gute Stelle gefunden und macht dort Karriere. Auch Anne hat einen Job bekommen – sie unterrichtet Literatur und Sprache an einer örtlichen Schule. Trotzdem kämpfen sie finanziell. Sie kommen gerade so über die Runden."

„Das wird schon", beruhigte Henry. „Das ist immer so, wenn man gerade erst anfängt."

„Wahrscheinlich hast du recht", stimmte Rose zu, „aber ich möchte einfach nicht, dass Croton auf eine gute Ausbildung verzichten muss."

„Mach dir keine Sorgen. Solche Dinge regeln sich oft von selbst. Wenn die Zeit reif ist, werden die nötigen Mittel kommen."

Rose spürte, dass es nicht mehr viel zu sagen gab. Henry war nun ziemlich auf dem neuesten Stand und würde wahrscheinlich bald wieder aufbrechen. Dennoch versuchte sie ihr Glück. „Warum erkundest du diese Realität nicht ein wenig?

Diese Gesellschaft mit ihrer reichen Kultur. Glaub mir – du wirst hier mehr lernen als irgendwo sonst."

„Das werde ich, mein Schatz – aber nicht jetzt. Etwas beschäftigt mich, etwas, dem ich dringend nachgehen möchte."
„Unerledigtes?", hakte Rose nach.

„Ja – aber nur, wenn es für dich in Ordnung ist."

„Natürlich ist es das. Geh ruhig."

„Ruf mich, wenn du mich brauchst, ja?"

„Das werde ich", antwortete Rose – und küsste Henry liebevoll zum Abschied.

Soccy's Welt

Henry kehrte nach Hause zurück, um seine Gedanken zu ordnen und seinen nächsten Schritt zu planen. Er konnte nicht aufhören, an Soccy und die Realitäten zu denken, die sie gemeinsam besucht hatten. Henry spürte, dass er im Begriff war, eine Büchse der Pandora zu öffnen – und damit womöglich Unheil freizusetzen. Tief in seinem Inneren wusste er, dass Soccy ihm eine Tür ins Unbekannte geöffnet hatte, aber nur halb. Der Inhalt dieser Büchse rief ihn mit einer unwiderstehlichen Kraft, der er sich nicht entziehen konnte. Etwas in Soccys Worten und den gezeigten Realitäten passte nicht zusammen, und Henry entschied, dass er Soccy wiedersehen musste, um der Sache auf den Grund zu gehen. Er schloss die Augen und bat darum, Soccy in dessen eigener Realität besuchen zu dürfen. Soccys Einladung erfolgte augenblicklich.

Henry erschien augenblicklich inmitten eines dichten Waldes, umgeben von üppigen Kiefern, die hoch in den Himmel ragten und das Innere des Waldes fast vollständig vor eindringendem Licht abschirmten. Er stand auf einem schmalen Pfad, der zu einer kleinen Holzhütte führte, und so folgte er diesem Pfad, bis er bald vor deren hölzerner Tür stand.

Nach seinem ersten Eindruck hatte Henry das Gefühl, dass der Besitzer der Hütte nicht viel Mühe oder Überlegung in deren Bau gesteckt hatte. Die Holzlatten waren nur lose mit dem Rahmen verbunden, was ein Gefühl von Instabilität und die Befürchtung hervorrief, unter einem Holzstapel begraben zu werden, sobald er eintrat. Henry klopfte vorsichtig an die Tür und trat einen Schritt zurück auf eine sicherere Entfernung.

„Keine Sorge, tritt einfach ein", hörte Henry Soccys Stimme, die mühelos durch die Ritzen der Tür drang. Henry stieß die Tür nach innen auf und trat ein. Das Quietschen der rostigen Scharniere war so laut, dass Henry sich die Ohren zuhielt. Das asketische Innere überraschte ihn noch mehr. In

51

der Mitte des offenen Raums stand ein riesiger Holztisch, mit zwei Stühlen – einer auf jeder Seite. In einem von ihnen saß Soccy. Der andere wartete offenbar auf Henry.

Soccys Geste lud ihn zum Sitzen ein.

„Ich freue mich, dass du zurück bist", begrüßte er ihn.

Henry setzte sich und kommentierte beim Blick in den Raum: „Nicht gerade viel von einer Realität."

„Was brauche ich mehr?" verteidigte sich Soccy.

Henry dachte an seine eigene Realität, an den Raum, den sie im Universum einnahm – und wie wenig er sie in letzter Zeit genutzt hatte.

„Wahrscheinlich hast du recht. Was brauchen wir schon – besonders wenn wir niemanden beeindrucken müssen."

Soccys Blick ruhte auf ihm, als wolle er bis in Henrys tiefste Gedanken vordringen. Gedanken, von denen man gar nicht weiß, dass sie existieren. Es lief Henry eiskalt über den Rücken, und er begann seinen Besuch schnell zu bereuen. Etwas Dunkles, Schweres ging von der Seele vor ihm aus. Etwas, das Henry seit seiner Ankunft in den geistigen Reichen nicht mehr gespürt hatte. Ein Warnsignal ertönte in ihm … aber es war nicht die weiße Flagge der Kapitulation. Ich muss das tun, sagte er sich innerlich und sah Soccy direkt in die Augen.

„Ich spüre Zweifel in dir. Willst du das wirklich tun?", fragte Soccy.

„Was tun?", fragte Henry, bemüht zu verstehen, worauf er sich da eigentlich einließ.

„Tiefer graben."

„Ich weiß nicht warum, aber eine innere Stimme zwingt mich dazu."

„Wenn ich mich nicht irre, warst du auf der Suche nach Gott – dem Schöpfer", erinnerte ihn Soccy.

„Ja. Das bin ich noch immer."

„Vielleicht ist das eine gute Gelegenheit, ein paar Antworten zu finden."

„Willst du damit sagen, dass das, was du mir gleich zeigen wirst, mir hilft, Gott zu verstehen?", fragte Henry aufgeregt. Doch seine Worte prallten von den Wänden der Hütte ab und hingen schwer in der Luft. Spannung erfüllte den Raum – und Henrys Seele.

Soccys Antwort ließ auf sich warten, absichtlich, um die Intensität zu steigern. Schließlich durchbrach er das erdrückende Schweigen: „Gott, oder der Schöpfer, lässt sich von uns weder begreifen noch erklären. Er lässt sich nur erfahren."

„Erfahren?", wiederholte Henry, als wolle er prüfen, ob an Soccys Worten etwas Wahres sei.

„Ja. Indem man jede Realität erlebt – die physische wie die nicht-physische –, von der höchsten bis zur niedrigsten, von der angenehmsten bis zur schrecklichsten. Um den Schöpfer zu verstehen, musst du die Schöpfung verstehen. Leider kenne ich niemanden, dem das je gelungen ist."

„Wegen ihrer Unermesslichkeit?", hakte Henry nach.

„Ja. Außerdem sind wir auf unserem Entwicklungsstand wie ein Sterblicher, der versucht, die Unsterblichkeit zu begreifen."

Henry lächelte und sagte: „Eines Tages. Eines Tages." Sodann erhob sich Soccy von seinem Stuhl und fragte: „Gehen wir?"

„Bevor wir das tun – darf ich dir noch eine Frage stellen, wenn es dir recht ist?", unterbrach Henry.

„Nur zu", antwortete Soccy und setzte sich wieder.

„Was ist eigentlich mit dir auf der Erde passiert? Jedes Mal, wenn ich in die Kneipe kam, warst du da und eines Tages warst du plötzlich verschwunden. Zurück blieb nur eine Spur von Gerüchten."

Soccys Mundwinkel zuckten. „Du willst also wissen, wie ich gestorben bin?"

„Im Grunde ja."

„Um dir zu sagen, wie ich gestorben bin, muss ich dir erzählen, wie ich gelebt habe. Willst du das hören?"

„Ja."

„Nun gut – du hast es so gewollt", sagte Soccy mit einem warnenden Unterton, während er es sich bequemer machte. Henry tat es ihm gleich, machte es sich auf seinem Stuhl gemütlich – ein stilles Zeichen dafür, dass er bereit war.

„Ich muss dich mit in die Vergangenheit nehmen", begann Soccy.

„Das ist okay", ermutigte ihn Henry.

„Ich meine, in die Zeit vor meiner Geburt auf der Erde. In die Zeit, als ich beschlossen habe, einen Körper anzunehmen und Mensch zu werden."

Spontan zu den Worten, die Soccy sprach, sah Henry dreidimensionale Bilder, die Soccys Geschichte auf die interessanteste und einprägsamste Weise zum Leben erweckten. Merkwürdigerweise wurde das Licht, das sich durch die schmutzigen Fenster einen Weg in Soccys Hütte zu bahnen versuchte, schwächer, und direkt vor Henrys Augen erschien – mitten auf dem Tisch – ein Baum des Lebens.

„Sieh dir diesen wundervollen Baum an", wies Soccy an. „Alles, was man sich nur wünschen konnte – ich hatte es. Die Planer wählten für mich die angesehenste Familie der Stadt. Ich war ihr einziges und lang ersehntes Kind. Schau dir nur an, welche Bibliothek wir hatten."

Ein Bild einer großen Bibliothek mit Bücherregalen aus Mahagoni im klassischen Stil, die bis obenhin mit Büchern gefüllt waren, entfaltete sich vor Henry.

„Ich habe die meisten von ihnen gelesen", fuhr Soccy fort. „Ich besuchte eine der besten Privatschulen und schloss mein Studium an der renommiertesten Universität ab. Der Reichtum meiner Eltern hat mich nicht verdorben. Obwohl ich mich selbst für den glücklichsten Kerl der Welt hielt, waren all meine Erfolge das Ergebnis harter Arbeit und ständigen Lernens. Ich war mit einem der schönsten Mädchen verheiratet, das mir zwei wundervolle Töchter schenkte."

Eine nach der anderen offenbarten sich Henry Szenerien aus Soccys vergangenem Leben und lösten sich dann in Luft auf. Henry war völlig gebannt von den Bildern, die ihm gezeigt wurden – von den Gesichtern, denen er vorgestellt wurde, und den Situationen, denen er beiwohnte. Es fühlte sich an, als befände er sich mitten in einem Märchen.

Soccy fuhr fort: „All meine Lektüre und mein Studium weckten in mir ein unwiderstehliches Verlangen, ein Buch zu schreiben. Ich ergab mich dieser Kraft und schrieb auf ein weißes Blatt Papier die ersten Gedanken, die mir in den Sinn kamen ... *Erfolg und Wege dorthin.* Das wurde der Titel meines Buches."

„Oh, es waren die besten sechs Monate meines Lebens. Die Worte flossen aus der Spitze meines Füllfederhalters und reihten sich mit Absicht aneinander, bildeten Ketten bedeutungsvoller Sätze. Einer nach dem anderen stillten sie den Durst der leeren Seiten, gaben ihnen einen Grund zu existieren, zu besitzen und mein gesammeltes Wissen weiterzugeben. Irgendwie wusste ich genau, was ich schreiben sollte. Ein klares Bewusstsein über den Nutzen für andere nährte meinen Willen, zeitlos zurückzukehren und weiterzuschreiben. Alles andere war ohne Bedeutung. Es war, als hätte die Welt aufgehört zu existieren. Ich dachte: Wer, wenn nicht ich, kann den Menschen helfen, erfolgreich zu werden? Ich hatte es ja selbst erlebt. Das von mir gelebte Leben war der lebendige Beweis für die Wahrhaftigkeit meiner Worte. Ich hatte dieses seltsame Gefühl eines Erwachens. Ein Erwachen aus einem Schlummer, der die gesamte Menschheit überwältigt und versklavt hatte. Plötzlich war alles klar und unverfälscht. Ich stand am Rand der Entdeckung einer viel größeren Welt als der, in der ich lebte. Ich wollte aus vollem Halse schreien: ‚Menschen, ich habe den Weg gefunden – folgt mir einfach und ihr werdet zufrieden sein!' Ich fühlte mich wie ein Mann, der endlich sehen konnte – in einem Königreich der Blindheit."

„Was geschah dann?" unterbrach Henry, dem langsam die Geduld ausging, um den Rest der Geschichte zu hören.

„Dann veröffentlichte ich das Buch", sagte Soccy.

„Und ...", drängte Henry.

„Ich wusste, dass es sich gut verkaufen würde, aber dass es ein Bestseller werden würde, überstieg meine kühnsten Träume. Ich fand mich auf dem Gipfel einer aufsteigenden Welle wieder. Ruhm und Reichtum folgten einander, um all meine Wünsche zu erfüllen. Plötzlich war ich der willkommenste Gast auf allen prestigeträchtigsten Veranstaltungen. Gefühle völliger Zufriedenheit und der Erfüllung meines Lebenszwecks überkamen mich. Ich wusste, dass ich etwas Bedeutendes vollbracht hatte – etwas, das anderen half, etwas, das zur Verbesserung der Welt beitrug. Ich war noch jung und wusste nicht viel über die dunklere Seite der menschlichen Seele. Aber bald entfaltete sie sich und präsentierte sich mir mit voller Wucht.

„Ich begann, mich mit den Erfolgreichsten und Reichsten zu umgeben, und es war nur eine Frage der Zeit, bis ich als neugieriger Gast bei einer jener geheimen Partys auftauchte, die nur den Auserwählten vorbehalten waren. Frauen, Alkohol und Drogen standen den Gästen in Hülle und Fülle zur Verfügung. In jener Nacht offenbarte sich mir die Menschheit in ihren wahren Farben. Farben, die in ihrer Dunkelheit verzaubernd schön und für eine unerfahrene Seele so unwiderstehlich waren.

„Während meine hingebungsvolle Frau unsere beiden Töchter großzog und jeden Abend unermüdlich auf meine Heimkehr wartete, kostete ich die verbotenen Früchte Edens – mit einer Absicht, die mir damals gerechtfertigt erschien. Ich pflegte zu sagen, ein Schriftsteller müsse alle Aspekte des Lebens erfahren. Inzwischen drängte mich mein Verleger immer stärker zu einem zweiten Buch. Der Nachgeschmack des ersten war unwiderstehlich süß, doch zahlreiche Versuche, ein zweites Werk zu beginnen, blieben ohne die Inspiration, mit der ich zuvor so großzügig überschüttet worden war. Die Worte verloren sich in meinem Kopf, ließen mich blind auf die leeren Seiten starren, die sich scheinbar hartnäckig weigerten, ihre Reinheit mit meiner dunklen Tinte beschmutzen zu lassen. Ich war auf der Suche nach verlorener Inspiration."

„Hast du sie gefunden?" fragte Henry.

„Ja", kam die Antwort, „in Drogen."

„Oh Mann!", sagte Henry.

„Das kannst du laut sagen! Der Titel meines zweiten Buches kam zu mir … *Pfad zur Bereicherung*. Plötzlich liebten mich die weißen Seiten wieder. Die Worte strömten aus mir heraus wie Wasser aus den geöffneten Schleusen eines überlaufenden Dammes. Ich erwachte zu neuem Leben. Die Wirkung der Drogen war erstaunlich. Seite um Seite wurde mit atemberaubender Geschwindigkeit gefüllt und zur Seite geworfen. Ich machte kaum Pausen. Meine arme Frau und die

Kinder kannten zwar die Ursache meiner Inspiration, doch sie waren überglücklich, mich endlich wieder zu Hause zu haben.

„Drei Monate später war mein Meisterwerk fertig. Stolz brachte ich das Manuskript zum Verlag, überzeugt davon, mich selbst übertroffen zu haben. Der Geschmack des Ruhms lag mir bereits auf der Zunge. Es blieb nur noch, auf das Urteil zu warten. Zwei Wochen später erhielt ich einen Anruf, der meine Hoffnung und meinen Traum, mich erneut auf dem Olymp der Unsterblichen wiederzufinden, zunichtemachte.

„Und danach waren auch weitere Versuche, andere Verlage zu gewinnen, noch niederschmetternder. Die Welt, die ich mir aufgebaut hatte, und in der ich mich selbst gefunden hatte, begann um mich herum zu zerfallen, und ich konnte nichts dagegen tun. Bis das zweite Buch fertig war, war ich bereits schwer abhängig – von Alkohol und Drogen. Die erste Sucht begleitete mich bis zu meinem physischen Lebensende. Die zweite zerstörte meine Familie und alles Reine, das ich je hatte. Meine Frau verließ mich endgültig – mit den Kindern –, und ließ mich allein zurück in der dunklen Welt, die ich mir selbst erschaffen hatte. Schon bald raubten mir meine Süchte alle Lebensgrundlagen, meine Würde und meinen Stolz. Ich fiel in einen Abgrund – ohne Hoffnung auf Rückkehr."

Soccy verstummte, während er jene schrecklichen Zeiten seines vergangenen Lebens durchlebte.

„Du hast also den absoluten Tiefpunkt erreicht", sagte Henry.

„Dachte ich auch, aber es stellte sich heraus, dass ich noch weit davon entfernt war."

Soccy fuhr fort, während Henry erstaunt die Augenbrauen hob.

„Zu der Zeit waren meine armen Eltern bereits alt. Mein Anteil an ihrem Übergang in die geistige Welt wurde mir erst viel später bewusst. Sie konnten es nicht ertragen zu wissen, dass ihr einziger Sohn, ihre Hoffnung und ihr Stolz, sein Leben mit eigenen Händen zerstörte. Innerhalb von drei Monaten verlor ich sie beide, und das war mein tiefster Punkt. In jenem Moment erkannte ich, wie notwendig es war, diese Selbstzerstörung zu beenden."

„Was hast du also getan?"

„Ich hatte einen alten Freund. Mein einziger Freund, der noch an mich glaubte und zu mir hielt. Er kam mir zu Hilfe", erklärte Soccy.

„Wie denn?"

„Die Hütte, in der wir uns jetzt befinden, ist eine exakte Nachbildung derjenigen, die er auf der Erde hatte. Er brachte mich dorthin, um meine Dämonen zu bekämpfen. Zwei Monate meines elenden Lebens verbrachte ich an diesem Ort, umgeben von Meilen unberührten Waldes in jede gewählte Richtung. Jeden zweiten Tag besuchte er mich und ließ genug Essen da, um bis zu seinem nächsten Besuch zu reichen – und eine unbegrenzte Menge schwarzen Tees."

„Warum schwarzer Tee?" wunderte sich Henry.

„Er überzeugte mich, Teeaufguss statt Wasser zu trinken – und manchmal sogar statt Nahrung."

„Was zum Teufel ist ein Aufguss?" fragte Henry.

„Er wird aus einer großen Menge Teeblätter gekocht – in nur wenig Wasser. Er schmeckt wie Gift und wirkt auch so! Er kehrt deine Eingeweide nach außen."

Dann zeigte Soccy in die Ecke der Hütte und sagte: „Mein Bett stand früher dort. Ich habe es nicht nachgebildet, weil ich nicht an die Tage erinnert werden wollte, die ich darin verbrachte. Der Drang, eine weitere Dosis Drogen zu nehmen, war so stark, dass ich meine Seele dem Teufel verkauft hätte, wenn ich gekonnt hätte – nur um sie zu bekommen."

„Der Teufel?" wiederholte Henry verwirrt. „Willst du mir sagen, dass es ihn wirklich gibt?"

„Natürlich nicht", sagte Soccy, „aber wenn es ihn gegeben hätte, dann wäre er in mir gewesen – hätte meinen Körper von innen heraus zerfressen. Manchmal verlor ich das Bewusstsein vor Schmerz, der so unerträglich war, dass es unmöglich war, die Zeit zu verfolgen. Diese Momente waren die einzige Erleichterung von der Qual meines Körpers und meiner Seele. Nach drei Wochen begann ich mich deutlich besser zu fühlen, und ich ging zum ersten Mal hinaus, um die Schönheit des Waldes zu bewundern. Ich war auferstanden und begann, die Welt – und mich selbst darin – völlig neu zu entdecken. Um sicherzugehen, dass ich vollständig genesen war, beschlossen wir, dass ich weitere fünf Wochen fernab der Zivilisation bleiben sollte – und all den Versuchungen, die sie bereithielt. Ich habe nie wieder Drogen angerührt, aber dem Alkohol konnte ich nicht widerstehen."

„Hast du versucht, wieder zu schreiben?" fragte Henry.

„Ja, aber es war weg. Um genau zu sein: Sie waren weg", antwortete Soccy.

„Wer sind ‚sie'?" wollte Henry wissen.

„Die weisen Geister, die mich geführt und mir beim ersten Buch geholfen haben", antwortete Soccy.

Dann seufzte er tief und sagte: „Ich will dir etwas sagen. Nur wenige Autoren wissen, was eine Muse wirklich ist und woher Inspiration kommt."

„Erleuchte mich bitte", bat Henry.

Soccy lächelte, nickte und fuhr dann fort: „Hinter jedem Meisterwerk, ganz gleich, in welcher Kunstform, stehen die Künstler selbst und eine Gruppe von Geistern, die bereit sind, ihnen im Schaffensprozess zu helfen. Um etwas Wertvolles zu erschaffen, das die Menschheit über Jahre hinweg betrachten und bewundern kann, müssen Künstler sich das Recht verdienen, geführt zu werden. Das gelingt nur durch harte Arbeit und Hingabe. Nur wenige von uns kommen vorprogrammiert auf diesen Planeten. Wir nennen sie Genies. Sie kommen mit einer vollkommenen Offenheit für die geistige Welt und mit starken geistigen Führern, die genau in dem Feld wirken, in dem sie sich ausdrücken wollen. Ihre Talente sind bereits im Kindesalter klar erkennbar. Der Rest von uns muss sich seine Würdigkeit erst beweisen, um auf die Ebene wahrer Schöpfer erhoben zu werden. Erst später erfuhr ich von den drei Führern, die mir bei meinem ersten Buch halfen."

„Was ist mit ihnen passiert?", fragte Henry.

„Sie haben das Interesse an mir verloren."

„Wann geschah das?"

„Ahh", sagte Soccy mit einem tiefen Seufzer. „Ich wünschte, ich könnte diese Zeit zurückholen und sie anders leben."

„Leider ist die Vergangenheit in Stein gemeißelt“, kommentierte Henry. „In der Tat“, stimmte Soccy zu.

„Also, was hast du getan, um deine geistigen Führer zu enttäuschen? Ich kann es kaum erwarten, es zu hören.“

„Oh, jetzt bist du interessiert“, sagte Soccy mit einem Lächeln.

„Ich glaube, das ist der wichtigste Teil deines früheren Lebens“, erklärte Henry.

„In dem Fall sollte ich dich nicht länger auf die Folter spannen. Du hast recht. Es war ein Wendepunkt in meinem Leben. Ein Punkt zwischen Licht und Dunkelheit. Zwischen Wahrheit und Lüge. Zwischen Ruhm und Elend. Aufgrund der Beliebtheit meines ersten Buches und der Glaubwürdigkeit, die es mir verlieh, wurde mir ein Job als Dozent an einer lokalen Universität angeboten – zunächst nur Teilzeit.“

„Warum habe ich das Gefühl, dass eine Frau involviert war?“, fragte Henry.

„Du hast vollkommen recht. Es war ein junges Mädchen, eine glühende Verehrerin meines Buches – und seines Autors.“

„Hast du etwa mit deiner Studentin geschlafen?“, fragte Henry entsetzt.

„Ja. Ich habe Ehebruch begangen. Ein alter Narr, der Liebe gegen Lust eintauschte. Der Drang, diesen jungen, schönen Körper zu besitzen, blendete mein Urteilsvermögen und ließ mich am Rand eines Abgrunds stehen. In genau diesem Moment verließen mich die geistigen Führer, die mir beim Schreiben geholfen hatten. Es war die Zeit, in der ich begriff, wie zerbrechlich die Beziehung zwischen Künstler und führenden Seelen ist – und wie schnell sie das Interesse an einem verlieren und nie zurückkehren können. Ich stand also, wie gesagt, am Rand eines Abgrunds, blind und verwirrt.“

Soccy wurde erneut still. Henry sah, wie verstreute Gedanken durch Soccys Geist zogen, willkürlich auftauchten und dann unvollendet wieder vergingen. Ein einziges Wort stieg in Henry auf, während er schweigend zusah: Reue.

Um Soccy aus diesem Teufelskreis der Gedanken zu befreien, fragte Henry: „Was geschah dann?“

„Was dann geschah? Dann machte ich den letzten Schritt ins Ungewisse, der mich den Abgrund hinabstürzen ließ – in ein Land falscher Hoffnungen und trügerischer Illusionen. In ein Land permanenter Lügen und den Rückschritt meiner Seele in die Dunkelheit. Der Auslöser von allem waren die luziden Drogen, zu denen ich griff in der Hoffnung auf Inspiration. Sie kam bald – in all ihrer Schönheit – und verlieh mir Flügel, um wieder zu schreiben. Ich dachte, es wären Engelsflügel, die mich zurück zu früheren Höhen trugen. Dieser Irrtum brachte mir grenzenlose Reue. Geblendet von den Drogen merkte ich nicht, wie nichtssagend und schlicht meine Texte geworden waren. Die Inspiration kam von Vollstreckern. Wer sich entscheidet, irgendeine Art von Drogen zu nehmen, öffnet sich dem Unbekannten – verletzlich, nackt, schutzlos gegenüber einer Welt von Geistern, die von der Dunkelheit getrieben sind.“

Für einen Moment wurde Henry ängstlich. Die Art, wie Soccy sprach – wie er seine Rede in Poesie verwandelte – und die Inhalte, die er ansprach, beunruhigten ihn.

Soccys feines Gespür bemerkte Henrys Furcht. „Hab keine Angst“, sagte er, „ich verliere nicht den Verstand. Poesie war meine andere Leidenschaft. Welch vergeudetes Potenzial – geopfert zur Befriedigung eines flüchtigen Verlangens.“

„Und nach deiner Genesung – hast du versucht, deine Frau zurückzugewinnen, deine Familie wieder zusammenzubringen?“, fragte Henry.

„Ich habe es versucht, mein Freund, aber es war zu spät. Jemand anderes hatte den Platz eingenommen, den ich so leichtfertig vernachlässigt hatte.“

Diese Worte, von Soccy ausgesprochen, ließen ein Unbehagen in Henry aufsteigen. Obwohl Soccy die Geschichte seines Lebens erzählte, spürte Henry, dass es mehr damit auf sich hatte – mehr mit diesem Mann selbst. In dieser Realität zu verweilen wurde zunehmend unerträglich. Henry begann, etwas zu empfinden, das einer Panikattacke ähnelte.

„Geht es dir gut?“, fragte Soccy.

„Ja", antwortete Henry. „Wäre es dir recht, wenn wir eine kleine Pause machen? Es gibt etwas, das ich kurz erledigen muss."

„Nur zu", sagte Soccy und wünschte Henry gute Reise.

„Ich komme zurück, um den Rest zu hören – besonders das Ende deiner Geschichte", sagte Henry.

„Oh, ich weiß, dass du zurückkommst", entgegnete Soccy mit einem sarkastischen Lächeln, im tiefen Inneren völlig überzeugt davon, dass Henry wiederkehren würde.

Henry sagte zu sich selbst: Zuhause – und verschwand wie der Kopf eines Löwenzahns im Windstoß eines warmen Sommertages.

Rückzug

Henry verspürte das Bedürfnis, sich nach all den dunklen Gefühlen, die das Gespräch mit Soccy in ihm ausgelöst hatte, in einen stillen Ort zurückzuziehen. Er dachte an den schönen Ort in seiner eigenen Realität, den er als *Roses Quartier* bezeichnet hatte – dort fühlte er sich ihr am nächsten. Und im nächsten Moment war er da.

Wie überrascht er war, Rose auf dem Balkon stehen zu sehen, wie sie die Landschaft bewunderte, ließ sich kaum in Worte fassen. Leise trat er von hinten an sie heran und umarmte sie sanft. Rose legte ihre Hände über seine, ohne sich umzudrehen.

„Hast du mich vermisst?", flüsterte sie.

„Du hast keine Vorstellung", flüsterte Henry zurück.

Es war, als hätten sie die Zeit eingefroren – zwei antike römische Statuen. Er hielt sie fest. So vieles hätten sie einander zu erzählen gehabt, doch sie entschieden sich für Stille. Eine Stille, die mehr sagte als jedes Wort. Jeder wischte sich heimlich die Tränen aus dem Gesicht, unbemerkt vom anderen. Sie wollten diesen Augenblick der Einheit nicht zerstören – rein halten, fern von allem, was sie außerhalb dieser friedlichen Realität belastete.

Nach langer Zeit fragte Henry: „Ist dort unten alles in Ordnung gewesen?"

„Ja, mein Liebster", antwortete Rose. „Croton ist älter geworden, und ich habe mehr Zeit. Ich kehre jetzt öfter in unsere Realität zurück – es hilft mir, dir näher zu sein."

„Warum hast du mich nicht gerufen?"

„Ich habe es versucht – aber es kam keine Antwort."

„Es tut mir leid, mein Liebes", sagte Henry mit aufrichtigem Bedauern. „Ich habe mich …"

„Schhh. Du musst dich nicht entschuldigen oder mir Versprechen geben, die du ohnehin nicht halten kannst."

„Warum sagst du das?"

„Ich habe Thales gesehen", erklärte Rose.

„Warum?", fragte Henry, unangenehm überrascht.

„Ich machte mir Sorgen. Ich wollte wissen, was mit dir los ist, ob du in Gefahr bist."

„Und …?", hakte Henry nach und bemühte sich, seine Gefühle zu verbergen – Gefühle, die er aus Soccys Welt mitgebracht hatte, und die Rose womöglich belasten würden. Das Erlebte ging ihm noch immer tief nach.

„Thales sagte, er möchte eine Sitzung mit uns abhalten."

„Eine Sitzung? Klingt mehr nach Therapie!"

Rose drehte sich um, umarmte Henry fest, legte ihren Kopf sanft an seine Brust und sagte leise: „Ich mache mir Sorgen. Ich will dich nicht wieder verlieren."

„Du wirst mich nicht verlieren", versuchte Henry sie zu beruhigen. „Aber wenn es dir Ruhe gibt, gehen wir zu ihm."

Thales ließ sich nicht länger bitten – er erschien sofort, setzte sich an das Kopfende des Tisches und forderte Henry und Rose mit einer Geste auf, sich ihm gegenüber zu setzen.

„Warum habe ich das Gefühl, dass hier eine Verschwörung im Gange ist?", fragte Henry augenzwinkernd.

„Es gibt keine Verschwörung", stellte Thales klar. „Du musst wissen, worauf du dich einlässt."

„Du meinst wegen Soccy?", fragte Henry.

Ja", antwortete Thales. „Ich möchte dir zu deinem Gespür für den richtigen Moment gratulieren."

„Was meinst du?"

„Deinen Ausstieg aus Soccys Realität. Ich habe viele große Seelen beobachtet, die in niedere Bereiche hineingezogen wurden."

„Was geschieht mit ihnen?", fragte Henry beunruhigt.

„Extreme Helligkeit und extreme Dunkelheit üben eine hypnotische Anziehung auf uns Seelen aus. Wir fühlen uns zu beidem hingezogen. In deinem Fall sind extrem lichtvolle Realitäten unerreichbar, aber dunkle sehr wohl zugänglich. Du kannst so tief reisen, wie du willst."

„Ich verstehe nicht. Besteht da nicht die Gefahr, dass ich in diesen niederen Bereichen steckenbleibe?"

„Nein", antwortete Thales. „Diese Realitäten werden niemals deine eigenen. Die einzige Gefahr besteht darin, dass du den Kontakt zu deiner eigenen Sphäre verlierst – in deinem Fall den Kontakt zu Rose. Außerdem wird die Zeit auf der Erde für dich bedeutungslos – du merkst nicht, wie sie vergeht."

„Heißt das, es könnten Hunderte Jahre vergehen, bevor ich zurückkehre?"

„Genau das."

„Willst du mir also raten, Soccy nicht mehr zu treffen?"

„Nein", entgegnete Thales. „Diese Reise ist sehr wichtig für das Wachstum deiner Seele und für dein Bewusstsein. Die meisten Seelen in Übergangsrealitäten scheuen sich davor. Wenn ich sie darauf anspreche, antworten sie fast immer: ‚Das habe ich auf der Erde zur Genüge gesehen – warum sollte ich es mir noch einmal anschauen?'"

„Das kann ich ihnen nicht verdenken."

„Ich auch nicht. Und das Gesetz des freien Willens steht über allem – ich kann niemanden zwingen. Aber du bist bereit, dich freiwillig der härtesten Seelenaufgabe zu stellen. Ich bewundere deinen Mut."

„Oh ja", warf Henry ein, „Soccy sagte, dass man den Schöpfer nur verstehen kann, wenn man die Schöpfung versteht."

„Das stimmt vollkommen."

Henry dachte kurz über Thales' Worte nach. „Hast du gesagt *diese* Schöpfung? Gibt es andere?"

„Du wirst überrascht sein, mein Freund", sagte Thales lächelnd. „Einen Schritt nach dem anderen."

„Weißt du, manchmal habe ich gemischte Gefühle gegenüber Soccy", gab Henry zu.

„Keine Sorge, er ist harmlos. Er neigt manchmal zum Übertreiben – aber das ist verständlich."

„Warum?", fragte Henry, noch nicht ganz überzeugt.

„Er ist sehr weit entwickelt im Bewusstsein. Doch das Leben in niederen Frequenzen beeinflusst ihn", versuchte Thales zu erklären.

„Warum bleibt er dann dort?"

„Um anderen wie dir zu helfen. Es ist seine eigene Entscheidung. Niemand hat ihn gezwungen, zu bleiben."

„Denkst du also, ich sollte zurückgehen?"

„Das liegt ganz bei dir. Aber wenn du mich fragst – er hat dir noch viel zu zeigen", riet Thales.

„Und was ist mit Rose? Offenbar konnte ich sie nicht hören, als sie nach mir gerufen hat."

„Jetzt wirst du es können – durch dein Bewusstsein über das Problem." Thales erhob sich, neigte leicht den Kopf und fügte hinzu: „Ich denke, das ist ein guter Moment, euch beide allein zu lassen. Du weißt, was zu tun ist."

Er verschwand und ließ Henry und Rose einander gegenüber sitzen. Henry legte seine Hände auf Roses und sagte: „Wenn du nicht willst, dass ich gehe, werde ich deinen Wunsch respektieren."

„Nein, ich möchte, dass du das tust. Und wenn du zurückkommst, will ich alles über deine Erfahrungen hören", sagte Rose liebevoll und schenkte ihm ihre volle Unterstützung.

Henry stand auf, ging um den Tisch herum und schloss sie in die Arme. Auch Rose erhob sich, und sie hielten sich fest umschlungen. Ungewissheiten strömten durch ihre Gedanken, im Bewusstsein der bevorstehenden Trennung. Alles, was Rose sagen wollte, war: *Lass uns alles und jeden zurücklassen, bleiben wir in unserer Realität und genießen dieses Paradies. Vergiss Croton, Soccy, Thales – nur du und ich, niemand sonst, der unsere Stille und Liebe stören könnte.* Doch sie entschied sich für andere Worte – Worte, die die Bedürfnisse anderer über ihr eigenes Verlangen stellten.

„Leb wohl, mein Liebster", sagte sie leise. „Ich bin bei dir, was auch geschieht – wie der Wind unter deinen Flügeln. Und die Liebe wird dich zurückbringen zu unserem Zufluchtsort."

„Und du?"

„Ich habe meinen eigenen Lernweg", antwortete Rose. „Einen anderen als deinen. Ich bin keine Teilnehmerin der Ereignisse, nur Beobachterin – und manchmal Helferin, wenn Hilfe gebraucht wird. Insofern ist es für mich viel leichter als für dich. Aber bitte, bleib nicht zu lange fort. Was dort unten geschieht, stimmt mich nicht gerade hoffnungsvoll."

Croton II

Henry war überrascht. „Gibt es etwas mit Croton?"

„Nichts Ernstes. Wir sprechen darüber, wenn du zurück bist, mein Liebster", sagte Rose beruhigend und presste ihre Lippen auf seine, was die Trennung nur noch schwerer machte.

Helmut

„Na, das ging ja schnell!"", sagte Soccy aufgeregt beim Klopfen an seiner Tür. Henry trat vorsichtig in die Hütte und blieb in der Nähe der Tür stehen. Soccy ging auf ihn zu, streckte ihm die rechte Hand zum Gruß entgegen und sagte: „Bitte verzeih mein Verhalten bei deinem letzten Besuch.""

„Du hast doch nichts falsch gemacht, mein Freund"", erwiderte Henry mit einem Lächeln.

„Ich weiß ... aber manchmal werde ich zu emotional und lasse mich zu sehr davon mitreißen.""

Soccy legte den Arm um Henrys Schulter und bat ihn, Platz zu nehmen. Henry bemerkte sofort, dass es nicht derselbe Soccy war, den er zuvor verlassen hatte. Eine ruhige, fast stille Energie ging von ihm aus und umhüllte Henrys ganzes Wesen.

Entschlossen trat Henry vor und nahm seinen Platz am Tisch ein.

„Bevor wir zurück in die niederen Bereiche reisen ... möchte ich die Geschichte meines Lebens zu Ende erzählen, denn ich habe dir die Frage nach meinem Tod noch nicht beantwortet.""

Henry schwieg und nahm die Haltung eines aufmerksamen Zuhörers ein, und Soccy fuhr fort: „Also, ich habe tatsächlich versucht, meine Familie zurückzugewinnen – oder besser gesagt, zu ihnen zurückzukehren, denn ich hatte ihnen das Haus mitsamt allem Inventar überlassen. Aber es war zu spät. Ein anderer Mann war bereits Teil ihres Lebens. Ich mache ihr keinen Vorwurf. Ich habe bekommen, was ich verdient hatte. Das Einzige, was mir blieb, war der stille Rückzug in das Haus meiner Eltern. Es war fast ein Jahr vergangen, seit sie gegangen waren, aber ich machte weiter. Das Erbe meiner geliebten Eltern reichte aus, um mich bis zu meinem Tod zu tragen.""

„Hast du versucht, wieder zu schreiben?"", fragte Henry.

„Oh, das habe ich"", sagte Soccy. „Aber es war, als wäre etwas in mir gestorben. Ich war wie ein ausgetrockneter

Brunnen mitten in der Wüste. Dank der riesigen Bibliothek meiner Eltern tauchte ich ein in die Welt der Bücher. Lesen wurde zu meiner Leidenschaft. Doch die Bücher, die dort waren, hatte ich schnell durchgelesen, also begann ich, neue zu kaufen. Ich wurde ein zwanghafter Leser und Bücherkäufer. Ich las fast alles über Religion, Philosophie, Weltkunde und natürlich Poesie. Wie ein durstiger Schwamm, der ins Wasser getaucht wird, sog ich Wissen in mich auf – manches nützlich, manches weniger, manches sogar schädlich. Mit der Zeit gelang es mir, alte Freundschaften zu reparieren, und ich begann vorsichtig, mich wieder in die Gesellschaft zu integrieren. Ich stellte fest, dass ich über einiges Bescheid wusste. Ganz gleich, welches Gesprächsthema aufkam – ich hatte etwas zu sagen, um die Aufmerksamkeit auf mich zu lenken. Anfangs genossen alle meine Gesellschaft, doch später bemerkte ich, dass sie versuchten, mich zu meiden. Ich hatte so viel zu geben, aber niemand wollte es. Die Themen, über die sie gerne sprachen, erschienen mir oberflächlich und langweilig. Die Themen, die mich faszinierten, ließen sie verstummen – manchmal verhinderten sie sogar den weiteren Gesprächsverlauf. Also wurde ich erneut von der Gesellschaft abgelehnt. Der einzige Ort, an dem ich stets willkommen war, war die Kneipe. Und die einzigen treuen und hingebungsvollen Freunde, die zu Hause auf mich warteten, waren meine Bücher." Soccy verstummte.

Dann blickte er auf, als wolle er seine Worte bis zu den Ohren des Schöpfers tragen, und sagte laut: „Warum findet sich so viel Glück im Mangel an Wissen?" Diese Frage hallte von den Wänden der Hütte wider und blieb unbeantwortet in der Luft hängen.

Henry wollte widersprechen und Soccy sagen, dass Glück nicht im Wissen liege, sondern in der Liebe ... doch er schwieg und fragte stattdessen nur: „Was geschah dann?"

Soccy antwortete: „Dann kam ein unwürdiger Tod."

„Wie ist es passiert?"

„Im Laufe der Jahre hatte ich so viele Bücher gekauft, dass sie buchstäblich das ganze Haus füllten. Bücher waren überall. Ich begann, sie auf dem Boden zu stapeln. Schließlich entstanden in meinem Haus Gänge mit Wänden aus Büchern. Eines Abends, als ich aus dem Pub nach Hause kam – ich hatte ungewöhnlich viel getrunken –, war es wie eine Prophezeiung: Ich trat auf das Buch, das mich einst so gnädig zu höchsten Höhen erhoben hatte. Es war, als wäre dieses Buch absichtlich mitten im Durchgang platziert worden – und in der Dunkelheit und Trunkenheit stolperte ich darüber und schlug mit dem Kopf an eine Tischkante."

„Wie ironisch!"

„Du hast recht, mein Freund", stimmte Soccy zu. „Ich bin nicht gestorben wie der berühmte Grieche, mit dessen Namen ich mich vergeblich schmückte. Ich trank kein Gift, um der Welt zu beweisen, dass Gott einer ist und dass es einen Unterschied gibt zwischen der Existenz des sterblichen Körpers und der Ewigkeit der Seele – so wie es Sokrates tat. Stattdessen beendete ein unwürdiger Tod mein Elend und meine ziellose Existenz."

„Wie traurig", sagte Henry, der sich inzwischen an Soccys Ausdrucksweise gewöhnt hatte.

„Ja, es ist traurig. Aber etwas ist noch schlimmer."

„Was denn?"

Dass ich ein Narr war, der sich den frühen Ruhm wählte, seine Führer und Planer von seiner Stärke überzeugte, über alle trügerischen Versuchungen erhaben zu sein – und sie enttäuschte, indem ich das kostbare Leben, das sie mir so großzügig gewährt hatten, vergeudete."

„Das sehe ich anders", widersprach Henry. „Jedes Leben ist wertvoll und eine unersetzliche Erfahrung. Ich bin sicher, du hast sehr viel daraus gelernt."

„Eines habe ich gelernt: Ruhm und Reichtum sollten uns erst dann besuchen, wenn wir sie nicht mehr brauchen", entgegnete Soccy.

„Da stimme ich dir vollkommen zu", sagte Henry mit einem breiten Lächeln.

„Also gut", sagte Soccy und kehrte zurück in sachlichen Ton. „Da ich nun deine Neugier über mein gelebtes Leben gestillt habe, wird es Zeit, aufzubrechen – dich mit jenen

Reichen bekannt zu machen, die die meisten Seelen lieber meiden würden."

„Bevor wir das tun, darf ich dir noch eine Frage stellen?" unterbrach Henry.

„Natürlich."

„Warum hast du das gewählt?"

„Was gewählt?"

„Das hier – was auch immer es ist, was du jetzt tust."

„Ah, ich verstehe. Du willst wissen, was mich an den niederen Reichen fasziniert", antwortete Soccy. „Wo sonst kann man das wahre Wesen der Seelen sehen und erforschen? Dort oben, in den Reichen, aus denen du kommst, ist alles trügerisch schön, und die Taten der Vergangenheit sind so gründlich verschleiert, nur damit ihr eure vorübergehende Existenz genießen könnt. Nur hier unten entdeckt man die brutale Wahrheit darüber, wer wir wirklich sind und wozu wir fähig sein können. Die Welt, die ich dir gleich zeigen werde, wird dir die Augen öffnen und deinen Verstand erweitern – und sie wird dich zu der Frage führen: ‚Wie kann ein wunderbarer Schöpfer solch eine beschämende Rückentwicklung von Seelen zulassen?' Indem du verstehst, wie der Schöpfer wirkt, machst du einen Schritt – vielleicht sogar zwei – in Richtung universellen Wissens."

„Ich hoffe, du hast recht", sagte Henry.

„Ich weiß, dass ich recht habe", erwiderte Soccy mit Zuversicht und legte Henry die Hand auf die Schulter. „Folge mir, mein Freund."

Plötzlich tat sich unter seinen Füßen ein Loch auf, und er stürzte in rasantem Tempo in die Tiefe. Einen Moment später kam die Bewegung abrupt zum Stillstand, und Henry öffnete die Augen. Das Bild, das sich vor ihm auftat, war nicht das, was er erwartet hatte. Er hatte mit etwas Ähnlichem wie den Schlachtfeldern gerechnet, die er zuvor gesehen hatte. Stattdessen standen sie auf einer wunderschönen grünen Wiese. Das allgegenwärtige Grün in der Landschaft ließ ihn hoffen, dass das, was ihn hier erwartete, nicht allzu schrecklich sein konnte.

Vor ihnen befand sich eine Art Eingang zu einer unterirdischen Anlage. Weit dahinter bemerkte Henry einen Stacheldrahtzaun, hinter dem sich ein grüner Wald erstreckte, vorwiegend aus hohen Birken. Hinter sich sah er zahlreiche einstöckige Backsteingebäude, in vielen parallelen Reihen angeordnet. Soccy wartete, bis Henry seine Beobachtungen abgeschlossen hatte.

„Wir werden einen unterirdischen Bunker betreten."

Das Wort *unterirdisch* beflügelte Henrys Fantasie – er hatte das Gefühl, als stünden sie am Tor zur Hölle.

„Ich möchte dich um etwas bitten", sagte Soccy.

„Natürlich", antwortete Henry tapfer.

„Beobachte einfach nur, was du sehen wirst. Stell keine Fragen. Später werde ich dir alles erklären. Folge mir jetzt einfach."

Und damit trat Soccy entschlossen auf die steilen Stufen zu, die in die Tiefe führten. Henry folgte ihm dichtauf, ohne zu wissen, was ihn als Nächstes erwartete.

Unten angekommen, standen sie vor schweren Holztüren. Soccy ging mühelos hindurch, was Henry deutlich machte, dass sie in diesem Reich unsichtbare Gäste sein würden. *Das beruhigt mich zumindest ein wenig*, dachte Henry und folgte Soccys Beispiel, indem er ebenfalls durch die Türen trat.

Sie befanden sich nun in einer geräumigen, langgestreckten, rechteckigen Anlage unter der Erde. Eine schwach leuchtende Glühbirne an der Decke spendete kaum Licht. Henry konnte nur schemenhaft etwas erkennen. Zuerst glaubte er, der Bunker sei leer, doch als sich seine Augen an die Dunkelheit gewöhnten, bemerkte er eine Gestalt in der Mitte des Raumes. Soccy ging einige Schritte vor, bis auf etwa zehn Meter Entfernung, und Henry tat es ihm gleich. Einen Augenblick später erhob sich die große Gestalt vom Boden, und erst da erkannte Henry, dass es eine Frau war – obwohl er zuvor fest überzeugt gewesen war, es sei ein Mann. Sie hatte kurzes braunes Haar, das aussah, als wäre es von einem unerfahrenen Friseur hastig abgeschnitten worden. Ein schmutziger, ehemals weißer Bademantel hing lose an ihrem Körper und ließ nur ihre Füße unbedeckt. Mehr konnte Henry zunächst nicht erkennen. Plötzlich, mit einer einzigen schnellen Bewegung, streifte sie den Mantel ab. Nun völlig nackt, trat sie in die Dunkelheit des Raumes. Soccy und Henry folgten ihr mit etwas Abstand.

Ihre Art zu gehen erschien Henry merkwürdig. Sie hielt die rechte Hand seitlich ausgestreckt, als würde sie einen unsichtbaren Gegenstand tragen. Am Ende des Raumes wandte sie sich einer Eisentür zu, öffnete sie mit der linken Hand und trat in einen weiteren, ähnlich großen Bunker. Soccy und Henry folgten ihr, und in dem Moment, als sie eingetreten waren, schloss sich die Tür hinter ihnen und wurde von außen verriegelt. Ein kalter Schauer lief Henry den Nacken hinab. Der gesamte Raum war düster und bedrückend. Neben dem typischen Geruch von Feuchtigkeit, der sich aus der unterirdischen Lage erklärte, lag ein schwerer, fremdartiger Geruch in der Luft, den Henry nicht einordnen konnte. Die Frau ging noch ein paar Schritte, blieb dann stehen und drehte sich um. Erst jetzt konnte Henry ihr Gesicht erkennen: große, dunkle Augen, ein langes, blasses Gesicht und ein abgemagerter Körper, an dem die Rippen deutlich hervortraten. Dabei kümmerte sie sich weiterhin um den unsichtbaren Gegenstand an ihrer rechten Seite.

Henry, dem es unangenehm war, die nackte Frau vor sich zu betrachten, ging an ihr vorbei, um den Raum genauer zu erkunden. Etwas weiter drinnen bemerkte er Reihen von Metallstangen, die sich vom Boden bis zur Decke zogen. Zunächst dachte er, es handele sich um eine Stützkonstruktion für die Decke, doch dann erkannte er, dass es eine Art Käfig war, der mit einer Öffnung in der Decke verbunden war. Diese ließ etwas Tageslicht herein, doch das Sonnenlicht verlor sich, lange bevor es den Boden erreichte. Als Henry nähertrat, sah er, dass am oberen Ende der Metallstangen eine Öffnung war, durch die er ein Stück Himmel über dem Bunker erkennen konnte. Ein seltsames Geräusch von oben zog Henrys Aufmerksamkeit auf sich, und er ging näher, um nachzusehen. In diesem Moment wurde ein schwerer Gegenstand durch die Öffnung geworfen. Mit einem lauten Knall schlug er auf dem Boden des Bunkers auf, sodass Henry erschrocken zurückwich.

Die Öffnung in der Decke wurde mit einem Schlag verschlossen, und der Raum wurde noch dunkler. In der Düsternis erkannte Henry, dass der herabgeworfene Gegenstand eine Art Metallkapsel war.

Als die Kapsel auf den Boden aufschlug, begann sie zu lecken und füllte den Bunker von unten her mit einem seltsamen Rauch. Henry hörte, wie noch ein paar weitere Kapseln durch andere Säulen von Gitterstäben geworfen wurden, die er zuvor nicht bemerkt hatte. Er ging rasch zu Soccy zurück, der noch immer wie eine aufrechte Statue an derselben Stelle stand und regungslos die Frau beobachtete. Der Rauch erfüllte den gesamten Raum, und da es keinen Fluchtweg gab, begann er aufzusteigen. Die Frau hob sofort das unsichtbare Objekt auf, wie jemand ein Kind aufnimmt, und hielt es an ihren Körper. Als der Rauch weiter anstieg, begann sie zu husten, was sofort in Würgen überging. Schließlich fiel ihr lebloser Körper zu Boden, das unsichtbare Kind noch immer im Arm.

Henry sah Soccy mit fragendem Blick an. Soccy deutete Henry an, ihm zu folgen. Sie gingen zurück in den ersten Bunker, in dem Henry die Frau zum ersten Mal gesehen hatte, und nahmen wieder dieselbe Position wie zuvor ein. Henry wollte Soccy eine Frage stellen, doch dieser legte den Zeigefinger auf die Lippen und deutete in die Mitte des Raumes. Henry bemerkte eine weitere Gestalt, die an derselben Stelle auf dem Boden saß, an der zuvor die junge Frau gewesen war. Einen Moment später erhob sich die Gestalt, und Henry sah einen alten Mann in einer gestreiften Jacke und Hose, wie sie nur von Gefangenen getragen wurden. Genau wie die Frau zuvor zog er sich nackt aus, beugte sich hinunter und hob ein unsichtbares Objekt auf. Diese Bewegung ließ für Henry keinen Zweifel daran, dass es sich bei dem unsichtbaren Objekt um ein Kind handelte. Wie die Frau vor ihm ging auch der Mann in den zweiten Raum. Die Tür wurde verriegelt, und Kapseln fielen durch die Öffnungen in der Decke. Anfangs ruhig und gleichgültig, geriet der Mann in Panik, als er den aufsteigenden Rauch sah. Er beschleunigte seinen Atem, als wolle er seinen müden, abgenutzten Körper noch mit dem letzten Rest Sauerstoff füllen. Als der Rauch die Höhe seines Kopfes erreichte, hielt er den Atem an und hob mit seinen letzten Kraftreserven das Kind näher zur Decke, in der Hoffnung, dass der Rauch diese nicht erreichen und das Kind gerettet würde. Sein ganzer Körper bebte, als trüge er eine enorme Last. Als er den Atem nicht länger anhalten konnte, sog der alte Mann einen Zug des Rauches in seine Lunge, brach hustend, würgend und zitternd zu Boden. Mit dem letzten Rest Leben zog er das unsichtbare Kind an sich, umarmte es und hauchte seinen letzten Atem aus.

Henry sah Soccy mit Tränen in den Augen an, unfähig, sein Schweigegelübde zu halten. Er rief laut: „Warum?"

Soccy bat Henry, ihm aus dem unterirdischen Bunker zu folgen. Die Erleichterung, die Henry verspürte, draußen zu sein, war unmöglich zu beschreiben. Er fühlte sich, als wäre er selbst in der Kammer erstickt und hätte nach Luft gerungen.

Soccy sah Henry an und sagte: „Willst du wissen, warum? Willst du wissen, warum Tausende Menschen in den Gaskammern ermordet wurden, obwohl ihr einziges Verbrechen darin bestand, einer bestimmten Nation anzugehören? Diese Frage ist Millionen von Menschen durch den Kopf gegangen. Sie haben sie mit ins Grab genommen. Bis zum letzten Moment ihres physischen Lebens blieb sie unbeantwortet und unrechtmäßig. Von Menschen an Menschen verübte Gräueltaten und die Beweggründe dahinter sind für mich unbegreiflich."

„Die einzige Frage, die mir vor allen anderen in den Sinn kommt, ist: wie?"

„Wie meinst du das?"

„Wie kann der allmächtige Schöpfer so etwas zulassen?", fragte Henry.

„Du weißt wahrscheinlich schon, dass es für alles einen Grund gibt."

„Ich weiß", erwiderte Henry.

„Meine Tragödie ist meine Unfähigkeit, ihn zu erkennen. Nicht, weil ich es nicht versuche – vielleicht ist mein Verstand vom Blut der Unschuldigen verschleiert, oder ich habe meinen

Glauben an die Menschen verloren. Wie kann etwas so Reines wie eine Seele zu solch grausamen Taten fähig sein?"

Henry bemerkte, dass Soccy sich erneut immer tiefer in eine Kette von Fragen hineinzog – Fragen, die schwer zu beantworten waren, besonders durch den Filter der Emotionen. Fragen, die schon seit Jahrhunderten in den Köpfen großer Denker schwelten und bis heute unbeantwortet geblieben sind.

Soccy aus diesem immer tiefer werdenden Loch herauszuholen, sagte Henry: „Ich möchte, dass du mir erklärst, was genau du mir vorhin gezeigt hast. Ich verstehe, dass wir uns in einem Konzentrationslager befinden und dass der Bunker eine Gaskammer ist, aber ich möchte mehr über das junge Mädchen und den alten Mann erfahren. Wer waren sie?"

„Möchtest du sie kennenlernen?", fragte Soccy und richtete seine volle Aufmerksamkeit wieder auf Henry.

„Ist das möglich?", fragte Henry.

„Ich würde es vorziehen, wenn du unbemerkt bleibst, während ich mit ihnen spreche", riet Soccy und rief dann ohne zu zögern in den Bunker hinein: „Helmut". Die schweren Holztüren des Bunkers öffneten sich, und am unteren Ende der Treppe erschien ein Mann in Uniform. Henry hatte erwartet, eine junge Frau oder einen alten Mann zu sehen – aber einen Soldaten? Als dieser an die Oberfläche trat, konnte Henry ihn genauer betrachten. Helmut trug eine Uniform, wie sie nur ein hochrangiger Offizier der deutschen Armee im Zweiten Weltkrieg getragen haben konnte. Er hatte stechend blaue Augen, blondes Haar und ein stark gebräuntes Gesicht, das von Falten durchzogen war, die den Strahlen der Sonne entgangen waren. Nur an diesen Falten konnte man die ursprüngliche Hautfarbe erkennen. Obwohl er emotional gezeichnet wirkte, konnte er seine Freude, Soccy zu sehen, nicht verbergen.

„Danke, dass du mich besuchst. Alle anderen haben mich in diesem gottverlassenen Land der Phantome vergessen. Du bist der Einzige, der sich noch an meine Existenz erinnert."

Darauf sagte Soccy: „Du weißt, wem du dafür die Schuld geben musst."

„Ich weiß – nur mir selbst", erwiderte Helmut, senkte den Kopf und schloss die Augen.

„Wer hätte gedacht, dass eine einfache und damals scheinbar vernünftige und notwendige Entscheidung …" – er machte eine kurze Pause – „… in einer Ewigkeit voller Schmerz enden würde."

„Wie viele stehen dir noch bevor?", fragte Soccy.

„Hundertdreiundvierzig, und es wird immer schwerer. Die Letzten hatten alle Kinder", sagte Helmut und kämpfte gewaltig, um seine Tränen zurückzuhalten. „Das Schlimmste ist, dass ich in jedem Einzelnen von ihnen mein eigenes Kind sehe."

„Ist dein Verstand noch klar?", fragte Soccy.

„Ich weiß es nicht. Manchmal denke ich, ich bin kurz davor, ihn zu verlieren, aber irgendwie schaffe ich es dann doch, ihn wiederzufinden. Was den ganzen Prozess unerträglich macht, ist, dass ich jedes Mal, wenn ich in den Körper dieser reinen Seelen eintrete, eine doppelte Persönlichkeit erlebe."

„Bitte erkläre das", sagte Soccy.

„Wie im letzten Fall mit dem alten Mann – ich habe all den Schmerz und die Trauer gespürt, so wie er, als er versuchte, sein Enkelkind zu retten, aber gleichzeitig wusste ich, dass ich nicht er bin."

„Aber macht es das nicht leichter?", fragte Soccy.

„Nein! Nein … Ich weiß, wem ich die Schuld geben muss. Ich weiß, wer es getan hat. Wer der Feind ist. Der Feind bin ich."

Henry, der unbemerkt von Helmut an der Seite stand, dachte bei sich: *Niemand kann uns härter bestrafen, als wir uns selbst bestrafen.*

„Ich werde dich jetzt verlassen", sagte Soccy. „Bleib bitte konzentriert. Lass den Schmerz durch deine Seele fließen und spüre jedes bisschen Kummer, so wie sie es taten. Es ist der einzige Weg, dich zu erholen und den Weg zurück ins Licht zu finden. Andernfalls weißt du, was mit dir geschehen wird."

„Ich weiß", sagte Helmut mit einem tiefen Seufzer und drehte Soccy den Rücken zu, um seine tränengefüllten Augen zu verbergen. „Ich möchte meine Frau noch sehen und meine Kinder umarmen. Weißt du etwas über sie? Wie geht es ihnen?"

Soccy antwortete traurig: „Diese Information steht mir nicht zur Verfügung."

Er legte Helmut die Hand auf die Schulter, verabschiedete sich und kehrte zu Henrys Schwingungsebene zurück. Helmut begann seinen langsamen Abstieg unter die Erde, um seinem nächsten Opfer zu begegnen – jenem, das ihn zum Opfer machen würde.

Henry folgte ihm mit den Augen und fragte: „Was ist, wenn er den Verstand verliert? Den eigenen Tod zu erleben ist eine Sache, aber wenn es um den eines Kindes geht, ist das etwas völlig anderes – und bei der Anzahl an Seelen, durch die er noch gehen muss, glaube ich nicht, dass er es schaffen wird."

„Es hängt alles von der Natur seiner Seele ab. Niemand kann ihm an diesem Ort helfen. Er muss all den Schmerz erleben, den er anderen zugefügt hat. Das ist eines der Gesetze dieses Universums. Und noch etwas: Helmut war einer der SS-Offiziere, die Gräueltaten wie die einer Gaskammer zugelassen haben. Wenn es ihm gelingt, jede einzelne Seele, die er zum Tode verurteilte, zu durchleben und dabei sein Bewusstsein zu bewahren, wird er aus dieser Prüfung als eine sehr hochentwickelte Seele hervorgehen. Falls dieses Wunder geschieht, wird er in seinem nächsten Leben ein berühmter Humanist werden."

„Aber was, wenn er den Verstand verliert?", fragte Henry tief beunruhigt.

„Das wird höchstwahrscheinlich geschehen", erwiderte Soccy traurig.

„Und dann?", fragte Henry.

„Dann wird seine Seele in die Quelle aufgelöst und damit seine Existenz beendet", erklärte Soccy.

„Was?", Henry war schockiert und verwirrt. „Willst du sagen, seine Seele wird getötet?"

„Nein", entgegnete Soccy, „eine Seele ist Energie, und man kann sie nicht zerstören. Es ist nur eine Seele, die keinen Weg zur Heilung mehr hat."

„Wie bitte – keinen Weg zur Heilung mehr? Was soll das denn heißen?", fuhr Henry auf, wütend über diese Nachricht.

„Seelen, die ihre Identität verlieren, gehen im Schöpfer auf", erklärte Soccy.

„Ich verstehe", sagte Henry und fügte hinzu: „Aber wirkt sich das nicht negativ auf den Schöpfer aus?"

„Das wird es", erwiderte Soccy, „aber es ist wie ein Tropfen Gift in einem Ozean."

„Ich nehme an, das wäre dann das Ende der Existenz einer Seele – mit anderen Worten, der Tod einer Seele", schloss Henry.

„Wenn du es so sehen willst, ja", antwortete Soccy.

Beide schwiegen. Henry, weil er neues Wissen erhalten hatte, über das er nie zuvor nachgedacht hatte, und Soccy, weil er ihre nächste Reise plante.

„Möchtest du mehr sehen?", fragte Soccy und durchbrach die lange Stille.

„Ich glaube, ich verzichte", erwiderte Henry. „In der Nähe solcher Seelen verliert man seine Empfindsamkeit für den Schmerz anderer."

„Ich dachte, es sollte genau umgekehrt sein?", wunderte sich Soccy.

„Nein, nicht für mich", antwortete Henry. „Den Schmerz anderer zu sehen, vor allem wenn er massenhaft auftritt, wird irgendwann zur Gewohnheit. Als Geistführer darf mir das nicht passieren. „Ich glaube, Mitgefühl ist das kostbarste Werkzeug und die größte Kraftquelle für einen Führer und ich darf nicht zulassen, dass es seine Wirkung verliert."

„Wie du wünschst", sagte Soccy.

Henry dankte Soccy für die lehrreiche Führung und sagte: „Ich fürchte, ich muss jetzt zu meiner Frau und zu Croton zurück."

„Du weißt, wie du mich erreichen kannst, und dass ich immer gern zu Diensten bin", sagte Soccy, schüttelte Henry die Hand und verabschiedete sich.

„Henry trat einen Schritt zurück, hob zum Abschied die Hand in der Hoffnung, niemals zurückzukehren, und kehrte in die Realität zu seiner geliebten Rose zurück."

Zurück zur Erde

Henry kehrte in seine Realität zurück, in der Hoffnung, Rose dort vorzufinden. Doch das Haus war leer. Er setzte sich auf das Sofa in Roses Zimmer und versuchte mit aller Kraft seines Geistes, sie zu erreichen. Nachdem er ihr etwas Zeit gelassen hatte, versuchte er es erneut. Doch es kam keine Antwort von der anderen Seite des Universums. Da Henry an Roses sofortige Reaktionen gewöhnt war, machte er sich Sorgen und beschloss, sie aufzusuchen, in der Hoffnung, dass sie in der Nähe von Croton sei.

Augenblicklich stand Henry mitten in einem großen Wohnzimmer. Das Erste, was er sah, war ein Teller, den Anne ihm direkt ins Gesicht schleuderte. Er reagierte nicht schnell genug und blieb einfach stehen. Der Teller ging durch seinen Kopf hindurch und zerschellte an der Eingangstür in Scherben. Annes Gesicht war gerötet und spiegelte nichts als Wut und Enttäuschung wider.

„Geh! Geh zu deinen Flittchen! Ich hasse dich!", schrie Anne ihm ins Gesicht, bevor sie wutentbrannt in die Küche zurückstürmte, um ihre Tränen herauszuschreien. Henry, zutiefst schockiert von diesem warmen Empfang, blieb mitten im Raum stehen, unschlüssig, was er tun sollte.

„Hier stimmt definitiv etwas nicht", dachte Henry, während er durch das Haus ging, um nach Croton und hoffentlich auch nach Rose zu suchen. Dem Anblick Annes nach zu urteilen, musste auf der Erde seit seinem letzten Besuch einiges an Zeit vergangen sein. Er konnte sich nur vorstellen, wie Croton jetzt aussehen mochte. Das Erste, was Henry auffiel, war die Größe des Hauses und die Anzahl der Zimmer. Es war definitiv nicht die Wohnung, in der Croton geboren worden war. Henry suchte jeden einzelnen Raum ab. Er war unangenehm überrascht von der Menge an Wertgegenständen, mit denen das Haus gefüllt war: Möbel, Teppiche, Kunstwerke, Artefakte aus verschiedenen Epochen und Stilrichtungen sowie Antiquitäten.

In all dem erkannte Henry Prunk, zur Schau gestellten Reichtum – und eindeutig den Mangel an gutem Geschmack.

Schließlich stieß er auf ein Schlafzimmer, in dem ein junger Mann im Teenageralter an einem Schreibtisch saß und etwas auf ein Blatt Papier schrieb. Der Raum war nur durch eine Lampe auf dem Schreibtisch beleuchtet und lag ansonsten im Halbdunkel. Als er nähertrat, um den Jungen besser zu sehen, spürte er plötzlich die Präsenz von Rose. Er drehte sich um und fühlte sofort ihren ganzen Körper an seinem. Sie legte ihre Arme um seinen Hals und sagte: „Du hast keine Ahnung, wie froh ich bin, dich zu sehen. Bitte sag mir, dass du für immer zurück bist?"

„Bin ich", sagte Henry und drückte sie fest an sich.

So blieben sie eine ganze Weile stehen, bis Rose sich schließlich löste. Henry bemerkte Tränen in ihren Augen.

„Geht es dir gut?", fragte er besorgt.

„Nein, überhaupt nicht. Alles zerfällt – das Land, die Familie …"

Bevor sie ihren Satz beenden konnte, legte Henry ihr die Hand auf den Mund und sagte: „Lass uns nach Hause gehen, dann kannst du mir alles erzählen."

Sie warf einen Blick zu Croton hinüber und sagte: „Gute Nacht, mein Sohn."

Rose nahm Henrys Hand, und beide lösten sich in der Dunkelheit von Crotons Schlafzimmer auf, ließen ihn allein zurück – verurteilten ihn zu traumlosem, friedlichem Schlaf. Zurück in ihrer eigenen Realität sagte Rose: „Lass uns in diesem herrlichen Wald spazieren gehen. Ich bin so müde von der physischen Welt und ihren räumlichen Begrenzungen."

Sie gingen an Kaskaden von Wasserbecken vorbei, hinein in das einladende, sanfte Rauschen der majestätischen Bäume. Es war, als würden die Bäume einen Weg ins Herz des Waldes bilden, um sie zu umarmen und ihre Anspannung zu lösen – jene Anspannung, die sich in ihren Köpfen angesammelt hatte, weil sie so lange in Realitäten verweilt hatten, zu denen sie nicht wirklich gehörten.

„Weißt du, was mich fasziniert?", sagte Rose.

„Was?", fragte Henry.

„Dass ich nur hier frei atmen kann. Ich meine wortwörtlich."

„Das macht Sinn", lachte Henry, „wenn man bedenkt, dass du gar keine Lungen zum Atmen hast!"

„Du weißt, was ich meine", kicherte Rose.

„Natürlich weiß ich das", lächelte Henry. „Ich denke, dass wir selbst als freie Geister von der Erde immer noch durch ihre Schwerkraft gefesselt sind – und durch die Grenzen der physischen Welt."

„Da hast du vollkommen recht", stimmte Rose zu. „Und da wir diese Aufgabe nun gemeinsam erfüllen, solltest du mich öfter in unsere magische Welt entführen."

„Das kann ich tun", erwiderte Henry lächelnd.

„Bevor ich mich ausspreche, möchte ich erst deine Geschichte hören", sagte Rose. „Erzähl mir alles. Wo du warst. Wen du gesehen hast. Lass nichts aus."

Während sie gingen und die Gegenwart des anderen genossen, erzählte Henry ihr alles, was er gesehen und erlebt hatte. Als er geendet hatte, fragte Rose: „Ist deine Neugier nun gestillt?"

„Das ist nicht nur Neugier. Ich musste es sehen, um zu verstehen, was die Hölle wirklich ist. Außerdem wollte ich wissen, was mit denen geschieht, die die Dunkelheit in ihre Seele lassen."

„Und? Was geschieht mit ihnen?", fragte Rose.

„Hast du nicht gehört, was ich gesagt habe?"

„Tut mir leid, mein Lieber, am Ende deiner Geschichte habe ich dich verloren."

„Sie verlieren ihre Identität", wiederholte Henry und sah Rose erwartungsvoll an.

„Was bedeutet das?"

„Es bedeutet, dass sie nicht mehr wissen, wer sie sind. Das gesamte kollektive Gedächtnis aus Jahrhunderten und unzähligen Leben geht verloren. Wenn du darüber nachdenkst – ohne unsere Erinnerungen sind wir wirklich verloren. Wir existieren nur, solange wir uns erinnern. Erinnerungen sind alles, was wir sind", erklärte Henry.

„Na gut, Klugscheißer, bist du jetzt fertig?", erwiderte Rose ungeduldig.

„Macht dir das keine Angst?", fragte Henry und wunderte sich, wie Rose die Bedeutung dieser Entdeckung nicht erkennen konnte.

„Was mir jetzt Angst macht, ist die Situation, in der wir uns befinden. Genauer gesagt, die Entwicklungen in Crotons Familie", sagte Rose und versuchte, Henry in ihre Realität zurückzuholen.

„Okay, ich gehöre jetzt ganz dir." Henry gab nach und versuchte, sich ganz darauf zu konzentrieren, was Rose ihm erzählen wollte.

„Ich weiß nicht, wo ich anfangen soll", sagte Rose. „Dieses Gefühl, dass etwas Schreckliches bevorsteht, will mich nicht loslassen."

„Ist Croton in Gefahr?"

„Nein, nicht er … Ich weiß es nicht …"

„Beruhige dich, meine Liebe", tröstete Henry.

In diesem Moment hatten sie den Rand des Waldes erreicht. Vorsichtig, zwischen den Stämmen uralter Bäume, begann sich ein Feld aus Wildblumen zu enthüllen. Es war, als läge ihnen die Palette eines alten Künstlers zu Füßen, gefüllt mit vorstellbaren und unvorstellbaren Farbtönen, aufgetragen und gemischt zu einer zufälligen Vollkommenheit.

„Ich hoffe, das wird dich aufmuntern." Henry griff nach einem Bündel Blumen, das sich leicht aus dem Boden löste, und streute es über Roses Kopf.

Sie verschränkte die Arme vor der Brust und sah Henry an, als wäre er ein unartiges Kind.

„Komm schon, Rose", sagte Henry, „sieh dir all diese Schönheit an. Vergiss die Welt und deine sorgenvollen Gedanken. Du weißt besser als jeder andere, dass alles nur vorübergehend ist. Nur das, was wir jetzt haben, ist real. So oft schaffen wir es nicht, Momente des Glücks zu erschaffen oder, wenn sie einmal da sind, uns darum zu kümmern, sie zu bewahren – oder, noch schlimmer, wir bemerken sie gar nicht.

Vertrau mir, Rose, ich habe das Schlimmste gesehen, und die Seelen, die wir jetzt führen, werden niemals in das Loch der Dunkelheit fallen. Alles, was du jetzt hast, bin ich, und du bist alles, was ich brauche." Er nahm ihre Hände und versetzte sie in eine Drehbewegung, sodass sich ihre Füße vom Boden erhoben. Diese plötzliche Freiheit der Bewegung und die Fähigkeit, in diesem Moment zu fliegen, ließen Rose den blauen Planeten, der inmitten des Universums hing, und all die daran geknüpften Sorgen vergessen. Sie hatten einander in diesem Ozean aus Blumen und Farben, und alles andere spielte keine Rolle.

Als ihre Füße schließlich wieder den Boden berührten, sagte Henry: „Wirklich, Glück muss man selbst erschaffen. Niemand wird es dir in die Hand legen. Man sollte es trinken wie den letzten Becher kühlen Wassers, den ein durstiger Wüstenwanderer findet – auch wenn man weiß, dass es nicht anhalten wird, weil nichts jemals anhält."

Rose umarmte Henry mit solcher Kraft, als wollte sie in ihm verschmelzen.

Er sah ihr direkt in die Augen, sagte: „Ich habe dich so sehr vermisst", und drückte ihr einen leidenschaftlichen Kuss auf die Lippen. Diese letzte Geste löste ein unglaubliches Ereignis aus: Millionen farbiger Schmetterlinge erschienen aus dem Nichts, erfüllten die ganze Gegend und vollführten einen anmutigen Liebestanz.

„Woher sind die gekommen?", fragte Rose wie verzaubert.

„Alles, was du siehst, ist für dich, meine Liebe", antwortete Henry. „Lass es uns genießen, solange es existiert."

Und beide tauchten ein in den Ozean ihrer fantasievollen Explosion.

Der Streit

Was Anne getan hatte, war beispiellos. Einen Teller gegen die Tür zu werfen, die Raymond gerade hinter sich geschlossen hatte, war ein kühner und verzweifelter Schritt. Anne wurde sich bewusst, dass sie ihn verlor und nichts dagegen tun konnte. Ihre Liebe glitt ihr wie Wasser durch die Finger. Sie ging zurück in die Küche, um zu weinen, die Tränen unterdrückend – teils, weil es ihr Lieblingsteller war, vor allem aber, weil sie begriff, dass Raymond sie betrog, Ehebruch beging. Ihre einzige Hoffnung, das Licht am Ende des dunklen Tunnels, in dem sie sich plötzlich wiederfand, war Croton.

Ihr Sohn war zu einem jungen Mann mit außergewöhnlichen Tugenden in allen Lebensbereichen herangewachsen. Anne hatte sich oft gefragt, woher er kam. Die Tatsache, dass er seinem Vater in nichts ähnelte, erfüllte sie mit Genugtuung und einem Gefühl von Selbstbestätigung.

Die Fragen *„Wie sind wir hierher gekommen?"* und *„Wo sind wir falsch abgebogen?"* wurden in ihrem Kopf immer lauter. „Was ist aus dem süßen, liebevollen Jungen geworden, der keinen Tag ohne mich verbringen konnte?" Als sie den Luxus um sich herum betrachtete, sagte sie: „Früher waren wir arm, aber glücklich. Hat dieser Reichtum, der in unser Leben kam, das Glück zur Tür hinausgedrängt?" Solche Fragen hatte Anne sich früher nie gestellt. Zwar hatten sie Raymonds gelegentliche späte Heimkehr und sein Alkoholatem gestört, doch sie hatte sich eingeredet, dass dies nur der Preis sei, den sie für den plötzlichen Wohlstand zahlen musste, der in ihr Leben trat. Sie hätte weiter selbstlos ertragen, wäre da nicht der Geruch einer anderen Frau gewesen, den sie letzte Nacht wahrgenommen hatte. Das war etwas, das Anne niemals dulden konnte.

Sie fragte sich unablässig: „Wie konnte er nur? Habe ich das verdient? Ich habe mein ganzes Leben ihm gewidmet, und das ist der Dank?" Frage um Frage stieg in ihrem Kopf auf und hallte in der Leere wider, die sie plötzlich umschloss und ihre unmittelbare Realität verschlang. Die Welt, die sie in den letzten siebzehn Jahren ihrer Ehe bewusst aufgebaut und mit sich umgeben hatte, begann zu zerfallen, zurück blieb nur ein Gefühl völliger Verwüstung.

Nachdem sie das Abendgeschirr gespült hatte, deckte sie den Küchentisch und begann, die Situation, in der sie sich befand, zu analysieren, in der Hoffnung, einen Ausweg zu finden. Als Frau mit einem rationalen Verstand erkannte sie, dass die eigentliche Quelle ihres Unglücks der Schlüssel zu dem Rätsel sein könnte, vor dem sie stand. Instinktiv blickte sie über die Decke hinaus, als wollte sie die Aufmerksamkeit dessen erregen, der dort oben war. „Was habe ich getan, um das zu verdienen?"

Eine richtig gestellte Frage kann von der geistigen Welt niemals unbeantwortet bleiben, und in diesem Fall war es so. Am Ende ihrer Geduld angelangt, hatte Annes Geistführerin genau auf diesen Moment gewartet – den Moment, in dem sie endlich eingreifen konnte, um Anne zu helfen, zu sehen und hoffentlich zu verstehen, was und wann in ihrem Leben etwas schiefgelaufen war.

Solomea

Solomea war ein alter und sehr weiser Geist, und Anne war eine der Seelen, die sie auf der Erde führte. Die jüngsten Entwicklungen in Annes Leben gaben Solomea Anlass, mehr Zeit mit ihr zu verbringen als mit den anderen Seelen unter ihrer Obhut.

Beunruhigende Signale, die Menschen in Momenten körperlichen oder seelischen Schmerzes ins Universum senden, ziehen stets die Aufmerksamkeit ihrer Führer auf sich – so wie der Schrei eines Kindes die Aufmerksamkeit seiner Mutter weckt. Dasselbe gilt für die stillen Gebete in der Einsamkeit des eigenen Geistes. Nichts verhallt ungehört.

Solomea trat näher an Anne heran, die am Küchentisch saß. Es gab keinen besseren Zeitpunkt, um ihre Aufgabe zu erfüllen. Croton lag bereits im Bett, und eine frühe Rückkehr Raymonds war unwahrscheinlich. Solomea begann, Bilder – oder besser gesagt, Szenen aus Annes Vergangenheit – in ihren Geist zu übertragen. Sorgfältig entfaltete sie Ereignisse, entscheidende Momente, Worte und Handlungen, deren Folgen Anne nun zu tragen hatte.

Sätze, die sie nicht nur einmal Raymond ins Gesicht geschleudert hatte, stiegen langsam aus den Tiefen ihres Gedächtnisses auf. „Warum kannst du nicht wie alle anderen sein? Schau uns an, wir kommen kaum über den Monat. Jeder andere in deiner Position hätte längst Millionen. Wen willst du mit deiner Ehrlichkeit beeindrucken? Mach die Augen auf und sieh dich um – alle verdienen Geld, nur du nicht. Und was noch schlimmer ist: Sie benutzen deinen Namen, um sich selbst zu bereichern. Wie naiv kann man sein?"

Anne erinnerte sich an Raymonds Gesicht – verwirrt, verloren, im Kampf mit seinem eigenen Gewissen. Raymond wusste, dass Anne wohl recht hatte, was die Ausnutzung seines Namens zur illegalen Bereicherung anging – sprich: Bestechungsgelder anzunehmen. Vor fast drei Monaten war er zum Leiter der Wohnungsabteilung ernannt worden, mit Zugriff auf staatliche Gelder für die Bedürftigsten. Er hatte maßgeblichen Einfluss darauf, wer Anspruch auf staatliche Zuschüsse hatte – und wann. Mit der Annahme dieser Position war Raymond überzeugt gewesen, der Korruption im Rathaus ein Ende setzen zu können. Der Mann, der ihn in dieses Amt berufen hatte, versprach ihm volle Unterstützung bei den Entscheidungen, die Raymond zu treffen hatte.

„Ich habe für diesen Posten jemanden mit sauberen Händen und einem warmen Herzen gesucht", hatte der hochrangige Regierungsbeamte bei der Einstellung gesagt. „Enttäuschen Sie mich nicht."

„Das werde ich nicht, Sir", hatte Raymond geantwortet.

Seine Ernennung hatte unter den Mitarbeitern ein Bewusstseinsschub ausgelöst, und vorerst verhielten sie sich so, wie sie sollten. Das gab Raymond die falsche Hoffnung, er würde tatsächlich Fortschritte erzielen. Er sah sich selbst wie einen Ritter, der im Kampf gegen die Korruption die Gerechtigkeit wiederherstellt. Tatsächlich begannen in den ersten drei Monaten seiner Amtszeit die Bedürftigsten der Bürger von den staatlichen Mitteln zu profitieren. Ein enormes Gefühl der Zufriedenheit und des Glaubens erfüllte Raymonds Seele, doch schon bald spürte er ein wachsendes Unbehagen unter den Mitarbeitern seiner Abteilung und hörte ein Grummeln der Unzufriedenheit. Trotzdem blieb Raymond fest bei seinen Überzeugungen und ließ ihnen keinen Raum, um mit Vorschlägen an ihn heranzutreten – bis er eines Tages einen Anruf erhielt, in dem er gebeten wurde, seinen Vorgesetzten in der Zentrale zu besuchen. Raymonds Aufregung kannte keine Grenzen. Lob für seine Arbeit stand ganz bestimmt bevor, und er konnte es kaum erwarten, diese Anerkennung zu erhalten – hoffentlich verbunden mit einer Gehaltserhöhung, um Anne zufriedenzustellen, die sich ständig beschwerte. Von klein auf war er in Ehrlichkeit und Liebe zu seinem Vaterland erzogen worden, ebenso in die Liebe und Wertschätzung gegenüber der regierenden Partei und ihrem Führer – dem angeblich liebevollsten, fürsorglichsten und ehrlichsten Menschen der Welt. Fast jeder Absolvent, der Schule oder Universität verließ, begann sein Erwachsenenleben in fester Überzeugung von all dem und mit dem Glauben, die Welt zum Besseren verändern zu können. Raymond war da keine Ausnahme. Er war fest davon überzeugt, dass die Führer keine Ahnung von der Korruption in den unteren Rängen der Macht hatten. Die Stärke der Propaganda und die Gehirnwäsche der Bevölkerung waren unbegreiflich.

Der Tag kam, und Raymond stand vor dem prächtigen Gebäude, das er immer bewundert hatte – nicht nur wegen seines klassischen Aussehens, sondern auch wegen seines Inhalts: die besten Köpfe und talentiertesten Herrscher seiner Stadt. Das waren die Menschen, die seine Heimat am Leben hielten. Nach einer gründlichen Kontrolle durch die Wachleute am Eingang wurde ihm der Zutritt gewährt. Teppiche, Kristalllüster, gekachelte Marmormauern und wunderschöne Holzparkettböden beeindruckten seinen unerfahrenen Geist zutiefst. Einen solchen Luxus hatte er noch nie gesehen. Der Wunsch, eines Tages ein Büro in dieser Pracht zu besitzen, begann seine Fantasie zu beflügeln. Nachdem er eine halbe Stunde im Warteraum verbracht hatte, wurde er schließlich von einer Sekretärin hereingebeten. Schwere Holztüren öffneten sich, und er trat ein.

Die Größe des Büros war beeindruckend. Es war mit schwer geschnitzten, dunklen Möbeln eingerichtet. Die Bücherregale zu seiner Linken waren gefüllt mit Reihe um Reihe ähnlich aussehender Bücher, verfasst in verschiedenen Epochen von unterschiedlichen revolutionären Denkern – endlose Bände, die für jeden respektablen Amtsträger Pflichtlektüre waren, die jedoch weder von ihnen noch von irgendjemand anderem jemals tatsächlich gelesen worden waren. Zu Raymonds Rechten stand ein massiver, rechteckiger Tisch aus massivem Holz, umrahmt von mindestens dreißig Stühlen. Das gesamte Arrangement schrie nach Macht und Bedeutung des Amtsinhabers. Ein langer Teppichstreifen führte wie ein Weg zu einem Altar zum Schreibtisch, und die Person dahinter war zweifellos jemand, den man bewundern und verehren sollte. Das krönende Schmuckstück dazu war das riesige Porträt eines Parteiführers, das an der Wand direkt hinter und über dem Kopf des Amtsinhabers angebracht war.

„Seien Sie nicht schüchtern", wies ihn eine Stimme von hinter dem Schreibtisch an. „Bitte treten Sie näher und nehmen Sie Platz." Der Mann hinter dem Schreibtisch war Anfang fünfzig. Zu klein für sein Gesicht bedeckten Lesebrillen seine noch kleineren blauen Augen. Ein großes, pausbäckiges Gesicht hatte einen Glanz auf seiner makellosen Haut. Strahlende Wangen stützten die Brille und ließen kaum Platz für einen kleinen Mund. Ein stattliches Kinn ruhte auf seiner Krawatte und trug zur Tiefe seiner Stimme bei. Schütteres, rötliches Haar war streng nach hinten gekämmt und mit einer schmierigen Substanz behandelt, die es fest an seine Kopfhaut klebte. Insgesamt erweckte er den Eindruck eines gepflegten und bis ins Detail herausgeputzten Menschen – jemand, der in seinem ganzen Leben nichts Schwereres als einen Stift in die Hand genommen hatte.

Raymond ging vorsichtig weiter, mit dem Gefühl, dem Parteiführer selbst gegenüberzutreten, angesichts des imposanten Porträts an der Wand. Als er den Schreibtisch des Amtsinhabers erreichte, ließ er sich vorsichtig in den angewiesenen Stuhl nieder. Irgendetwas an diesem ganzen Arrangement fühlte sich für ihn nicht richtig an, doch er konnte nicht benennen, was genau. Raymond konnte Solomea nicht sehen, die neben ihm stand. Seit seiner Heirat mit Anne hatte Solomea von den Planern die Möglichkeit erhalten, sich um beide junge Menschen zu kümmern, wodurch Raymonds eigener Geistführer von seinen Pflichten entbunden wurde, um anderen bedürftigen Seelen beizustehen. Nach einer gründlichen Prüfung von Raymonds Lebensbaum hatte sie zugestimmt. Es wäre eine Ehre und ein Vergnügen, zwei Seelen zu führen, die so unsterblich ineinander verliebt waren. Das Bewusstsein, dass Liebe alles überwinden kann, gab ihr den Mut, sich dieser neu gegründeten jungen Familie zu widmen. Außerdem bestätigte die Ankunft einer so alten Seele wie Croton mit Rose an seiner Seite sie in der Richtigkeit ihrer Entscheidung.

Raymonds Einladung gestern in dieses Gebäude, um einen hochrangigen Beamten zu treffen, warf in Solomea einige Fragen auf, und sie beschloss, Raymonds Lebensbaum zu überprüfen, um einen Hinweis darauf zu finden, was dieses Treffen für ihn bereithalten könnte. Ihre Instinkte täuschten sie nicht. Sie bemerkte ein pulsierendes Licht am unteren Ende einer Verzweigung, was nur bedeuten konnte, dass eine Zeit bedeutender Entscheidungen bevorstand – eine Entscheidung, die nicht nur sein jetziges physisches Leben und das seiner Familienmitglieder, sondern auch sein zukünftiges spirituelles Leben beeinflussen würde.

Nachdem sie nach Raymond das Büro betreten hatte, bemerkte Solomea zwei Geistführer, die zu beiden Seiten des Amtsinhabers standen. Es waren keine gewöhnlichen Führer. Solomea bezeichnete sie als Führer der Dunkelheit. Sie waren etwas zwischen Geistführern und Vollstreckern. Während Vollstrecker auftauchen, ihre Aufgabe erfüllen und wieder verschwinden, traten diese an die Stelle der ursprünglichen Geistführer. Es war das Schlimmste, was ein Führer erleben konnte – ein völliges Versagen seiner Aufgabe. Das konnte man nur mit einem Elternteil vergleichen, der hilflos mitansehen muss, wie sein Kind langsam stirbt, ohne etwas dagegen tun zu können. Solomea hatte davon gehört, es jedoch noch nie erlebt, und sie hoffte, dass es niemals so weit kommen würde.

Der einzige Grund für ihre Anwesenheit bei diesem Treffen war, eine Katastrophe zu verhindern, indem sie hoffentlich Einfluss auf Raymond nahm, damit er die richtige Entscheidung traf. Sie wusste bereits, dass es so weit war – dies war eine Prüfung, die Raymond bestehen musste. Eine der wichtigsten Prüfungen im Leben eines jeden Menschen: die Prüfung seiner Widerstandskraft gegenüber Versuchungen. Solomea führte seit mindestens tausend Jahren Seelen in die physische Welt hinein und wieder hinaus, und sie wusste, dass nichts den wahren Charakter so deutlich offenbart wie eine Prüfung der Versuchung. Einer der Gründe, warum Seelen sich für ein Leben auf diesem Planeten entscheiden, ist, ihre Fähigkeit zu testen, Versuchungen zu widerstehen. Solomea hatte schon viele Begegnungen mit Führern der Dunkelheit, aber sie hatte niemals mit ihnen kommuniziert. Für sie waren es die unfreundlichsten Seelen der Schöpfung. Sie beantworteten niemals eine direkte Frage oder erkannten nicht einmal ihre Anwesenheit an. Sie waren so entschlossen in ihrem Tun, dass Solomea sie mit herzlosen Maschinen verglich.

Seit ihrer ersten Begegnung mit ihnen hatte sie einige Nachforschungen angestellt, die ihr halfen, ihr Wesen besser zu verstehen. Führer der Dunkelheit wurden unter jenen ausgewählt, die ihre Aufgaben mit größter Entschlossenheit ausführten, und sie vermutete, dass sie beträchtliche Freude daran fanden, Menschen durch ihre verschiedenen Prüfungen zu schicken. Um ein Führer der Dunkelheit zu sein, musste die Seele ein äußerst niedriges Maß an Empathie und Mitgefühl besitzen. Daher sagte die Anwesenheit von nicht nur einem, sondern gleich zwei von ihnen im Raum für Solomea viel über den Amtsinhaber aus. Für sie war der Mann hinter dem Schreibtisch nicht mehr zu retten, was bedeutete, dass er mit jeder einzelnen Entscheidung, die er traf, tiefer und tiefer in einen bodenlosen Abgrund des menschlichen Bewusstseins sank.

„Kann ich dir vertrauen?" fragte der Amtsinhaber.

„Ja, Sir," antwortete Raymond leise.

„Kann ich?" kam die Frage ein zweites Mal, diesmal lauter.

„Ja, ja, Sie können," sagte Raymond etwas fester und sah ihm direkt zurück in die Augen.

„Gut, genau das wollte ich hören," sagte der Amtsinhaber und lehnte sich in seinen Stuhl zurück. Er lud Raymond ein, sich in einem Sessel in einer abgelegenen Ecke des Büros niederzulassen, und fragte: „Möchten Sie etwas haben?"

„Ich weiß nicht," antwortete Raymond unsicher.

„Kommen Sie schon. Nehmen Sie eins mit mir," sagte der Amtsinhaber, während er einen Knopf an seinem Schreibtisch drückte, um die Empfangsdame zu rufen. Eine Minute später erschien eine edle Flasche Whiskey mit zwei Gläsern auf dem Couchtisch. Der Amtsinhaber stand auf und setzte sich auf den Stuhl direkt gegenüber von Raymond. Raymond bemerkte, dass der Amtsinhaber an seinem Schreibtisch viel größer wirkte, als er in Wirklichkeit war. Solomea stellte sich hinter Raymond, und die Führer der Dunkelheit positionierten sich hinter dem Amtsinhaber. Sie waren so auf Raymond konzentriert, dass sie Solomeas Anwesenheit nicht bemerkten.

„Manchmal frage ich mich, ob ihr uns überhaupt sehen könnt," sagte sie gereizt. Doch ihre Frage blieb unbeantwortet. Sie betrachtete sie als Spinnen, die sorgfältig ihr Netz webten und darauf hofften, dass ihre Beute direkt hineinflog. Selbst ihre Kleidung war stets ein Hinweis auf ihre Absichten und spiegelte ihre innere Welt wider. Schwarz war ihre Lieblingsfarbe, weshalb die Menschheit ihnen im Laufe der Existenz viele unangenehme Namen gegeben hatte, wie Dämonen, Teufel, Satan, Luzifer und viele andere. Solomea blickte die beiden an und rief: „Schwarze Witwen," und verglich sie mit der giftigsten aller Spinnen. Einer von ihnen sah Solomea intensiv an, was ihr deutlich machte, dass er sie gehört hatte.

„Gut," sagte Solomea zufrieden, „zumindest weiß ich jetzt, dass ihr euch meiner Anwesenheit bewusst seid."

Der Amtsinhaber hob sein Glas und sagte: „Auf unser neues Vorhaben," und leerte sein Glas mit einem Zug. Raymond tat es ihm gleich, doch die Bedeutung des Trinkspruchs blieb ihm ein Rätsel. Der Amtsinhaber füllte die leeren Gläser nach und sagte nicht in offizieller, sondern in freundlicherem Ton: „Sehen Sie, Raymond, die Position, die ich Ihnen gegeben habe, bringt viele Verantwortlichkeiten mit sich."

„Ich weiß, Sir, und ich habe vor, diesen Erwartungen gerecht zu werden."

„Warte, lass mich ausreden," sagte der Amtsinhaber und machte eine kurze Pause. Er nahm seine Brille ab und begann sie, mit einem Taschentuch aus der Brusttasche, zu reinigen. Raymond bemerkte, dass die Augen des Amtsinhabers tatsächlich viel kleiner waren, als er ursprünglich gedacht hatte. Sie waren mit aufmerksamen Wimpern versehen und von fast unsichtbaren Augenbrauen gekrönt. Als er seine Brille schließlich bis zur absoluten Klarheit poliert hatte, setzte er sie wieder auf und starrte Raymond an. Raymond spürte, wie diese kleinen, scharfen Augen nicht nur in seinen Geist, sondern auch in etwas viel Tieferes eindrangen. Etwas, das noch rein, unberührt und ungetestet von den wahren Prüfungen des Lebens war – Prüfungen, die uns lehren, uns selbst zu erkennen und die Wahrheit in anderen zu sehen. Der Amtsinhaber betrachtete Raymond wie einen Klumpen Ton, der darauf wartete, dass er mit dem Formen begann.

„Siehst du, mein Junge, wir halten die erstaunliche Macht in unseren Händen, ein Geschenk des Glücks zu überbringen. Ein Geschenk, auf das manche Menschen fast ein Leben lang gewartet haben. Einige von ihnen stehen seit fast dreißig Jahren in der Schlange, um einen persönlichen Raum zu erhalten, und wir haben die Macht, ihre Träume zu erfüllen. Du, mein Freund, bist wie ein Zauberer mit einem Zauberstab in den Händen," flüsterte der Amtsinhaber und warf einen schnellen Blick durch den Raum, als fürchte er, jemand könnte sie hören.

„Das verstehe ich, Sir, und …"

„Shhhhh," unterbrach ihn der Amtsinhaber und legte einen Zeigefinger auf die Lippen. „Du weißt doch, dass unsere Nation und Kultur ein wenig anders ist als andere."

„Inwiefern?" fragte Raymond.

„Wir zeigen immer unsere Wertschätzung gegenüber denen, die uns helfen, und wenn du versuchst, ihnen dies zu verweigern, könntest du sie beleidigen. Wenn also einige von ihnen sich entscheiden, auf eine andere Weise als verbal Danke zu sagen, musst du sie das tun lassen."

Raymond war unsicher, wohin der Amtsinhaber genau hinauswollte, doch eine Sekunde später dämmerte es ihm. Meint er etwa, dass ich ein Bestechungsgeschenk annehmen soll? fragte sich Raymond.

„Nein, nein, nein, mein Sohn, ich sage nicht, dass du ein Bestechungsgeld annehmen musst," sagte der Amtsinhaber, als hätte er Raymonds Gedanken gelesen. „Es geht einfach darum, den Menschen die Möglichkeit zu geben, ihre Wertschätzung zu zeigen und sie von dem Gefühl der Verpflichtung zu befreien. Du weißt, dass es bei uns nicht üblich ist, ein Leben lang jemandem verpflichtet zu sein." Als er die Verwirrung und

Ratlosigkeit in Raymonds Gesicht bemerkte, fragte er: „Verstehst du mich?"

„Ja, Sir," antwortete Raymond, kaum die Lippen bewegend und ins Leere starrend.

„Gut, ich bin froh, dass wir uns verstehen, sonst wäre es wirklich schade, einen so wertvollen Mitarbeiter zu verlieren." Solomea hätte am liebsten über den Couchtisch gesprungen und den Amtsinhaber erwürgt.

„Schmieriger Bastard, hör nicht auf ihn," schrie Solomea in Raymonds Ohr. Die einzige Seele, die auf ihre Aktion reagierte, war einer der Führer der Dunkelheit, der ihr ein siegreiches Lächeln schenkte.

„Außerdem musst du nicht viel tun," fuhr der Amtsinhaber fort, „dein Stellvertreter kennt die Abläufe gut genug, lass ihn alles erledigen." Raymond starrte weiterhin ins Leere, das langsam in seinen Geist kroch und seine Seele auszuhöhlen begann. Alles, wofür er stand, zerbröckelte und hinterließ nichts als eine Einöde dessen, woran er einst geglaubt hatte.

„Übrigens," sagte der Amtsinhaber, „am letzten Wochenende jedes Monats werden wir uns treffen. Es ist eine alte Tradition. Wir gehen in eine Sauna mit einigen einflussreichen Persönlichkeiten der Stadt, mit denen du dich austauschen und sehr nützliche Kontakte knüpfen kannst. Du weißt doch, heutzutage bist du ohne Verbindungen nichts."

Dann stand er auf, streckte die Hand aus und sagte: „Wenn ich dich dort sehe, bedeutet das, dass wir uns geeinigt haben und gegenseitiges Verständnis besteht."

Raymond schüttelte seine Hand und verließ das Büro, ohne ein weiteres Wort zu sagen.

Innerer Kampf

Raymonds Welt war völlig auf den Kopf gestellt. Wie er in sein Auto stieg und zurück zu seinem Büro fuhr, konnte er sich nicht erinnern. Der warme Empfang durch seine Kollegen war ungewöhnlich. In seiner Abteilung gab es nur fünf von ihnen. Er betrat sein Büro und schloss die Tür ab. Er war kein religiöser Mensch, doch der nächste Satz, den er laut aussprach, gab Solomea Hoffnung in Bezug auf seine Entscheidungsfähigkeit:

„Ich habe gerade das Versteck des Teufels besucht."

„Ja, mein Sohn, sei standhaft, steh zu dem, woran du glaubst," sagte Solomea. Die verbleibende Stunde bis zum Feierabend verbrachte Raymond an seinem Schreibtisch und versuchte, die Wellen von Gedanken zu kontrollieren, die seinen Geist trübten. In Wirklichkeit führte er einen Kampf mit seinem eigenen Gewissen. Eine uralte Frage seit Anbeginn der Existenz, zu handeln oder nicht zu handeln, tauchte immer wieder in seinem Geist auf, ohne dass er einen festen Boden fand, auf dem er stehen konnte. In diesem aufgewühlten Geisteszustand fuhr er nach Hause, wo er Anne am Esstisch begegnete und sich ihre täglichen Vorwürfe über seine Sturheit und seine Weigerung, die finanzielle Lage ihrer Familie zu verbessern, anhören musste.

Es war genau dieser Moment, auf den Anne sich bezog, als sie ausrief: „Was habe ich getan, um das zu verdienen?" Dies gab Solomea die Gelegenheit, ihr Gedächtnis aufzufrischen und sie in der Zeit zurückzuführen, um die Antwort auf ihre richtig gestellte Frage zu finden. Die schweren Worte, die Anne aussprach – „Wen versuchst du mit deiner Ehrlichkeit zu beeindrucken?" – kippten das wackelige Gleichgewicht auf Raymonds Waage der Gerechtigkeit zwischen richtig und falsch zugunsten des Falschen. Er beschloss, Anne nichts von dem Treffen in dem schicken Regierungsgebäude zu erzählen, noch von dem Vorschlag, den er erhalten hatte. Vielleicht, weil er tief im Inneren noch hoffte, dass am Morgen alles anders sein würde und dieser Tag wie der frühe Nebel im Morgengrauen verschwinden würde. Diese Gedanken waren Solomeas letzte Hoffnung. Sie hatte noch die ganze Nacht vor sich, um Raymond zu überzeugen, rechtschaffen zu handeln. Er verließ den Esstisch, ohne ein Wort zu Anne zu sagen, und sank auf das Sofa vor dem Fernseher. Sein Schweigen überraschte Anne, denn jedes Mal, wenn sie dieses Thema ansprach, war eine heftige Gegenwehr von Raymond garantiert. Sein stilles Zurückziehen gab ihr ein wenig Hoffnung, dass er endlich erwachsen werden und sich der harten Realität stellen würde, in der sie lebten. Das Land, in dem sie geboren und aufgewachsen waren, versank allmählich in einem Sumpf aus Korruption, verursacht von seinen Einwohnern, die sich mehr um persönliche Vorteile kümmerten als um das Wohl der Gemeinschaft.

Gegen 2 Uhr morgens ging Raymond ins Bett und nach einem erschöpfenden Kampf mit seinem Kopfkissen schlief er schließlich ein. Solomea wusste, wie sehr Raymond seinen verstorbenen Vater Hector, einen Mann von Prinzipien und Ehre, respektierte. Er war ihre letzte Hoffnung. Sie wartete die ganze Nacht auf diese paar Minuten kurz vor der Ankunft der Morgendämmerung. Das war die Zeit, in der Menschen am empfindlichsten und offensten für die spirituelle Welt sind. Eine Zeit zwischen Schlaf und Wachsein. Solomea hatte einen Namen für dieses kurzlebige winzige Fenster in das menschliche Bewusstsein. Sie nannte es den „goldenen Blick".

Definitionsgemäß war es etwas Vergängliches, und sein Auftreten war nicht garantiert. Die Chance, dass Menschen sich am Morgen an irgendwelche Botschaften erinnern, war noch geringer. Zu ihrer Zufriedenheit öffnete Raymond fünfzehn Minuten früher als üblich die Augen und schlief dann wieder in einen leichten Schlaf zurück. Solomea nutzte ihr Zeitfenster und begann, Raymond Bilder seines Vaters zu senden, in der Hoffnung, seine Entscheidungen an diesem Tag zu beeinflussen. Ein paar Minuten später, während Raymond sich vor dem Spiegel rasierte, erinnerte er sich plötzlich an seinen Traum.

Er ging zurück ins Schlafzimmer und sagte zu Anne: „Ich habe mich gerade an einen Traum erinnert, den ich hatte."

„Was für ein Traum?" fragte Anne.

„Ich habe meinen Vater gesehen."

„Hat er dich gerufen?" fragte Anne, sichtlich besorgt.

„Nein."

„Hat er dich umarmt?"

„Nein."

„Oh, Gott sei Dank," seufzte Anne erleichtert.

„Warum?" fragte Raymond verwirrt.

„Du weißt doch, dass das ein schlechtes Zeichen gewesen wäre," sagte Anne.

Raymond lächelte zurück und sagte: „Du weißt doch, dass ich an so etwas nicht glaube."

„Egal, erzähl mir, was du gesehen hast."

„Ich habe ihn auf mich zukommen sehen, ganz in Weiß gekleidet. Er sah sogar viel jünger aus." Dann schwieg Raymond, um den Rest des Traums in seiner Erinnerung sich entfalten zu lassen.

„Und dann?" fragte Anne ungeduldig.

Wie jede andere Frau wusste sie, dass Träume aus einem Grund geschehen, und dass man die Botschaften, die man daraus ziehen kann, schätzen sollte. Sie konnte es kaum erwarten, den Rest der Geschichte zu hören und zu interpretieren.

„Er kam mir direkt gegenüber, legte seine Hand auf meine Schulter und sah mir direkt in die Augen ..."

„Und sagte was?" bohrte Anne nach.

„Er sagte: ‚Du weißt, was zu tun ist.'"

„Das war's?"

„Ja."

Solomea wollte vor Freude laut aufschreien. Ihre Botschaft hatte ihr Ziel erreicht, und nun lag es an Raymond, die richtige Entscheidung zu treffen und seinem Gewissen zu folgen.

„Ich weiß, was das bedeutet", sagte Anne, sehr zufrieden.

„Wirklich?" neckte Raymond.

„Ja, das bedeutet, dass sogar dein Vater von der anderen Seite versucht hat, dir dasselbe zu sagen, was ich in den letzten drei Monaten immer wieder in deinen sturen Kopf zu bekommen versucht habe."

„Was denn genau?"

„Dass du erwachsen werden und lernen musst, wie man Geld verdient und ein ordentliches Leben führt."

Raymond sagte nichts und ging zurück ins Badezimmer. Zwanzig Minuten später fuhr er zur Arbeit.

„Vielleicht hat sie recht", dachte Raymond bei sich. „Vielleicht haben sie alle recht und ich bin der Einzige, der die rosarote Brille, die ich mein ganzes Leben lang getragen habe, nicht abnehmen will. Welche Wahl habe ich? Zu Hause, bei der Arbeit – alle erwarten dasselbe von mir, und ich bin der Einzige, der sich sträubt." Im Stau sitzend, jonglierte er unaufhörlich mit Argumenten und Gegenargumenten. Instinktiv wusste er, dass es kein Zurück mehr geben würde, sobald er die Linie überschritt. Die Tür zu allem, was er im Leben geschätzt hatte – das Lernen von seinem Vater, das Lehren seines Sohnes – würde für immer verschlossen sein. Sein Name würde befleckt sein, und egal, was er tat, er würde ihn nie wieder reinwaschen können.

Nachdem er im Stau festgesteckt hatte, kam er etwas zu spät zur Arbeit, und alle anderen waren bereits dort. Als er sein Büro betrat, spürte Raymond sofort, dass jemand vor ihm dort gewesen sein musste. Doch er verdrängte den Gedanken wieder, erinnernd daran, dass seine Kollegen oft hereinkamen, um Dokumente vorbeizubringen.

Solomea folgte ihm Schritt für Schritt. Sie wusste, dass ein entscheidender Moment in Raymonds Leben auf ihn wartete und sich in den nächsten wenigen Minuten ereignen würde.

Raymond machte es sich in dem ledergepolsterten Stuhl an seinem Schreibtisch bequem, zog den ersten Stapel Unterlagen zu sich heran, las sie und griff dann nach dem Griff der mittleren Schublade seines Schreibtisches. Ohne hinzusehen wollte er nach seinem Stift greifen, doch etwas Ungewöhnliches und Unbekanntes lag im Weg. Raymond öffnete die Schublade und blickte hinein. Solomea stellte sich direkt vor ihn, um seine Reaktion auf das zu beobachten, was er dort finden würde. Raymond sah einen weißen, ungeöffneten und ziemlich dicken Umschlag. Vorsichtig hob er ihn auf und schaute hinein. Der Umschlag enthielt eine große Summe Geld. Raymond ließ den Umschlag fallen, als hätte er sich die Finger verbrannt, und knallte die Schublade zu. Das Erste, was ihm in den Sinn kam, war, seinen Stellvertreter anzurufen und zu fragen, was zum Teufel das sei und woher es kam. Doch aus irgendeinem Grund zögerte er.

„Komm schon, tu es," flüsterte Solomea unaufhörlich.

Mit jedem vergehenden Moment seines Schweigens verlor sie an Boden und Hoffnung. Die Hoffnung, dass Raymond nicht in die Falle tappen würde, in die die meisten Menschen geraten. Eine Falle, in der man Reichtum und Vergnügen, aber auch Elend finden kann. Eine Falle, in der alles in Banknoten gemessen wird und jeder auf der Erfolgsleiter nach der Anzahl der Banknoten in seinem Besitz eingeordnet wird. Raymond öffnete die Schublade erneut und nahm den Umschlag heraus. Nach einer kurzen Einschätzung handelte es sich um eine Summe Geld, die einem Jahresgehalt entsprach.

Kalter Schweiß perlte von seiner Stirn. Ein Gefühl von Atemnot veranlasste ihn, seine Krawatte zu lockern und den Kragen aufzuknöpfen. Nach einem Moment des Zögerns legte er den Umschlag zurück in die Schublade und widmete sich wieder seinen Aufgaben. Solomea, als erfahrene Führerin in solchen Angelegenheiten, erkannte, dass sie die Schlacht verloren hatte. Sie würde den Niedergang dieser armen Seele miterleben müssen. Sie sah all die Schwierigkeiten voraus, mit denen sie gemeinsam würden umgehen müssen. Sie wusste, dass sie um seine Seele kämpfen würde, bis zu seinem letzten Atemzug auf dem Weg, den er wählte. Enttäuschung überkam sie, und sie ließ einen tiefen Seufzer entweichen.

„So schade, so viel für so wenig aufzugeben", sagte sie, während sie sich in Luft auflöste.

Raymond ging wie an jedem anderen Tag seinen Geschäften nach. Am Ende des Arbeitstages wartete er, bis alle anderen das Büro verlassen hatten, damit er der Letzte sein würde, der ging. Er steckte den Umschlag in seine Hosentasche und verließ vorsichtig das Büro. Auf dem Heimweg spürte Raymond die Präsenz dieses Geldes. Es brannte wie ein Feuer auf seinem Oberschenkel und erinnerte ihn daran, dass an diesem Tag etwas Riesiges in seinem Leben geschehen war. Seltsamerweise verschwanden all die Zweifel, die er zuvor gefühlt hatte, und das Gewicht des dicken Umschlags in seiner Tasche erfüllte ihn mit einem tiefen Gefühl der Zufriedenheit. Er hatte das Gefühl, dass eine gewaltige Hürde überwunden und hinter sich gelassen worden war. Nur Solomea wusste, dass die Hürde sein Gewissen war – das nicht nur hinter ihm lag, sondern tief in Raymonds Geist vergraben wurde, nur um kurz vor seinem physischen Tod wiedererweckt zu werden.

Offenbarung

Raymond beschloss, nicht seine Schlüssel zu benutzen, um die Haustür zu öffnen, sondern klingelte stattdessen. Anne öffnete die Tür, mit dem kleinen Croton an ihrer Seite, und als sie Raymonds Gesicht sah, wusste sie, dass etwas Großes geschehen war, etwas, das sie angenehm überraschen würde. Raymond griff in seine Tasche, und eine unzählbare Menge an Banknoten erfüllte den gesamten Raum. Er warf das Geld in die Luft und sah zu, wie es wie Feuerwerk herabregnete. Anne und Croton standen mitten darin, mit offenem Mund, und beobachteten den verrückten Tanz und den langsamen Fall der bunten, knisternden Scheine auf den Boden.

Croton, erst acht Jahre alt, begann zu springen und die Scheine in der Luft zu fangen, was ihm riesigen Spaß und Freude bereitete. Raymond blickte auf den Boden, der fast vollständig mit Geldscheinen bedeckt war, und sagte: „Jetzt kannst du mir gratulieren, Anne. Dein Ehemann ist ein Bestechungsempfänger geworden."

„Sie spürte gleichzeitig Glück und Traurigkeit in seiner Stimme. Sie ging über den Boden, bedeckt mit Geldscheinen, auf Raymond zu und umarmte ihn. Sie wusste, welches Hindernis er überwinden musste, um dies zu tun, und sie selbst war diejenige gewesen, die ihn gedrängt hatte, über seine Überzeugungen hinwegzutreten. In diesem Moment tat er ihr leid, und sie fühlte sich schuldig für das, was sie getan hatte." Doch der traurigste Teil dieser Szene war Solomea. Ihr Herz blutete, als sie die Zukunft dieser nun glücklichen Familie vorausahnte, wissend, dass nichts umsonst kommt und dass wir für alles irgendwann einen Preis zahlen müssen. Das Glück tritt in unser Leben in Form von Geld und verlässt es in Form von Emotionen, wobei es die heiligsten und instabilsten Dinge mit sich nimmt, die wir je besitzen können: Liebe und Glück. Doch im Moment waren sie alle glücklich. Raymond, weil er in sich selbst den Willen gefunden hatte, das zu tun, was jeder von ihm erwartete. Anne, weil von nun an kein Geldmangel mehr herrschen würde. Croton war glücklich, einfach weil alle anderen glücklich waren. Solomea blickte auf den Boden und lächelte, bevor sie sich von ihnen entfernte, traurig: *Wie trügerisch sind Momente des Glücks, wenn das Ergebnis noch unbekannt ist.*

Nach dem Abendessen erzählte Raymond alles, was er in den letzten zwei Tagen verborgen gehalten hatte. Er hielt nichts zurück. Alles über den Amtsinhaber und seine Vereinbarung. Über das Zulassen, dass Menschen ihre Dankbarkeit ausdrücken. Über seinen Stellvertreter und den Umschlag in der Schublade. Was Raymond nicht wusste, war, dass dies seine letzte Chance war, Anne vollkommen und völlig ehrlich gegenüberzutreten, doch der Schleier des Geheimnisses hing bereits über seinem Leben, und er war zu naiv, um ihn zu erkennen. Anne hörte ihm aufmerksam zu, billigte jedes Wort über den Amtsinhaber und bewunderte Raymonds Handeln und seine Logik.

Bis zum Ende des Monats hatten vier weitere dicke Umschläge ihr Zuhause besucht. Raymond warnte Anne, keines der Geldscheine anzufassen, da er noch den Amtsinhaber bezüglich ihrer Verteilung sehen musste. Anne bewahrte sie vorsichtig in einem Schrank auf, wo sie einen sicheren Versteckplatz eingerichtet hatte. So viel Geld hatte sie in ihrem ganzen Leben noch nie gesehen. Von Zeit zu Zeit holte sie alles hervor, um zu zählen, doch niemals ohne vorher die Vorhänge zu schließen und die Türen abzuschließen. Manchmal legte sie einfach nur ihre Hände darauf. Allein die Berührung erfüllte ihren ganzen Körper mit einem zuvor unbekannten Gefühl. Alle ihre Sinne wurden bis zum Äußersten geschärft, ausgelöst von einem seltsamen Energiefluss, der vom Geld zu ihr strömte. An einem Samstagmorgen bat Raymond Anne, alle Umschläge herauszubringen, und nachdem sie sie in einem Koffer platziert hatte, verließ er das Haus.

Raymond sollte den Amtsinhaber am Stadtrand treffen. Das Gebäude selbst war Raymond recht vertraut, doch weder er noch sonst jemand in der Stadt hatte eine Ahnung, welchem

Zweck es diente. Die Sicherheitskräfte wurden im Voraus über Raymonds Ankunft informiert, und er durfte ohne Probleme eintreten. Solomea war seit seinem Verlassen des Hauses bei ihm. Obwohl sie wusste, dass das Treffen in einer Sauna stattfinden sollte, beschloss sie zu bleiben, trotz der Vielzahl nackter Männer, die sie erwarteten. Sie hoffte, dass das Geschäft abgeschlossen sein würde, bevor sie selbst in die Sauna gingen, und ihre Erwartungen wurden nicht enttäuscht.

In dem Moment, als Raymond eintrat, wurde er höflich gebeten, einen Raum zu betreten, in dem der Amtsinhaber bereits auf ihn wartete. Nach einer herzlichen Begrüßung sagte dieser: „Ich freue mich, dich zu sehen, Sohn, und ich sehe, dass du nicht allein gekommen bist," und bezog sich dabei auf den Koffer.

„Ja, sie sind alle hier," bestätigte Raymond.

„Gut, nun werde ich dir sagen, wie dieses Geld verteilt werden soll. Du musst dir die Anweisungen, die ich dir gebe, einprägen, sie immer befolgen und niemandem erzählen, nicht einmal deiner Frau. Verstehst du mich?" fragte der Amtsinhaber und hob leicht die Stimme.

„Ja, Sir."

„Weißt du warum?"

„Zu ihrer eigenen Sicherheit?"

„Nein. Heute ist sie deine Frau, aber morgen weiß nur Gott, was geschehen kann. Vertraue mir da. Ich habe gesehen, wie die treuesten und ergebensten Ehefrauen zu den hinterhältigsten und boshaftesten Kreaturen wurden. Geld hat die Tendenz, Menschen zu verändern – und nicht zum Guten."

„Da kann ich Ihnen nur zustimmen," sagte Solomea und blickte den Amtsinhaber mit einem eingefrorenen Ausdruck des Ekels an. Sofort sah sie vor ihrem inneren Auge einen großen Keil, der durch dieses Schweigegebot zwischen Raymond und Annes Beziehung getrieben werden würde. Sie wusste, dass das Überleben der Liebe von Vertrauen und vollständiger Ehrlichkeit abhängt. Geheimniskrämerei bietet fruchtbaren Boden für Misstrauenssporen und Feinde jeder Beziehung.

„Nun hör zu, wie dieses Geld verteilt werden soll," sagte der Amtsinhaber und deutete auf die Aktentasche. „Du wirst mir 60 Prozent geben, und von den verbleibenden 40 Prozent wirst du die Hälfte deinem Stellvertreter geben. Von seinen 20 Prozent behält er die Hälfte und teilt die andere Hälfte gleichmäßig unter deinen Mitarbeitern auf. Mit anderen Worten: Du behältst 20 Prozent, dein Stellvertreter bekommt 10 Prozent und die anderen vier erhalten jeweils 2,5 Prozent."

„Ich verstehe," sagte Raymond.

„Zur Information: Meine 60 Prozent werden ebenfalls verteilt, aber zu deiner eigenen Sicherheit ist es besser, wenn du diese Details nicht kennst. Du sollst nur wissen, dass es uns und unser kleines Unternehmen schützt," erklärte der Amtsinhaber.

„Darf ich Ihnen eine Frage stellen?"

„Natürlich, Sohn, nur zu."

„Was ist mit meinem Vorgänger geschehen?"

„Ich werde es dir in einem Satz sagen, und wir werden nie wieder darüber sprechen," sagte der Amtsinhaber ernst. „Gier."

„Ich verstehe," sagte Raymond.

Er trennte dann schnell 60 Prozent des Geldes ab und übergab es dem Amtsinhaber. Extreme Zufriedenheit und große Freude leuchteten auf dem Gesicht des Amtsinhabers, als er es entgegennahm. Er leckte sogar kurz seine winzigen Lippen, um seinen Grad an Entzücken zu zeigen.

Solomea wollte diese Szene zusammen mit der Enttäuschung, in der sie ertrank, verlassen, entschied sich jedoch nach kurzem Überlegen zu bleiben. *Wer weiß, vielleicht lerne ich heute etwas Neues.*

Der Bürovorsteher führte Raymond in einen Umkleideraum, in dem sie sich auszogen und sich mit weichen, weißen Bademänteln bedeckten.

„Jetzt lassen wir etwas Dampf ab," sagte der Bürovorsteher und ging zur Tür, die Raymond vermutete, dass sie in die Sauna führte.

„Willkommen im Paradies," verkündete der Bürovorsteher und öffnete mit einem kräftigen Stoß die Türen zum „Himmel". Der Bürovorsteher betrat den Raum zuerst, um Raymonds

Gesichtsausdruck zu beobachten, und wurde nicht enttäuscht. In dem Moment, als Raymond eintrat, sackte sein Kiefer unwillkürlich der Schwerkraft nach, so sehr, dass der Bürovorsteher ihn zurück in Position schieben musste und sagte: „Nicht so offensichtlich, tu so, als gehörst du hierher."

Allein anhand des Gebäudeteils, der zur Straße hin zeigte, hätte niemand seine tatsächliche Größe abschätzen können. Es war geschickt zwischen benachbarten Geschäftsgebäuden in einem Industriegebiet verborgen. Das Bild, das sich plötzlich vor Raymond auftat, versetzte ihn in einen Zustand momentanen Schocks. Raymond hatte das Gefühl, in eine andere Dimension, eine andere Zeit, eine völlig unbekannte Realität getreten zu sein. Das Einzige, was ihm annähernd vertraut war, hatte er in amerikanischen Filmen gesehen. Er hatte die mutigen Schmuggler von Videokassetten ins Land erlebt, trotz der Gefahr, wegen antikommunistischer Propaganda gefasst und verhaftet zu werden. Das Erste, was Raymonds Aufmerksamkeit auf sich zog, waren die hohen Decken, geschmückt mit wunderschönen Kristallleuchtern. Die Vielzahl von Vorhängen und Teppichen auf dem Boden war überwältigend. Reproduktionen klassischer Möbel vermischten sich mit orientalischen Sofas, strategisch platziert für maximalen Komfort und vollständige Entspannung der Gäste. Am gegenüberliegenden Ende des Saals bemerkte Raymond ein kristallklares Schwimmbecken, umgeben von gläsernen Duschkabinen, die in die Wände eingelassen waren. Die Kaffeetische vor den Gästen waren mit Speisen und Alkohol reichlich bestückt.

Raymond folgte dem Bürovorsteher zu einer im Voraus für sie vorbereiteten gemütlichen Ecke. Sie ließen sich auf die weichsten und bequemsten Sofas fallen. Eine Minute später begannen wunderschöne junge Damen in aufreizender Kleidung, ihren Tisch mit einer Vielzahl von Speisen und Getränken zu schmücken. Die Hälfte des Inhalts des Tisches war Raymond zwar bekannt, doch er hatte es nie zuvor gesehen. Die Vorfreude darauf, Früchte zu kosten, die den meisten verboten waren, ließ ihm das Wasser im Mund zusammenlaufen. Eine halbe Stunde später hatte sich Raymond an den Prunk seiner Umgebung gewöhnt und begann, die anderen Gäste zu beobachten. Einige von ihnen waren ihm durch die beiden verfügbaren Fernsehsender bekannt. Am Nebentisch bemerkte er den Obersten Richter, den Staatsanwalt und mehrere andere VIPs. Als der Bürovorsteher Raymonds Interesse bemerkte, kommentierte er: „Ist es nicht schön, unter den Auserwählten zu sein?"

„Ja, das ist es," antwortete Raymond und fügte hinzu: „Ich glaube, ich könnte mich daran gewöhnen."

„Nicht so schnell," lachte der Bürovorsteher.

Der Schock, den Solomea beim Anblick all dessen empfand, war nicht geringer als der von Raymond. Sie erinnerte sich an die Worte ihres Mentors, als sie ihre erste Aufgabe als Führerin übernehmen sollte ... „Alles, was du tun musst, ist, die sichere Reise der Seele, die du führst, zu gewährleisten. Mische dich nicht ein, und nimm vor allem keine Seite in irgendwelchen egoistischen Spielen auf der Erde ein. Das alles ist Unsinn. Der Rest der Welt darf für dich nicht existieren, nur die Seele, die du führst." Doch heute erkannte Solomea, dass sie kurz davor war, in etwas völlig Unbekanntes einzutreten. Die Präsenz so vieler Führer der Dunkelheit an diesem Ort war überwältigend. Ein Teil von ihr wollte umkehren und gehen, doch der andere, winzige und hartnäckige Teil wollte bleiben und für denjenigen kämpfen, für den sie Stellung bezogen hatte. Was sie erfreute, war, dass sie nicht allein war. Hier und da bemerkte sie die verzweifelten Gesichter anderer Führer wie sie selbst, jener, die die Wahl getroffen hatten zu bleiben, und sich dadurch selbst dazu verurteilt hatten, Zeugen der allmählichen Degradierung ihrer armen auserwählten Seelen zu werden.

Während der Bürovorsteher Raymond die Regeln und Vorschriften des Lebens hinter dem Vorhang erklärte, begann die rosa Wolke, die Raymonds Geist und Sicht bedeckte, zu verschwinden. Er erkannte, dass er einer gut geölten, gigantischen Maschine der Korruption gegenüberstand, in der jedes Teil das andere kannte. Nicht nur kannte, sondern auch voneinander abhängig war. Diejenigen, die gegen dieses

Monstrum kämpfen sollten, waren tatsächlich seine Erfinder. Und er selbst war gerade zu einem kleinen, leicht ersetzbaren Teil davon geworden, und ihm wurde klar, dass es nun keinen Weg zurück mehr gab. Er hatte seine Entscheidung getroffen und musste mit den Konsequenzen leben. Raymond warf einen schnellen Blick um sich und sagte: „Schließlich füge ich keinem Schaden zu und wahrscheinlich habe ich das verdient. Warum nicht?" In genau diesem Moment trat Raymond auf den Pfad, so alt wie die Existenz selbst. Den Pfad des Abwägens und Rechtfertigens seiner unrechtmäßigen Taten. Den Pfad, der uns dazu führt, zuvor unbekannte und gut versteckte dunkle Seiten in uns selbst zu entdecken. Seiten, die von der Zeit unserer Geburt bis zu dem Tag, an dem wir sterben, von anderen unterdrückt werden, und mit zunehmendem Alter von uns selbst, in der Hoffnung, ihre Enthüllung zu verhindern.

Etwa eine Minute später näherten sich zwei Männer ihrem Tisch. Der Bürovorsteher stellte sie Raymond als einen hochrangigen Polizeibeamten und einen der örtlichen Richter vor. Nach ausgiebigem Essen und Trinken sagte der Bürovorsteher: „Jetzt werden wir mal richtig Spaß haben." Er rief eine Kellnerin herbei und flüsterte ihr etwas ins Ohr. Fünf Minuten später erschienen vier wunderschöne junge Mädchen in ihren Badeanzügen vor ihnen.

Solomea, die eine ruhige Ecke gefunden hatte, von der aus sie alles aus der Entfernung beobachten konnte, hielt es nicht länger aus. Sie bewegte sich so nah an Raymond heran, direkt in seine Komfortzone, dass er erhebliches Unbehagen verspürte. Sie begann, intensiv Bilder von Anne und Croton in seinen Geist zu senden.

Plötzlich sprang Raymond von dem Sofa auf, auf dem er gesessen hatte, und entschuldigte sich, dass er eine vorherige Verabredung habe. Als er das Gebäude verließ, wurde ihm klar, dass die Welt nicht mehr dieselbe war, und ebenso wenig sein Platz darin. Er stellte sich vor, auf der Spitze einer Pyramide zu sitzen, während der Rest der Menschen unten krabbelte. „Ich habe es geschafft!" rief Raymond aus und fuhr nach Hause.

Auf dem Heimweg entging Raymond auf wundersame Weise einem schweren Unfall. Sein Geist war vollständig damit beschäftigt, was er Anne sagen würde und was er verschweigen müsste. Nach sorgfältiger Reflexion der jüngsten Ereignisse gab es nicht viel, das er mit ihr teilen konnte oder wollte. Er musste sie belügen, ohne zu erkennen, dass die feinen Risse, die diese Lügen in ihrer Ehe heute verursachten, sie in den kommenden Jahren auseinanderreißen würden, sodass sie erschüttert zurückbleiben und sich fragen würden, wie sie an einen solchen Tiefpunkt geraten waren.

Auf der anderen Seite der Stadt wartete Anne ungeduldig auf Raymonds Rückkehr. Endlich hatte sie bekommen, was sie sich schon immer gewünscht hatte. Ihn zu verändern. Ihm zu helfen, sich von der idealistischen Welt zu lösen, in der er lebte, wo alles perfekt und gerecht war. Ihn Dornen riechen zu lassen und seine Überzeugungen für seine Familie zu opfern. Als Raymond ankam und nur eine kurze Geschichte über das Treffen mit dem Amtsinhaber erzählte, wurde ihr klar, dass die meisten Ereignisse verborgen geblieben waren, doch irgendwie machte ihr das nichts aus. „Wenn dies der Preis ist, den ich für meine finanzielle Freiheit zahlen muss, warum nicht? Lass ihn seine kleinen Geheimnisse haben," tröstete sich Anne.

Im Laufe der folgenden Jahre strömten die Umschläge weiterhin still und unaufhörlich herein. Raymond brachte nur seinen Anteil des Geldes nach Hause und ließ den Rest in einem Tresor bei der Arbeit, um unter den anderen Teilnehmern der Vereinbarung verteilt zu werden. Zwei Jahre später zogen sie in eine neue und wesentlich größere Wohnung in der besten Gegend der Stadt. Die Menge der Umschläge wuchs stetig weiter. Geldmangel war für Anne kein Thema mehr. Das Problem war vielmehr, wo sie es aufbewahren sollte. Sie konnte es nicht auf der Bank einzahlen, das hätte unerwünschte Fragen nach der Herkunft aufgeworfen. Deshalb wurde der Umtausch in Edelsteine und Schmuckstücke zu der vernünftigsten Entscheidung in dieser Zeit. Bald waren alle Verstecke im Haus erschöpft, und der Wunsch, dass dieser ständige Zustrom von Umschlägen gelegentlich nachlassen möge, fand ab und zu Platz in ihrem Geist. Doch das hartnäckige Rad der gut geölten Maschine der Korruption drehte sich weiter und lieferte ihr immer mehr. Schließlich fand sie eine Lösung für das Problem. Sie begann, Geld an diejenigen zu verleihen, die es am dringendsten benötigten. Zunächst an enge Verwandte, dann an Freunde und schließlich an Freunde von Freunden. Das Kreditsystem, das in der restlichen Welt so gut geübt war, hatte in ihrem Land noch keinen Einzug gehalten, und so halfen sie sich gegenseitig, um über Wasser zu bleiben. Anders als üblich verlangte sie jedoch keinen Zins, unabhängig von der geliehenen Summe oder der Dauer des Darlehens. Sie erwartete nicht wirklich, das Geld zurückzubekommen, und genoss das Gefühl, dass sie dadurch für andere wichtig war. Tief im Inneren wusste sie, dass eines Tages all dies ein Ende haben würde oder noch schlimmer. Sie pflegte zu sagen: „Wenn wir auch nur die Hälfte des verliehenen Geldes zurückbekommen, müssen wir uns für den Rest unseres Lebens keine Sorgen mehr machen." Raymond machte sich keine Sorgen um Annes wohltätige Aktivitäten, da sie ihnen enormen Respekt unter Verwandten, Freunden und in der Gemeinschaft einbrachten. Alle waren sich sicher, dass Annes gutes Herz sie niemals leer ausgehen lassen würde.

All die Jahre kümmerte sich Solomea hingebungsvoll um Raymond und Anne, half und schützte sie mit allen möglichen Mitteln. Sie wurde gute Freundin von Rose, die Croton ständig folgte und ein wachsames Auge auf ihn hatte. Von Zeit zu Zeit musste sie ihren Platz aufgeben und zurücktreten, damit Exekutoren eingreifen und kleinere Probleme in Raymonds Leben verursachen konnten. Mit großer Furcht im Herzen erwartete sie das Erscheinen der Führer der Dunkelheit, doch bisher war keiner eingetroffen. Diese Tatsache verwunderte sie und weckte Zweifel am universellen Gerechtigkeitssystem. Solomea wusste, dass Raymonds Unternehmen eines Tages ein Ende finden würde und dass es kein schönes Ende sein würde.

Rückkehr

Während Henry und Rose die Gegenwart des anderen in ihrer eigenen Realität genossen, stand Crotons Leben vor einer entscheidenden Wendung. Er war kurz davor, die wichtigste Linie seines Lebens zu überschreiten. Eine unsichtbare Linie, jenseits derer er zum Erwachsenen werden würde. Dieser Punkt hatte niemals etwas mit Alter zu tun. Es ging um den Moment, in dem wir unsere eigenen bewussten Entscheidungen treffen müssen und dadurch unseren Lebensweg wählen. Es ist die Zeit, in der wir die erste Gabelung in unserem Lebensbaum erreichen.

Für Croton geschah dies in derselben Nacht, in der Raymond nach einem heftigen Streit mit Anne aus dem Haus stürmte. Dieselbe Nacht, in der Annes Lieblingsgeschirr gegen die Haustür endete. Gegen 23 Uhr erinnerte das Haustelefon Anne an seine Präsenz, und sie lief sofort, um den Hörer abzunehmen. Der letzte Streit mit Raymond war richtig hässlich geworden, und Anne hatte das Gefühl, dass er vielleicht nicht zurückkehren würde. Außerdem verstand sie dank Solomea endlich ihren eigenen Anteil am Zustand des Unglücks ihrer Familie. Sie wollte Raymond sehen, um sich zu erklären und ihn um Verzeihung für das zu bitten, was sie getan hatte. Anne hoffte, seine Stimme zu hören und ihn zu bitten, nach Hause zurückzukehren. Sie war bereit, ihm jede Affäre, die er gehabt haben könnte, zu verzeihen, die Vergangenheit zu vergessen und die Quelle ihrer Liebe wiederzufinden. Sie wollte ihn bitten, seinen Job aufzugeben, der ihnen so viel Schmerz und falsches Glück gebracht hatte. Sie hatte alles, sogar mehr als sie sich gewünscht hatte, bis auf zwei Dinge: Frieden und Balance. Sie erinnerte sich an eine Person, die den Gipfel erreichen wollte, ihn als ultimatives Ziel ihres Lebens sah und bei dessen Eroberung nur Einsamkeit fand. So gab ihr das klingelnde Telefon Hoffnung, ihre geliebte Person am anderen Ende der Leitung zu hören. Doch stattdessen war es die Stimme eines ihr unbekannten Mannes, und er fragte nach

Croton. Anne rief Croton, blieb im Raum, um sicherzustellen, dass alles in Ordnung war. Nach einem kurzen Gespräch sagte Croton, dass er gehen müsse. Auf Annes Frage: „Ist etwas mit deinem Vater?" antwortete er: „Einer meiner Schulfreunde hatte einen Unfall," und verließ sofort das Haus.

Mit sechzehn Jahren besaß Croton bereits sein eigenes Auto, was für Schüler in ihrer Gesellschaft ziemlich ungewöhnlich war. Es war nach einem Haus das zweitgrößte Besitztum, das Bürger besitzen konnten. Für die meisten von ihnen würde es ein Leben lang dauern, genug Geld anzusammeln, um ein Auto zu kaufen, und nur etwa zehn Prozent der gesamten Bevölkerung konnten sich eines leisten. Von Natur aus war Croton sehr bescheiden und vermied es, das Auto ohne absolute Notwendigkeit zu fahren. Alle Privilegien, die ihm dank seines Vaters zuteilwurden, betrachtete er als Lasten, die ihn unwohl und unzufrieden machten. Erstens, weil nichts von dem, was er besaß, von ihm selbst verdient war, und zweitens, weil er nicht billigte, wie Raymond Geld verdiente, und auch den Lebensstil der Familie insgesamt missbilligte. Mit nur sechzehn Jahren zeigte Croton die Reife eines Erwachsenen – nicht nur eines Erwachsenen, sondern eines Menschen mit langjähriger Lebenserfahrung. Während des Telefonats mit einem Verkehrspolizisten ruhig zu bleiben, fiel ihm leicht. Die Nachricht von dem Unfall, in den sein Vater gerade verwickelt war, erschütterte seine innere Welt, aber nicht seine ruhige äußere Erscheinung. Anne hatte keinen Zweifel daran, dass es Crotons Freund war, der in Schwierigkeiten geraten war. Diese direkte und ungewöhnliche Lüge gegenüber seiner Mutter war das Ergebnis der Aufforderung der Beamten, sie nicht über den Unfall zu informieren. Um 23:30 Uhr machte sich Croton auf den Weg, um seinen Vater zu sehen und hoffentlich zu helfen.

Er konnte am Telefon nicht nach dem Ausmaß des Unfalls fragen, doch allein am Klang der Stimme des Beamten erkannte er, dass es nicht geringfügig war. Unsere Sorgen und Belastungen erzeugen sofort Wellen des Bewusstseins, die sich durch das gesamte Universum bewegen und unsere Führer erreichen, unabhängig von ihrem Standort oder dem Zustand ihres Geistes. In diesem Moment blickte Rose Henry mit Augen voller Liebe und Bedauern an.

„Was?" fragte Henry. „Ist etwas passiert?"

„Du hattest recht mit dem kurzlebigen Glück. Ganz gleich, ob wir in physischer oder spiritueller Realität sind, es hält nie lange an," sagte Rose.

„Ich weiß, deshalb ist es so kostbar und weit davon entfernt, alltäglich zu werden," antwortete Henry. Nach einigen Momenten des Schweigens fragte Henry erneut: „Ist etwas mit Croton passiert?"

„Du musst dir keine Sorgen machen, mein Liebster, ich bin gleich wieder zurück," sagte Rose.

„Nein, ich komme mit dir," bestand Henry, „schließlich ist es auch meine Pflicht, und außerdem denke ich, es ist an der Zeit, dass ich Croton treffe."

„Ich bin so froh, dass du das sagst," sagte Rose und belohnte ihn mit einem langen Kuss. Auf einer tiefen, unterbewussten Ebene suchte Henry nach jedem Vorwand, diesen Moment hinauszuzögern. Er fürchtete, das Bild des Croton, das er einst gekannt hatte, das Bild seines Mentors, zu zerstören.

Croton raste durch die Straßen der Stadt, ohne zu wissen, was ihn erwartete. Die Frage, ob er am Leben war, hämmerte unaufhörlich in seinem Geist. Schon seit einiger Zeit hatte Croton aufgrund der beschuldigenden Streitigkeiten und Auseinandersetzungen zwischen seinen Eltern kein gutes Verhältnis mehr zu seinem Vater. Er nahm immer die Seite seiner Mutter ein. Der Mann, der sein ganzes Leben lang sein Bezugspunkt, das Objekt seiner Liebe und Bewunderung gewesen war, verschwand in den Tiefen seines Urteils. Raymond war der erste Erwachsene, zu dem Croton eine enge Beziehung hatte, bis der unvermeidliche Prozess der Bewertung begann. Jede Handlung und jedes Wort von Raymond wurde zum Gegenstand von Crotons scharfer Verurteilung und Missbilligung. Doch jetzt, während er eilte, um seinem Vater zu helfen, waren all die unvergesslichen Momente des Glücks, die er in seiner Kindheit mit ihm geteilt hatte, das Einzige, woran Croton sich erinnern konnte. Szenen, tief in seiner Vergangenheit vergraben, tauchten in seinem Geist auf und überwältigten sein Herz. Croton spürte die kraftvolle Liebe, mit der Raymond ihn einst überschüttet hatte. Der Richter, der einen Platz in seinem Geist gefunden hatte, gab seinen Platz auf zugunsten von tiefem Bedauern und enormer Schuld. Crotons Herz wurde von einer unsichtbaren Hand zusammengedrückt und brannte in seiner Brust vor Scham, weil er demjenigen, der ihm Leben und einen komfortablen Lebensstil geschenkt hatte, gegenüber ungerecht gewesen war, und vor allem, weil er dessen bedingungslose Liebe geleugnet hatte. Die bedingungslose Liebe, die nur Eltern gegenüber ihren Kindern empfinden können, nicht umgekehrt. Bedingungslose Liebe, die durch ein Wunder von dem ersten Blick auf ihr Kind an einen festen Platz im Herzen jedes Elternteils gelangt und dort bis zum Ende ihres Lebens verweilt. Bedingungslose Liebe, die unsere Existenz auf diesem Planeten garantiert. Während Henry und Rose bereits am Unfallort waren, bemerkte Henry eine große und ungewöhnlich gekleidete Frau. Obwohl sie über Raymond gebeugt war, der auf einer Trage lag, spiegelte ihre Haltung Eleganz und Anmut wider. Ein langes weißes Gewand bedeckte ihren ganzen Körper, an den Rändern mit einer goldenen Borte verziert. Ein kunstvoller goldener Kamm mit feinsten Details hielt ihr dick geflochtenes Haar zusammen, das bis zu ihrer schlanken, mit einem goldenen Seil umrandeten Taille reichte.

„Wer ist sie?" fragte Henry.

„Sie ist Raymonds Geistführerin, Solomea," sagte Rose, „und da wir viel Zeit miteinander verbringen werden, lass mich dich vorstellen."

„Geht es ihm gut?" fragte Rose und blickte auf Raymond, der regungslos dalag.

„Oh, ihm geht es gut. Nicht mal ein Kratzer. Er schläft nur," erklärte Solomea. Als sie Henry bemerkte, sagte sie: „Lass mich raten, das muss dein Seelenverwandter sein?"

„Hi," sagte Henry und trat vor, um das in eine Straßenlaterne geprallte Auto zu betrachten. „Warum konntest du das nicht verhindern?"

„Es ist sehr schwer, einen betrunkenen Menschen dazu zu bewegen, vorsichtig zu fahren, und das ist das Ergebnis des Überfahrens einer roten Ampel," erklärte Solomea. „Du solltest mir dankbar sein, dass er lebt und halbwegs unversehrt ist. Jeder andere Führer hätte ihn längst aufgegeben."

„Ich wusste nicht, dass wir aufgeben können!" sagte Henry überrascht. „Oh doch, das können wir. Sobald einer von ihnen eintritt, bist du von allen Verpflichtungen befreit," sagte sie und deutete auf den Geist, der um das zertrümmerte Auto schwebte.

„Wer ist er?" fragte Henry mit echtem Interesse.

„Ich nenne sie Führer der Dunkelheit. Er war es, der Raymond dazu antrieb, schneller zu fahren." Solomea blickte den ganz in Schwarz gekleideten Geist an und rief in die Dunkelheit: „Ich werde bis zum Ende gegen dich kämpfen."

Die in Schwarz gekleidete Seele reagierte nicht auf Solomeas wütende Worte und beobachtete weiterhin die Unfallstelle.

Solomea wandte sich dem schlafenden Raymond zu und sagte liebevoll: „Er kann dein gutes Herz nicht sehen." Sie legte ihre Handfläche auf Raymonds Brust und sagte: „Er ist nicht tot, er hat sich nur verirrt."

Bei diesem letzten Satz spürte Henry eine sanfte Welle der Liebe, die Raymonds Körper umhüllte und durch alle strömte, die dieses Ereignis miterlebten. Als er Solomeas trauriges Gesicht betrachtete, dachte Henry bei sich: „Das muss elterliche Liebe sein. Ganz gleich, wie sehr ihr Kind Mist gebaut hat, sie findet immer noch die Kraft in ihrer Seele zu vergeben, auf das Beste zu hoffen und weiter zu lieben, egal was passiert." Er wandte sich Rose zu und fragte: „Warum fühle ich nicht dasselbe für Croton?"

„Keine Sorge, das tue ich," sagte Rose und blickte ihn mit liebevollen Augen an. „Du musst nur etwas Zeit mit ihm verbringen, um ihn ganz neu zu entdecken. Ich verspreche dir, du wirst nicht enttäuscht sein, er ist immer noch derselbe Croton."

„Du sagtest, Zeit verbringen?"

„Ja, erst wenn ich wieder auf der Erde bin, merke ich, wie wenig Menschen in der ihnen gegebenen Zeit tun können und wie leichtfertig sie damit umgehen."

Ein herannahendes Auto zog die Aufmerksamkeit aller auf sich. Es war Croton. Der Polizist, der ihn angerufen hatte, eilte herbei. Die erste Frage, die der besorgte Sohn äußerte, lautete: „Geht es ihm gut?"

„Er ist in Ordnung," antwortete der Polizist, „der Arzt hat einen kurzen Test gemacht, und abgesehen davon, dass er stark betrunken ist, geht es ihm gut."

„Wo ist er?" fragte Croton, während er das zerstörte Auto betrachtete. Der Polizist deutete auf den Ort, an dem alle versammelt waren. Die Geister teilten sich, um einen Durchgang zu seinem Vater zu schaffen. Gleichzeitig sprang der Arzt aus dem hinteren Teil des Krankenwagens und ging auf die unsichtbare Menschenmenge zu. Croton kniete sich neben Raymond und fragte: „Ist er bewusstlos?"

„Nein," sagte der Arzt, „ich habe ihm ein Beruhigungsmittel gespritzt, um ihn zu beruhigen. Er schläft nur."

„Sie sagen also, dass es ihm gut geht und dass ich ihn nach Hause bringen kann?"

„Ja, das kannst du, aber …" sagte der Arzt und stockte für einen Moment.

„Aber was?"

„Es gibt eine Komplikation in dieser Situation." Der Arzt senkte vorsichtig seine Stimme und sah sich um.

„Welche Komplikation? Ich dachte, Sie hätten gesagt, dass mein Vater in Ordnung ist?"

„Die Komplikation liegt im Krankenwagen," sagte der Arzt und deutete mit den Augen.

„Sie meinen, er war nicht allein?"

„Ja," antwortete der Arzt und hob die Augenbrauen.

„Wer war bei ihm?"

„Ich glaube, du solltest es dir besser selbst ansehen." Vertreter beider Welten, physisch und spirituell, bewegten sich auf den Krankenwagen zu. Henry blickte zu Solomea und fragte: „War noch jemand im Auto?"

„Das spielt keine Rolle," antwortete Solomea und beschleunigte ihr Tempo.

Henry blickte Rose völlig verwirrt an. Rose deutete an, dass sie sich der Situation völlig unbewusst war.

Der Arzt öffnete die hintere Tür des Krankenwagens, und Croton sah ein junges Mädchen auf einer Trage liegen. Ein Teil ihres Kopfes war bandagiert, der Rest offenbarte ein blondes Mädchen in den Zwanzigern mit einem durchaus hübschen Gesicht.

„Wer ist sie? Ich habe sie noch nie zuvor gesehen!"

Der Arzt sah Croton direkt in die Augen und sagte: „Sie ist eine Prostituierte, und sie war bei dem Unfall neben ihm."

„Oh nein," sagte Croton völlig ungläubig. Der erste Gedanke, der ihm durch den Kopf schoss, war: „Was soll ich Mum sagen?" Ohne ein festes Alibi, auf das er sich stützen konnte, richtete Croton seine Aufmerksamkeit auf das Mädchen im Krankenwagen.

„Warum ist sie noch hier und nicht im Krankenhaus?" fragte Croton.

Der Verkehrspolizist legte sanft seine Hand auf Crotons Ellbogen und zog ihn behutsam zur Seite. „Siehst du, Sohn, dein Vater ist ein bekannter und hoch angesehener Mann in unserer Stadt. Jeder kennt ihn als freundlichen und großzügigen Menschen, also hat er mir und dem Arzt, bevor er eingeschlafen ist, großzügig Belohnungen gegeben, damit wir das, was gerade passiert ist, übersehen."

„Ich verstehe," sagte Croton, „also wo liegt das Problem?"

„Das Mädchen könnte im Krankenhaus einige Probleme verursachen," erklärte der Polizist.

„Welche Art von Problemen?" fragte der naive Croton.

Der Verkehrspolizist senkte seine Stimme fast bis zum Flüstern: „Wenn sie den Mund aufmacht und sagt, dass sie in einen Autounfall verwickelt war, müssen die Ärzte im Krankenhaus die Polizei rufen."

„Verstehe," sagte Croton. Er ging zurück zum Krankenwagen und fragte den Arzt: „Können Sie sie aufwecken?"

Der Arzt stupste grob das Bein des Mädchens an, und sie öffnete die Augen. Croton zog vorsichtig die Decke, die sie bedeckte, zur Seite, sodass ihr Arm frei lag, griff in seine Tasche und legte ihr eine große Summe Geld in die Hand, während er sagte: „Lass diesen Handel hinter dir und fang auf einem leeren Blatt an."

Sie zwinkerte ihm zustimmend zu und drückte den Geldscheinberg in ihrer winzigen, knochigen Hand zusammen.

„Die Krankenschwester im Krankenwagen fragte Croton besorgt: ‚Wie schwer sind ihre Verletzungen?'"

Die Krankenschwester, eine Frau in den Vierzigern, sah Croton mit Dankbarkeit und Bewunderung für seine freundliche Geste an und sagte: „Ihr wird es gut gehen, Sohn. Obwohl die hässliche Schnittwunde im Gesicht eine Narbe hinterlassen wird, sind die anderen nur kleine Prellungen und Kratzer. Mach dir keine Sorgen um sie. Kümmere dich lieber um deinen Vater. Ich muss dir sagen, er ist unter einem glücklichen Stern geboren. So ein schrecklicher Unfall und nicht mal ein Kratzer."

Croton ignorierte die letzte Bemerkung der Krankenschwester, sagte: „Bitte kümmert euch gut um sie," und zog die Decke wieder hoch, um ihr freiliegendes, blutbeflecktes T-Shirt zu bedecken.

„Das werde ich," stimmte die Krankenschwester zu, und als Croton ging, um nach seinem Vater zu sehen, sagte sie: „Gott segne dich, Sohn."

Henry nahm Roses Hand in seine und küsste sie. „Du hast einen guten Jungen großgezogen."

Rose lächelte zurück. Henrys Anerkennung ihrer Arbeit war ihr äußerst wichtig, und bescheiden antwortete sie: „Es ist die Natur seiner Seele."

Croton schaffte es, Raymond aufzuwecken und ihm ins Auto zu helfen. Solomea folgte ihnen und sagte: „Ich bleibe lieber bei ihnen."

Rose beobachtete sie mit den Augen, und als Crotons Auto um die Ecke verschwand, sagte sie: „Mein armer Junge."

„Warum?" fragte Henry.

„Hast du ihn nicht gehört?" fragte Rose.

„Um ehrlich zu sein, nein."

„Er musste seine Mutter belügen, um seinen Vater zu decken. Er musste einen Deal mit seinem Gewissen machen, um die Einheit seiner Familie zu schützen, und nun muss er diesen Tag zusammen mit diesem jungen Mädchen tief in seinem Gedächtnis begraben, ohne dass er jemals ans Licht kommt. Mit anderen Worten, er muss Unrecht tun aus einem guten Grund."

„Macht dich das traurig?"

„Ja, sehr," sagte Rose.

„Sei nicht traurig," sagte Henry. „Er opfert seine eigene Integrität, um die Ehe seiner Eltern zu retten. Ich bin sicher, das ist das Edle, was zu tun ist."

„Denkst du wirklich so?"

„Ja."

Rose spürte eine dunkle Wolke über dem Kopf ihres Mannes schweben. Da sie mit dem Ausgang eines solchen Geisteszustandes vertraut war, fragte sie ihn: „Was nun?"

„Etwas belastet mich zutiefst," sagte Henry, ohne Rose anzusehen.

„Lass mich raten, die Führer der Dunkelheit," antwortete Rose.

„Woher wusstest du das?"

„Ich habe es in deinen Augen bemerkt, in dem Moment, als du ihn gesehen hast. Deine natürliche Neugier hat dich vollkommen übernommen."

„Was soll ich sagen, das bin ich."

Rose blickte Henry mit Augen voller Bedauern und Verständnis zugleich an. Sie riss einen Satz aus ihrem Herzen: „Geh, mein Liebster, forsche nach und erinnere dich immer an denjenigen, der auf dich warten wird."

Henry küsste Rose leidenschaftlich, um seine Dankbarkeit für ihr Verständnis und dafür auszudrücken, dass sie ihn frei gesetzt hatte.

„Geh," sagte Rose, und er verschwand.

Henry fand sich mitten auf der Straße mit Raymonds verlassenem Auto wieder. Er begann, seine Gedanken zu ordnen, um seinen nächsten Schritt zu planen. Doch ein sehr hartnäckiger Gedanke lenkte ständig seinen Geist ab und hinterließ ein enormes Schuldgefühl. Schuld darüber, dass er nicht bleiben und Rose bei ihrer gemeinsamen Verantwortung helfen konnte.

„Ich weiß nicht, was Croton dachte, mich als seinen Führer zu wählen," dachte Henry bei sich. „Ich muss der schlechteste Geistführer im Universum sein. Ich bin definitiv nicht für diesen Job geeignet." Das Gefühl, Rose, Croton und die Aufgabe, die er freiwillig angenommen hatte, im Stich zu lassen, gebar Unentschlossenheit und Zweifel, gegen seine eigene Natur zu handeln – zu bleiben oder dem Ruf seiner Seele zu folgen.

„Fühle keine Schuld," hörte er plötzlich Roses Stimme in seinem Kopf. „Tu, was du tun musst. Eines Tages wird uns klar werden, warum die Dinge so sind, wie sie sind. Höre auf deine Seele."

„Danke," sagte Henry. „Ich werde bald zurück sein."

„Das solltest du besser!" hörte Henrys Ohren die schneidende Stimme von Rose.

Verführer

Henry kehrte in seine Realität zurück, um allein zu sein und über die neuen Wesen nachzudenken, auf die er auf der Erde gestoßen war. Er hatte zuvor keines von ihnen je getroffen. Das Wissen um ihre Existenz erzeugte in ihm ein starkes Verlangen, mehr über diese Führer der Dunkelheit herauszufinden. *Crotons übliche Einmischung wäre jetzt sehr nützlich gewesen,* dachte Henry bei sich.

Den Versuch, direkt Kontakt zu einem dieser Führer der Dunkelheit aufzunehmen, hielt Henry für verfrüht und gefährlich. Er erinnerte sich daran, dass Croton ihn stets vor allen möglichen losen und unkontrollierbaren Wesen gewarnt hatte. Auf eines von ihnen jetzt zu stoßen, war das Letzte, was er wollte. Eine vorherige Untersuchung erschien daher als das Vernünftigste. Croton wäre in solchen Fällen seine erste Wahl gewesen, doch da er nicht verfügbar war, war der Nächste in der Reihe Thales, der ihm zuvor freundlich seine Dienste angeboten hatte. Aber eine Seele von so hohem Status nur zu belästigen, um seine Neugier zu befriedigen, hielt Henry für respektlos.

Ich bin sicher, er hat interessantere Dinge zu tun, als mich zu unterrichten, dachte Henry bei sich. Plötzlich hellte sich sein Gesicht zu einem Lächeln auf. Ein angenehmes und warmes Gefühl erfüllte seine Seele. „Natürlich, wie konnte ich ihn vergessen, meinen lieben Bibliothekar." Aarons Einfluss auf die Entwicklung von Henrys Bewusstsein war enorm und unbestreitbar gewesen. Aaron erschien ihm nicht nur als kenntnisreich und weise, sondern auch als zutiefst mitfühlend. Henry erinnerte sich an ihr erstes Treffen und die unendlichen Reihen von Bücherregalen in der universellen Bibliothek, oder wie Croton sie zu nennen pflegte, die Königliche Bibliothek von Alexandria. Zunächst erschien Aaron Henry als sehr mürrische und unfreundliche Seele, doch nach einer Weile offenbarte er sich als aufrichtig fürsorglich und äußerst hilfsbereit.

„Das ist der Ort, an dem ich jetzt sein möchte, und die Seele, die ich jetzt sehen will," sagte Henry und verließ sofort seine Realität.

Aus früherer Erfahrung wusste Henry, dass eine solche Reise eine unbekannte Strecke irdischer Zeit in Anspruch nehmen konnte, doch der Ruf seiner Seelennatur war viel stärker als das Verantwortungsgefühl als Crotons Geistführer. Einen Moment später öffnete Henry die Augen und stand mitten in einem Lesesaal. Der Stuhl, der ihm vor einiger Zeit von Aaron für seine persönliche Nutzung zugeteilt worden war, war noch frei und rief ihn. In dem Moment, als er die Rückenlehne des Stuhls berührte, erschien eine vertraute Gestalt direkt neben ihm. Zunächst erlebte Henry einen fast unkontrollierbaren Gefühlsausbruch, der ihn dazu bringen wollte, Aaron zu umarmen und zu sagen: „Wie sehr habe ich dich vermisst!", doch er schaffte es, den Drang zu kontrollieren, und sagte einfach: „Hi."

Aaron öffnete die Arme weit und sagte mit einem charmanten Lächeln: „Du kannst mich umarmen, wenn du willst."

Vorsichtig trat Henry vor und legte seine Arme um Aaron. Seit seiner Ankunft in den spirituellen Bereichen hatte er nie eine andere Seele als Rose umarmt. Nicht, dass er es nicht wollte, aber eine unbekannte Kraft hielt ihn davon ab. Vielleicht, weil es in der Gesellschaft, in der er sein letztes physisches Leben geführt hatte, unüblich war, einen anderen Mann zu umarmen. Es wäre als unangemessen betrachtet worden. Eine solche von der Gesellschaft jedem Mitglied eingeimpfte Überzeugung ließ Henry die Arme um Aarons Körper legen, ohne ihn wirklich zu berühren. Im Gegensatz dazu umarmte Aaron Henry fest, zog ihn so nah an sich heran, dass Henry Aarons gesamten Körper eng an seinem spürte.

Bevor Henry die Gelegenheit hatte, etwas zu sagen oder überhaupt zu denken, erfüllte ein seltsames und unbekanntes Gefühl sein gesamtes Wesen. Angenehme, warme und verwöhnende Wellen von Energie lähmten seinen Willen vollständig, ließen ihn regungslos stehen und den gegenwärtigen Geisteszustand in höchstem Maße genießen. Hätte er nicht gewusst, dass er einen alten Mann umarmte, hätte Henry gesagt, dass er einen Moment neu entdeckter Liebe erlebt hatte. Wie lange sie so standen, konnte Henry nicht sagen, doch als sie sich lösten, fühlte er sich benommen und aus dem Gleichgewicht gebracht. „Was war das?" fragte Henry verwirrt und ein wenig ängstlich.

Aaron sah ihn durch seine holzgerahmte Brille an und sagte: „Es wird eine Zeit kommen, in der du erkennen wirst, dass wir alle geschlechtslose Geschöpfe sind, die aus derselben Quelle stammen, mit der Möglichkeit, in ferner Zukunft wiedervereint zu werden. Wir sind wie Geschwister, die auseinandergerissen wurden und manchmal durch Schwierigkeiten, die in der physischen Welt entdeckt werden, gegeneinander gestellt werden. Schwierigkeiten sind alle temporär, und der Weg zur Vereinigung in einer göttlichen Sache steht unmittelbar bevor."

Henry sagte zu Aarons letzten Worten nichts, wahrscheinlich fühlte er, dass er noch nicht bereit war, einen Blick in eine so ferne Zukunft zu werfen.

„Also, sag mir, warum bist du hier?" fragte Aaron.

„Ich wette, du hast nicht erwartet, mich wiederzusehen", antwortete Henry.

„Im Gegenteil, das habe ich. Wissbegierige Seelen wie du hören nie auf, die Bibliothek zu besuchen. Ich habe dich erwartet und kann es kaum abwarten zu hören, was dich diesmal bedrückt."

„Lass uns Platz nehmen", schlug Henry vor.

„Ich sehe, dass Gewohnheiten aus der physischen Welt noch in deinem Geist nachhallen."

„Es fühlt sich einfach richtig an."

Aaron zog einen Stuhl neben Henry heran und setzte sich, indem er sagte: „Wenn es dich wohler fühlen lässt, warum nicht."

Henry nahm sich einen Moment Zeit, seine Gedanken zu ordnen, und stellte seine erste Frage: „Hast du jemals von den Führern der Dunkelheit gehört?"

Nach einigem Graben in der großen Datenbank seiner Seele sagte Aaron: „Noch nie gehört."

Henry wurde genauer: „Sie scheinen von geplagten Seelen angezogen zu werden und tragen dunkle Gewänder."

„Okay", sagte der erleuchtete Aaron, „ich glaube, du sprichst von Versuchern."

„Vielleicht."

„Was ist mit ihnen?"

„Ich bin auf der Erde auf einen von ihnen gestoßen und ..."

„Und jetzt willst du alles über sie wissen", unterbrach Aaron.

„Ja."

Aaron senkte den Blick auf den Boden und wurde still. Er stieß einen tiefen Seufzer aus, der Henry ein wenig unruhig machte.

„Beunruhigt dich meine Bitte?"

„Nein", antwortete Aaron..

„Es ist nur so, dass ich niemand anderen habe, an den ich mich wenden könnte, und du schienst mir die vernünftigste Wahl."

„Du hast gut daran getan, zu mir zu kommen. Es ist nur so, dass das Thema, das du untersuchen willst, etwas heikel ist", erwiderte Aaron.

„Was meinst du mit heikel?"

„Okay", sagte Aaron, und nach einigem Zögern fragte er: „Bist du dir deiner Entscheidung sicher?"

„Absolut", bestätigte Henry.

„Siehst du, Henry, diese Gruppe von Seelen ist sehr anders als jede, die du bisher kennengelernt hast."

„Inwiefern?"

„Die Realität, in der sie leben, ihre Denkweise und die Werte, die sie ehren, sind ganz anders als deine. Sie sind ausgewählt worden, eine bestimmte Aufgabe zu erfüllen, die nicht immer verständlich oder gar akzeptabel für gewöhnliche Seelen ist, aber dennoch sehr wichtig, um das universelle Gleichgewicht und die Gerechtigkeit zu bewahren", antwortete Aaron.

„Ich verstehe das", sagte Henry. „Alles und jeder existiert aus einem Grund. Ich verstehe es."

„Du scheinst sehr entschlossen in deiner Entscheidung zu sein, und ich werde nicht versuchen, dich umzustimmen, aber einen Rat möchte ich dir geben, wenn du nichts dagegen hast."

„Ich bin ganz Ohr", sagte Henry.

„Der Grund, warum Geistführer so wenig über Versucher wissen, liegt erstens darin, dass Versucher die Führer nicht sehen, während sie ihre Aufgaben erfüllen, und zweitens darin, dass Führer sie als zerstörerische Kraft betrachten und versuchen, Versuchern um jeden Preis aus dem Weg zu gehen, geschweige denn sie zu treffen oder zu studieren."

„Willst du sagen, dass meine Bitte einzigartig ist?"

„Nicht einzigartig, aber selten, und am Ende, wenn alles gut läuft, könnte es sehr lohnend sein."

„Was, wenn nicht?" fragte Henry.

„Es tut mir leid, dir das zu sagen, aber du könntest sehr, sehr lange nicht zurückkehren können", erklärte Aaron.

„Erzähl mir mehr."

„Das Reich, das du zu besuchen im Begriff bist, liegt ziemlich weit unten auf den spirituellen Schwingungsebenen. Es ist sehr anders als jede der Realitäten, die du besucht hast. Die erste und wichtigste Regel lautet: Bleib nicht lange. Verlasse den Ort in dem Moment, in dem du fühlst, dass es Zeit ist zu gehen. Diskutiere nicht mit ihnen und versuche nicht, deinen Standpunkt durchzusetzen. Sei gefällig und versuche, dich einzufügen."

„Sind es junge Seelen?" fragte Henry.

„Nein, ich würde sie reife Seelen nennen. Für mich stehen sie irgendwo zwischen jungen und alten Seelen." Aaron wurde still, als würde er in seinem Geist nach weiteren Informationen suchen, die er noch mitteilen musste.

„Oh ja, bevor ich es vergesse", rief Aaron aus, „sie haben sehr niedrige Werte von Empathie und Mitgefühl gegenüber anderen Seelen. Denk immer daran und versuche nicht, sie davon zu überzeugen. Sie sind einfach so, wie sie sein sollen."

„Ich verstehe", sagte Henry.

„Das ist alles, worüber ich dich warnen wollte", sagte Aaron und fügte dann hinzu: „Gibt es einen bestimmten Versucher, den du treffen möchtest? Oder ist es egal?"

„Ich möchte denjenigen treffen, den ich vorhin gesehen habe."

„Dann musst du mir alle verfügbaren Informationen über ihn geben", riet Aaron.

Henry ließ Aaron seine letzte Reise zur Erde miterleben, woraufhin Aaron um etwas Zeit bat und verschwand.

Während Aaron in die Tiefe der endlosen Bücherreihen verschwand, blieb Henry auf seinem Stuhl sitzen. Aaron hatte beschlossen, sich Zeit zu lassen und Henry Gelegenheit zu geben, die Informationen zu verarbeiten, in der Hoffnung, dass er seine Meinung ändern würde. Zweifel begannen in Henrys Geist zu kriechen, auf der Suche nach logischer Begründung, begleitet von Ängsten vor dem Unbekannten und Unerwarteten.

„Brauche ich das wirklich?" fragte sich Henry zum ersten Mal. „Gott weiß, wie viel Zeit ich Rose und Croton meiner Präsenz rauben werde. Was soll das alles bedeuten?"

Aaron, von Henry unbemerkt, folgte seinem Gedankengang und entschied, dass dies ein guter Moment war, um zurückzukehren.

Als er den Bibliothekar mit einem dicken Buch unter dem Arm zurückkommen sah, sagte Henry: „Warum hast du so lange gebraucht?"

„Ich wollte dir Zeit geben, über die Notwendigkeit dieses Vorhabens nachzudenken, dem du dich gerade verpflichten willst."

„Spürst du meine Zweifel?"

„Ja, und ich muss dir sagen, dass sie nicht unbegründet sind", erwiderte Aaron. „Die Wesen, denen du gleich begegnen wirst, sind aus menschlichen Schwächen entstanden, und sie werden so lange existieren, bis die Menschen lernen, Rechtschaffenheit der Sündhaftigkeit vorzuziehen."

„Glaubst du, dass das jemals geschehen wird?"

Aaron beantwortete diese Frage nicht und öffnete mit einem tiefen Seufzer Raymonds Lebensbuch. Er schlug direkt die letzte Seite auf, auf der Henry den Unfall selbst sah. Er sah, wie Raymond aus dem Auto stieg und kaum auf seinen beiden Beinen stehen konnte. Solomea rannte um ihn herum, um zu prüfen, ob es ihm gut ging. Er sah das blutüberströmte Gesicht des jungen Mädchens und ihren Seelenführer mit einem Ausdruck des Entsetzens auf ihrem hilflosen Gesicht. Dann sah er eine dunkle Gestalt aus Raymonds Auto kriechen, mit einem hämischen Grinsen im Gesicht.

„Ist er das?" fragte Aaron.

„Ja. Definitiv ja", antwortete Henry.

„Gut", sagte der Bibliothekar, „ich kann ihn nicht hierher einladen wie damals Atria. Das Bewusstseinsniveau der Versucher erlaubt es ihnen nicht, hochschwingende Realitäten wie diese zu besuchen, aber ich kann dir helfen, ihn in seiner Realität aufzusuchen. Würde dir das genügen?"

„Ja, das reicht."

„Denk an ihn", sagte Aaron und fügte hinzu, „und sei auf Überraschungen gefasst."

Henry bekam nicht mehr die Gelegenheit, Aaron zu fragen, von welcher Art Überraschungen er sprach.

Der Boden unter seinen Füßen verschwand, und Henry fühlte sich frei fallend mitten in einem Strudel. Bruchstücke der sich auflösenden Bibliothek zogen mit zunehmender Geschwindigkeit an seinen Augen vorbei.

Henry schloss die Augen, hoffend auf das Beste und sich auf das Schlimmste vorbereitend.

Boris

Als Henry die Augen öffnete, befand er sich mitten in einer Wüste. In alle Richtungen sah er nur endlose Dünen aus gelbem Sand. Der erste Gedanke, der ihm kam, war: *Wenn ich einen Körper hätte, würde ich hier wahrscheinlich an Hitze und Durst sterben.*

Nicht weit von dem Ort, an dem er stand, bemerkte er ein rollendes Steppenballgewächs, das über den Sand trieb. Er bückte sich, nahm eine Handvoll Sand auf, betrachtete ihn und ließ ihn sanft durch seine Finger gleiten. Er richtete sich auf, blickte sich erneut um und rief mit erhobener Stimme: „Ist hier jemand?"

Totale Stille verschlang seine Stimme, ohne auch nur den Hauch eines Echos. Einen Moment später wiederholte Henry seinen Ruf, diesmal viel lauter: „Ist hier jemand?"

„Was willst du?" antwortete eine starke männliche Stimme dicht hinter ihm. Henry wirbelte herum, um die Quelle der Stimme zu sehen, doch nichts hätte ihn auf das vorbereiten können, was er nun sah. Henry stand einem seltsamen Wesen gegenüber. Der obere Teil seines Körpers wirkte vollkommen normal: ein gutaussehender, hellhäutiger, blauäugiger Mann mit typischen slawischen Zügen. Hellbraunes, lockiges Haar fiel bis auf die Schultern. Sein Kinn war mit dünnem Haar bedeckt, kein vollständiger Bart, nur ein kaum sichtbarer Schnurrbart. Eine gerade Nase, proportional zu seinem Gesicht, und ein kleiner Mund mit vollen Lippen gaben ihm das Aussehen eines angenehmen Gentlemans. Es war der untere Teil seines Körpers, der Henry schockierte. Unterhalb der Taille hatte er behaarte, ziegenähnliche Beine, die fest auf einem Paar schwarzer Hufe standen. Ein langer eselähnlicher Schwanz schwang von links nach rechts. Henry trat vorsichtig zurück und bereute bereits seine Entscheidung, diese Reise anzutreten.

„Wohin gehst du?" fragte das Wesen.

Henry stoppte seinen Rückzug und ohne die Augen von dem seltsamen Halbziegenmann abzuwenden, fragte er: „Wer bist du?"

„Wer glaubst du, dass ich bin?" erwiderte das Wesen.

Henry bewegte kaum seine Lippen, um zu sagen: „Teufel?"

Das Wesen brach sofort in Lachen aus und sagte: „Ich habe nur mit dir gespielt, Genosse," und verwandelte sich in eine vollständige menschliche Gestalt.

Als er seine Verwandlung sah, atmete Henry mit großer Erleichterung aus und ließ die Spannung los, die sich in seinem Körper aufgebaut hatte. Als er seine erschrockenen Emotionen wieder unter Kontrolle hatte, sagte Henry: „Wirklich!!!"

Der Mann vor ihm trug nun einen dunkelblauen Anzug, ein weißes Hemd und eine schwarze Krawatte. Mit einem charmanten Lächeln auf dem Gesicht trat er auf Henry zu, streckte ihm die Hand entgegen und sagte herzlich: „Entschuldige bitte die kleine Theateraufführung, ich konnte einfach nicht widerstehen."

„Du hast mir beinahe einen Herzinfarkt verpasst," lachte Henry unsicher.

„Bitte nimm meine Entschuldigung an," sagte der Mann im Anzug mit einem Gesicht, das um Vergebung bat. „Übrigens, mein Name ist Boris, wie heißt du?"

Henry stellte sich ebenfalls vor.

„Ist es nicht erstaunlich?" sagte Boris. „Obwohl wir alle wissen, dass der Teufel eine von Menschen geschaffene Fiktion ist, verfolgt uns die Angst, ihm zu begegnen, selbst in den geistigen Welten."

„Das lasse ich dir durchgehen," sagte Henry lächelnd. Dann betrachtete er mit gespieltem Enthusiasmus die umgebende monochrome Landschaft und fuhr fort: „Also, das muss deine Realität sein?"

„Nein," sagte ein leicht beleidigter Boris, „das ist nicht meine Realität. Bevor ich dich in unsere Welt lasse, wollte ich dich zuerst außerhalb davon treffen."

Das Wort „unsere" ließ in Henrys Geist eine Warnflagge aufsteigen zusammen mit berechtigten Fragen: *Wer sind sie, und wie viele von ihnen werde ich sehen und mit ihnen umgehen müssen?* „Ist das eine Art Test?" fragte Henry.

„Wenn du so willst ... ja," antwortete Boris.

„Also, habe ich bestanden?" fragte Henry nervös.

Boris trat zu Henry, legte seine rechte Hand auf Henrys linke Schulter, sah ihm direkt in die Augen und sagte: „Obwohl ich weiß, dass du nicht zu unserer Realität gehörst und nie in dem Land gelebt hast, in dem ich mein früheres Leben führte, mag ich dich trotzdem."

„Und?"

Boris ergriff seine Hand. „Komm, Bruder."

Henry öffnete vor Staunen weit die Augen bei Boris' Worten: „Willkommen in unserem Paradies."

Das Erste, was Henry auffiel, waren die hohen Wohngebäude, die in ihrem gesichtslosen Erscheinungsbild einander ähnelten und stolz die leeren Straßen säumten. Das einzige Grün, das er sah, waren vereinzelte Bäume, die vor den Gebäuden etwa zehn Meter auseinanderstanden. Sie waren identisch in der Höhe und perfekt geformt. Die gesamte Szenerie wirkte farblos und langweilig im Vergleich zu Henrys Realität und den Realitäten, die er zuvor besucht hatte. Ein Wind, der aus einem Land der Traurigkeit zu kommen schien, wehte in Henrys Geist und füllte ihn mit Kummer und Empathie für die Seelen, die hier wohnten.

Ein kurzer Blick auf Boris' Gesicht reichte aus, um seinen Stolz zu erkennen, und es kostete Henry große Mühe, den folgenden Satz hervorzubringen: „Es ist schön hier," nur um die Erwartungen des Mannes neben ihm zu erfüllen.

Boris' strahlendes Gesicht und funkelnde Augen suchten nach weiteren Komplimenten, doch Henry fiel es schwer, seine Traurigkeit zu verbergen, und er konnte keine weiteren geben.

„Es gibt noch viel mehr. Geh mit mir," sagte Boris, ohne Henry eine andere Wahl zu lassen, als sich zu fügen.

„Wohin gehen wir?"

„Warte, es ist eine Überraschung," antwortete Boris.

Während sie durch das Labyrinth der Straßen gingen, betrachtete Henry die endlose Kette hoher Gebäude. Sie standen wie eine geschlossene Formation kolossaler Soldaten in einer Parade. Henry fühlte sich eingeschüchtert und hielt ständig den Blick nach oben gerichtet, in der Hoffnung, weiter vorne auf einen Platz zu stoßen.

„Sind all diese Wohnungen bewohnt?" fragte Henry, bemüht, das Gespräch am Laufen zu halten.

„Ja, das sind sie."

Einen Moment später traten sie aus der Stadt hinaus und standen vor einem weißen Feld. Nur als weißes Feld zu beschreiben, traf es nicht genau. Vielmehr wirkte es funkelnd kristallweiß, als sei das Feld großzügig mit Diamantstaub bestreut worden. Als Henry es schließlich schaffte, seine Augen an dieses spektakuläre Spiel aus verstreutem weißen Licht zu gewöhnen, bemerkte er am fernen Horizont einen dichten Wald.

Boris, der die ganze Zeit über das Staunen, das so deutlich auf Henrys Gesicht zu sehen war, beobachtet hatte, konnte seine Zufriedenheit nicht verbergen.

„Was ist das?" fragte Henry völlig überrascht.

Tief einen Schluck kalter Luft einatmend, sagte Boris: „Ein Babuschka-Winter."

Unfähig, den Blick von einem solch lebendigen Ausdruck einfachen Weißes abzuwenden, sagte Henry: „Ich wusste nicht, dass wir hier Winter erleben können."

„Weißt du nicht, dass man hier alles haben kann, was man will?"

„Das weiß ich, aber Winter wird doch immer mit Unbehagen, Kälte und Elend assoziiert. Ich hätte nicht gedacht, dass jemand ihn hier haben will."

„Wovon redest du, mein Freund? Für mich ist es die beste Jahreszeit. An dem Ort, an dem ich mein letztes physisches Leben verbracht habe, hatten wir neun Monate Winter. Es gibt nichts Reinigenderes und Läuternderes als knisternden Frost. Wie kannst du das nicht sehen?" fragte Boris aufgeregt, während er die Arme weit ausbreitete. Es schien, als wolle er die gesamte schneebedeckte Realität umarmen.

„Jetzt sehe ich es," sagte Henry. Sie standen genau an der Grenze zwischen Sommer und Winter, vor der dicken

Schneedecke, die großzügig die Hälfte von Boris' Realität bedeckte.

„Wir gehen in diesen Wald hinein," sagte Boris und deutete auf die Bäume am Horizont, ohne Henry eine Wahl zu lassen.

„Okay," fügte sich Henry.

„Sollen wir direkt hineinspringen, oder willst du laufen?"

„Auf jeden Fall laufen. Ich habe noch nie einen so vollen Winter in einem meiner Leben erlebt." Henry setzte vorsichtig seinen rechten Fuß auf das, was wie eine feste Kruste der Schneedecke aussah.

Zu Boris' Belustigung und völliger Überraschung gelang es Henry, auf der Oberfläche der Kruste zu stehen und sogar zu gehen.

„Was?" fragte Henry, als er Boris' Gesichtsausdruck bemerkte.

„Ich sehe, dass du noch nie im Tiefschnee gelaufen bist."

„Warum? Was mache ich falsch?"

Beim ersten Schritt, den Boris tat, brach die Kruste unter seinem Körpergewicht zusammen, und er versank bis zu den Knien im Schnee.

„So soll es gemacht werden," demonstrierte Boris.

„Okay," sagte Henry und folgte ihm, fand sich tief in glitzernden Schneeflocken wieder. Boris begann, in Richtung Wald zu gehen. Henry konnte nicht umhin zu bemerken, wie viel Mühe jeder Schritt Boris kostete. Ihn nur anzuschauen war ermüdend.

„Warum laufen wir nicht auf der Oberfläche des Schnees?"

„Nein, das wäre Betrug. Wir müssen das erleben. Schwierigkeiten machen das Leben interessant. Ohne sie ist das Leben langweilig."

„Da hast du wahrscheinlich recht," stimmte Henry zu und begann Boris zu folgen, der wie ein Bulldozer durch die dicken Schneeschichten pflügte.

Nach einer langen Weile und mit deutlich weniger Energie erreichten sie schließlich den Rand des Kiefernwaldes. Boris sah Henry an und sagte: „Du bist völlig falsch angezogen für das hier."

Henry hatte nicht bemerkt, wann Boris sein Outfit gewechselt hatte.

„Komm, ich helfe dir," sagte Boris, und erschuf mit der Kraft seines Geistes einen echten Pelzmantel, den er Henry über die Schultern legte, und dann einen riesigen Pelzhut, den er ihm aufsetzte. „Jetzt siehst du besser aus," sagte ein zufriedener Boris und trat in den Wald.

Nach ein paar Schritten spürte Henry eine sanfte Berührung auf seinem Gesicht, dann eine weitere. Er blickte nach oben und war wie verzaubert. Es war ein echter Schneefall. Ungewöhnlich große Schneeflocken schwebten sanft herab in einem scheinbar festlichen Tanz, und als sie auf Henrys Gesicht landeten, verwandelten sie sich in feine Wassertropfen, sodass er aussah, als wäre er mit Glitzer bedeckt. Er bemerkte eine kleine graue Wolke, die aus den Höhen herabsank, um die Spitzen der majestätischen Kiefern zu kosten. Diese trugen stolz schwere Schneemäntel auf ihren weit ausgebreiteten Flügeln.

Boris beobachtete Henrys Gesicht genau und kommentierte mit zufriedener Miene: „Ich sehe, dass dir unser Winter gefällt."

Henry, unfähig sich richtig auszudrücken und keine passenden Worte findend, konnte nur sagen: „Märchenhaft."
Boris gab Henry noch etwas Zeit, um seine Sinne an der umgebenden Schönheit zu erfreuen, bevor er sagte: „Komm, lass uns meine Freunde besuchen. Ich bin sicher, sie brennen schon darauf, dich kennenzulernen."

Etwa fünfzig Meter vor ihnen bemerkte Henry eine Hütte, gebaut aus Baumstämmen. Bei näherem Hinsehen konnte er Fenster und einen Türrahmen erkennen, fein geschnitzt und in traditionellem russischem Stil verziert. Henrys Aufmerksamkeit wurde von einer dichten Rauchwolke angezogen, die aus einem hoch aufragenden Schornstein quoll. Diese Hütte war so gemütlich platziert. Die uralten Bäume, der fallende Schnee, der rauchende Schornstein ... alles war so berührend und unglaublich niedlich, dass Henry für einen Moment vergaß, dass er sich tatsächlich in der Realität der Verführer befand – jener, die das menschliche Dasein auf Erden unerträglich und die Arbeit der Seelenführer unmöglich machten.

Ohne zu klopfen, stieß Boris die schwere Haustür mit Nachdruck auf, die dem groben Ansturm problemlos nachgab. Kalte Luft strömte sofort herein und bildete eine Wolke aus Dunst, die Henrys Sicht für einige Zeit verhüllte. Erst als Boris die Tür hinter ihnen schloss, konnte Henry einen genaueren Blick in die Hütte werfen. Das Erste, was Henry auffiel, war ein großer runder Holztisch in der Mitte des Raumes, um den drei Seelen saßen. Der Tisch war mit einer weißen Tischdecke bedeckt, darauf eine bescheidene Auswahl an Speisen und Getränken.

In dem Moment, als Henry und Boris die Hütte betraten, erhoben sich alle um den Tisch sofort und gingen ihnen mit dem herzlichsten Willkommen entgegen. Einer nach dem anderen streckte die Hand aus, um sie zu schütteln, stellte sich vor, erkundigte sich, ob Henrys Reise angenehm gewesen sei und ob Boris ein guter Gastgeber gewesen sei. Ein solch wohlwollender Empfang war unerwartet und ungemein angenehm. Henry bekam den deutlichen Eindruck, dass er ein lang erwarteter und endlich eingetroffener Gast war.

Nachdem ihre Pelze abgenommen und aufgehängt waren, lud Boris alle ein, sich um den Tisch zu setzen. Zwei zusätzliche Stühle, zwei leere Teller und einfache Gläser warteten darauf, von den neu angekommenen Gästen benutzt zu werden. Einmal am Tisch sitzend, konnte Henry die anderen Teilnehmer der Runde genauer betrachten.

„Entschuldigung," sagte Henry, „aber ich habe eure Namen nicht mitbekommen?"

„Keine Sorge," sagte einer von ihnen, der etwas älter wirkte und deutlich breitere Schultern hatte. Er hatte hellbraunes, lockiges Haar mit ersten grauen Strähnen, kleine, aber sehr ausdrucksvolle haselnussfarbene Augen und eine gerade Nase. Ein buschiger Bart und ein langer, lockiger Schnurrbart bedeckten vollständig seinen Mund. Anhand seiner zusammengekniffenen Augen und der Bewegung seines Schnurrbarts schloss Henry, dass er beim Sprechen lächelte.

„Mein Name ist Ivan. Boris kennt ihr ja schon. Zu eurer Rechten ist Tatiana, und das hier," sagte Ivan und deutete auf den Mann zu seiner Rechten, „ist Sergey."

Der Name Tatiana erregte Henrys Aufmerksamkeit. Angesichts der schlichten Kleidung, die sie trug, und ihres sehr kurzen Haarschnitts hatte er nicht bemerkt, dass sich eine Frau in der Gruppe befand.

„Bist du überrascht?" fragte Tatiana, als sie Henrys Gesichtsausdruck bemerkte.

„Nein, überhaupt nicht," sagte Henry und versuchte, sich zu rechtfertigen.

„Schon gut. Obwohl ich in meinem vergangenen Leben eine Frau war, bevorzuge ich es immer noch, mich in der Nähe männlicher Seelen aufzuhalten," flüsterte Tatiana Henry ins Ohr. Während sie dies tat, berührten ihre weichen, violetten Lippen seine Haut und erzeugten einen angenehmen, aber ungewohnten Energiestrom, der durch seinen ganzen Körper floss und ein unkontrollierbares Verlangen nach mehr in ihm auslöste. Der nächstliegende Vergleich für dieses Gefühl wäre ein Lustempfinden.

Ivans laute Stimme, die rief: „Feiern wir diesen Anlass oder nicht?", kam genau im richtigen Moment und ermöglichte Henry, Tatianas verführerischem Netz zu entkommen.

„Natürlich werden wir," antwortete Henry.

Ivan nahm eine Flasche Wodka, die als wichtiges Element der Tischdekoration in der Mitte des Tisches stand, und füllte alle Gläser. Henrys Glas wurde zuerst in Respekt vor dem Gast gefüllt. Neben dem Wodka war der Tisch mit einer Platte dicker russischer Würste, ein paar Dosen eingelegten Fisches, einem riesigen Teller gekochter Kartoffeln, Scheiben Schweinefett, Gurken und zwei Laiben dunklen Brotes gedeckt. Als die Gläser bis zum Rand gefüllt waren, sagte Ivan: „Za znakomstvo (auf unser Treffen)", und alle hoben ihre Gläser, stießen sie aneinander und leerten dann sofort den Inhalt.

Henry folgte dem Beispiel und stellte sein Glas wie die anderen nach dem Leeren mit einem Knall zurück auf den Tisch. Henry konnte nicht umhin, die Freude und die vollständige Zufriedenheit auf den Gesichtern der Gruppe zu bemerken, als sie ihre Gläser leerten.

„Jetzt können wir reden," sagte Ivan und richtete seine erste Frage an Henry: „Also erzähl uns, was hat dich in unsere bescheidene Realität geführt?"

Henry spürte sofort die durchdringende Kraft von vier Augenpaaren auf sich ruhen. In diesem Moment erinnerte er sich an Aarons Rat und begriff, wie wichtig seine Antwort für seine Sicherheit in dieser Realität war. Er entschied sich, ehrlich, aber diskret zu sein.

„Ich wollte einfach mehr über Versucher erfahren," begann Henry.

„Wer sind Versucher?" fragte Ivan überrascht.

Henry biss sich auf die Zunge, aus Angst, er habe etwas Falsches gesagt und sie beleidigt. Eine peinliche Stille hing in der Luft und wartete darauf, von Henry geerdet zu werden.

„Seid ihr nicht Versucher?" fragte Henry vorsichtig mit gesenkter Stimme.

„Nein," sagte Ivan, „unter uns gibt es nur einen Versucher."

„Wer?"

„Tatiana," kam Ivans Antwort.

„Und was seid ihr dann?"

„Wir sind Vollstrecker – oder, um genau zu sein, Bestrafer," sagte Boris stolz.

„Bestrafer?"

„Ja," sagte Ivan. „Verführung zu schaffen ist die Aufgabe einer Frau. Wir Männer treten erst ein, wenn sie ihre Mission erfolgreich abgeschlossen hat."

Das Wort „Männer", so stolz ausgesprochen, ließ keinen Zweifel in Henrys Geist, welchen Rang genau die Bestrafer sich im Verhältnis zu den Versuchern zuschrieben.

Ivan füllte die Gläser erneut und stand auf, um einen Trinkspruch auszusprechen: „Ich möchte euch bitten, eure Gläser zu erheben, zu Ehren derjenigen, die draußen im Feld sind. Auf unsere Brüder und Schwestern, die ihre Pflichten erfüllen. Wünschen wir ihnen Erfolg und eine sichere Heimkehr." Ivan hob sein Glas noch höher und alle erhoben sich, auch Henry, stießen an und leerten schweigend ihre Gläser.

Als sich alle wieder gesetzt hatten, sagte Henry: „Darf ich bitte eine Frage stellen?"

„Ja, mein Freund," sagte Ivan.

„Wo ist dieses Feld, und warum kann die Rückkehr eurer Brüder und Schwestern unsicher sein?"

Boris, der den ganzen Abend über sehr sparsam mit seinen Worten gewesen war, sagte, ohne den Blick vom Tisch zu heben: „Das Feld ist die Erde, unsicher, weil wir viele unserer Freunde verloren haben."

„Was meinst du mit verloren?" fragte Henry völlig verwirrt. „Soweit ich weiß, kann man die Energie einer Seele nicht zerstören. Sie ist unzerstörbar und ewig."

„Vielleicht hast du recht," sagte Ivan, „aber die Fakten sprechen für sich. Sie waren unter uns, und jetzt sind sie es nicht mehr. Eines Tages gingen sie hinaus, um ihre Mission zu erfüllen, und kehrten nie wieder nach Hause zurück."

„Habt ihr versucht, ihr Verschwinden zu untersuchen?" fragte Henry.

„Nein," antwortete Boris entschieden, „wir Soldaten tun, was wir sollen und was von uns erwartet wird. Keine Fragen. Diejenigen, die nicht zurückkehren, gelten als Gefallene."

Henry lehnte sich zurück, völlig ungläubig über das, was er gerade gehört hatte. Das, was Boris gesagt hatte, rang Henry mit seinem eigenen Verständnis. Eine Weile später fragte er: „Seid ihr im Krieg mit den Menschen?"

„Nein, sind wir nicht," antwortete Tatiana. „Wir sehen uns selbst als Lehrer und Heiler der Menschheit."

„Lehrer und Heiler?" fragte Henry.

„Ja," bestätigte Tatiana. „Seelen steigen auf die Erde hinab, nehmen einen physischen Körper an, um ein Mensch zu werden und ihr Bewusstsein zu erhöhen. Richtig?"

„Ja," antwortete Henry, überrascht von Tatianas Bewusstsein.

„Um unser Bewusstsein zu erhöhen, müssen wir die physische Realität studieren, andere Menschen und vor allem uns selbst."

„Einverstanden,“ sagte Henry.

„Wie kannst du wissen, wer du wirklich bist, wenn es keine Versuchungen gibt?“

„Es ist schwer, gegen deine Logik zu argumentieren.“

„Versuchungen des Körpers, Versuchungen der Seele – sie alle sind ein untrennbarer und wichtiger Teil der menschlichen Bildung. Ihre Reaktion auf Versuchungen sind die klarsten Indikatoren für das Niveau ihres Bewusstseins oder, wenn du willst, ihres moralischen Standes. Im Grunde helfen wir Versucher den Menschen, sich selbst kennenzulernen. Das ist der Grund, warum ich mich selbst als Lehrerin sehe.“

„Okay, und was ist mit Heilung?“ fragte Henry.

„Bestrafer heilen durch ihre Handlungen die menschlichen Seelen.“

„Ich verstehe nicht.“

„Siehst du, Henry, indem Menschen Gefühle wie Gier, Lust, den Wunsch, etwas zu besitzen, das sie nicht verdienen oder worauf sie keinen Anspruch haben, ausdrücken, stören sie das fragile Gleichgewicht ihres natürlichen Daseins.“

„Willst du damit sagen, dass Bestrafer da sind, um das Gleichgewicht wiederherzustellen?“ unterbrach Henry ungeduldig.

„Ja, einige Menschen lernen ihre Lektion ziemlich schnell und werden dadurch geheilt. Die meisten jedoch nicht.“

„Was passiert mit denen, die es nicht tun?“

„Diejenigen, die immer wieder scheitern, erhalten einen persönlichen Bestrafer.“

Die nächste Frage, die Henry stellen wollte, ließ ihn zögern. Er erinnerte sich an Aarons Rat, nicht zu tief zu bohren, entschied sich aber dennoch zu fragen.

„Also, sie werden dauerhaft an Menschen gebunden, so wie es Geistführer sind?“

„Geistführer?“ fragte Tatiana etwas überrascht.

Ihre Verwirrung ließ Henry stolpern und bereuen, dass er die Existenz von Geistführern überhaupt erwähnt hatte, doch Tatiana beharrte, indem sie ihre Frage wiederholte.

In die Ecke gedrängt, entschied sich Henry, die Frage trotzdem zu stellen und sich später um die Konsequenzen zu

Croton II

kümmern. „Ihr habt noch nie von Geistführern gehört? Denen, die sich von der Geburt eines Menschen auf der Erde bis zu seinem Austritt zurück in die geistige Welt um die Seelen kümmern?"

„Ah, verstehe," rief Tatiana aus.

„Wovon redet er?" fragten Ivan und Boris gleichzeitig.

„Er spricht von diesen schwachen Kreaturen, die versuchen, die Sünder davor zu schützen, für ihre schrecklichen Taten bestraft zu werden," erklärte Tatiana. An Henry gewandt fuhr sie fort: „Sie sind uns nicht gewachsen. Sobald Bestrafer eintreffen, kann keine Seele sie aufhalten."

„Also könnt ihr sie sehen?" fragte Henry.

„Ich schon, sie nicht," sagte Tatiana und deutete auf die anderen.

„Warum ist das so?"

„Ich weiß es nicht. Frag mich nicht. Ich habe die Regeln der Existenz nicht aufgestellt. Es ist so und wird wahrscheinlich immer so bleiben."

Plötzlich bemerkte Henry, dass alle an der Unterhaltung teilgenommen hatten, außer Sergey, dem Jüngsten der Gruppe. Er war still und tief in seine eigenen Gedanken versunken. Ivan und Boris standen bereits unter dem Einfluss des Wodkas, oder genauer gesagt, ließen sich vom Alkohol beeinflussen. Tatiana und Sergey hingegen blieben unverändert, nüchtern und konzentriert.

„Gefällt euch eure Arbeit?" schoss Henry als nächste Frage heraus.

„Ja," sagte Ivan.

Boris bestätigte dies mit einem Nicken.

„Ich liebe sie," sagte Tatiana mit einem verführerischen Blick in den Augen.

Nur Sergey blieb still.

„Und du?" fragte Henry.

„Ich bin mir nicht so sicher," antwortete Sergey. Seine Antwort ließ alle mit hochgezogenen Augenbrauen auf ihn schauen.

Ivan nahm die Wodkaflasche und füllte Sergeys Glas nach, während er sagte: „Entspann dich, mein Bruder. Genieße dieses Leben. Was willst du mehr?"

Tatiana lehnte sich vor und flüsterte Henry ins Ohr: „Ich glaube, Sergey wird unser nächstes Opfer sein."

Henry sah sie an. Sie zwinkerte ihm nur bestätigend zu.

Dann füllte Ivan die restlichen Gläser nach und sagte, als er aufstand: „Egal, wo wir trinken, mit wem wir trinken oder wie betrunken wir werden, dieser Toast muss gesagt werden, und jeder muss aufstehen."

Sie alle folgten der Aufforderung und hoben ihre Gläser.

„Dieses Glas geht an unseren Vater," sagte Ivan mit einem Ausdruck tiefer Dankbarkeit und größtem Respekt. Alle blickten über die Decke der Hütte hinaus und riefen: „Auf den Vater," während sie ihre Gläser in einem Zug leerten.

Ihre nächste Handlung überraschte Henry noch mehr, als sie nacheinander ihre Gläser auf den Boden warfen. Sie taten dies so leidenschaftlich, dass Henry keinerlei Zweifel an dem gegenseitigen Gefühl echter Liebe hatte, das sie alle für den Vater empfanden. Fragen wie: „Wer zum Teufel ist Vater? Meinen sie den Schöpfer oder jemand anderen?" konnte Henry unterdrücken, in der Hoffnung, die Antworten im weiteren Verlauf des Gesprächs zu erfahren. Die Unkenntnis über jemanden, der von den anderen so hoch verehrt wurde, hätte Verdacht erregt. Henry wandte sich an Ivan und sagte: „Kannst du mir mehr darüber erzählen, was ihr tut und wie ihr es tut?"

„Warum fragst du nicht Boris und Tatiana, sie sind gerade von der Erde zurückgekehrt?" Ivan sah zu Boris, der schon fast betrunken war, und sagte: „Komm schon, sei nicht schüchtern."

„Warum ich?" sagte Boris bescheiden. „Lass Tatiana zuerst gehen. Sie ist diejenige, die alles organisiert hat."

Henry wandte sich Tatiana zu und sagte: „Ich brenne darauf, deine Geschichte zu hören." Er nahm die Haltung eines aufmerksamen Zuhörers ein.

„Wenn du darauf bestehst," sagte Tatiana und zuckte mit den Schultern. „Wir sind gegangen, haben unsere Arbeit erledigt und sind zurückgekehrt."

„Mich interessieren die Details," drängte Henry.

„Okay, eigentlich ist es ziemlich langweilig, aber wenn du darauf bestehst. Auf der Erde gibt es einen Mann namens Raymond, ein ernsthaft korrupter Beamter im Amt für Sozialwohnungen."

„Sozialwohnungen?"

„Du weißt schon, wenn die Regierung bedürftigen Menschen kostenlose Wohnungen zuteilt." Dann hielt sie inne, sah Henry an und fragte: „Interessiert dich das wirklich?"

„Ja, ungemein."

Also fuhr sie fort: „Obwohl er korrupt ist und sich damit sowohl auf der falschen Seite des menschlichen Gesetzes als auch unseres Vaters Gesetzes befindet, ist er trotzdem kein schlechter Mensch. Er ist einfach verloren. Anfangs war seine Frau schuld daran, dass er vom rechten Weg abkam, aber bald begann er, die Privilegien und unerwarteten Reichtümer, die ihm zufielen, zu genießen."

„Bedeutet das, dass du und Boris dauerhaft an Raymond gebunden sein werdet?" fragte Henry.

„Nein, keineswegs," antwortete Tatiana.

„Warum nicht?" fragte Henry.

„Dieser Ausdruck ,dauerhaft gebunden' ist nicht ganz korrekt. Es ist einfach so, dass es den Anschein hat, als wären wir an einen Menschen gebunden, wenn wir mehrmals zu demselben Menschen gerufen werden."

„Und Raymond? Habt ihr ihn oft besucht?"

„Es war tatsächlich unser erster Besuch," sagte Tatiana.

„Heißt das, dass er erst kürzlich angefangen hat, Gesetze zu brechen?"

„Nein, das tut er schon seit einiger Zeit."

„Warum habt ihr ihn dann nicht früher besucht?" Henry war verwirrt.

„Weißt du, Henry, er ist ein ungewöhnlicher Fall."

„Warum?" fragte Henry.

„Obwohl er Bestechungsgelder annimmt, hat er eine gute Ausrede."

„Was für eine Ausrede?"

„Er und seine Frau Anne sind ziemlich freundliche und großzügige Menschen. Sie leisten nicht nur ihren Verwandten finanzielle Hilfe, sondern auch einer großen Gemeinschaft von Menschen."

„Reicht es nicht, einmal ein universelles Gesetz zu brechen, um bestraft zu werden?" fragte Henry.

„Nein," sagte Tatiana und wurde still. Einen Moment später, an die anderen gewandt, sagte sie: „Ich werde unseren Gast in den Nebenraum mitnehmen, um privat zu sprechen."

„Nur zu," sagte Ivan, „viel Spaß." Und alle brachen in Gelächter aus, wodurch Henrys Gesicht knallrot wurde.

„Komm mit mir," sagte Tatiana, schob verführerisch ihre Hand unter Henrys Arm und zog ihn in ihr Schlafzimmer. Als sich die Tür hinter ihnen schloss, wurde sie sehr ernst und konzentriert. Ihre nächste Handlung versetzte Henry in völligen Schock. Sie drückte ihn auf das Bett, hockte sich vor ihn und sah ihm direkt in die Augen. Es war einer dieser tief eindringenden Blicke, die jeden extrem unruhig machen würden. Nach ein paar Sekunden des Starrens in Henrys Augen sagte sie: „Du bist nicht der, für den sie dich halten."

„Für wen halten sie mich?" fragte Henry völlig verblüfft und erkannte, dass er von diesem schlicht gekleideten russischen Mädchen durchschaut worden war. Henry sah sich unschlüssig um und überlegte, ob dies der richtige Moment wäre, um aus dieser seltsamen Realität, weg von diesen eigenartigen Seelen und diesem einschüchternden Mädchen, zu verschwinden. Doch ihre nächste Frage ließ ihn umdenken.

Sie fragte: „Warum erzählst du mir nicht, was dein wirklicher Grund ist, hier zu sein, und ich werde sehen, ob ich dir helfen kann." Sie setzte sich neben ihn auf das Bett, blickte geradeaus an die Wand und ließ dann langsam ihre Augen auf den Boden sinken, während sie sagte: „Ich höre zu."

Henry fühlte sich wie ein Gemeindemitglied in einer Kirche kurz vor einer längst überfälligen Beichte. Worte und Bilder begannen aus seinem Geist in Tatianas Geist zu fließen. Während der Übertragung bemerkte Henry, dass sie in den Momenten lächelte, in denen sie es sollte, und traurig wirkte, wenn Henrys Geschichte berührend oder alarmierend wurde.

Aarons Worte über das niedrige Maß an Mitgefühl und Empathie dieser Seelen weckten große Zweifel in Henrys

Geist. Henry sah echtes Mitgefühl in ihren Augen, Verständnis und eine Beteiligung, die Aarons Behauptungen widerlegte.

Als Henry aufhörte, sagte sie: „Also bist du ein Geistführer?"

„Ja, ein neuer," antwortete Henry.

„Ich muss dir sagen, dass dieses Verlangen von dir, mehr über uns zu erfahren, ziemlich schmeichelhaft ist. Die meisten Geistführer betrachten uns als nichts anderes als eine Kraft der Dunkelheit, der man sich entgegenstellen, die man ignorieren oder – noch schlimmer – vor der man sich fürchten muss. All das sowie der Zweck unserer Existenz wird dir von unserem Vater erklärt werden, wenn du dich entscheidest, ihn zu treffen. Ich habe keinen Zweifel, dass es dir helfen wird, dein Wissen zu erweitern, und es wird deiner Erkenntnis unendliche Tiefe verleihen."

Ihre Einladung, ihren Vater zu treffen, machte Henry äußerst aufgeregt. Seit er von dieser Vaterfigur gehört hatte, begann sein Geist sich zu drehen.

„Ich möchte deine Frage beantworten," sagte Tatiana.

„Welche Frage?"

„Deine Frage, ob es reicht, ein universelles Gesetz nur einmal zu brechen, um bestraft zu werden," erinnerte Tatiana Henry.

Oh ja, ich hätte es fast vergessen."

„Die Antwort auf deine Frage ist nein."

„Warum nicht?" Henry war überrascht.

„Weißt du, Henry, Raymond nahm keine Bestechungsgelder von armen Leuten. Er nahm Geld von denen, die sich ebenfalls illegal bereichert hatten."

„Willst du sagen, er ist eine Art moderner Robin Hood?" rief Henry aus.

„Ja, dein Vergleich gefällt mir," stimmte Tatiana zu.

„Dann ist er also aus dem Schneider?"

„Bis jetzt, ja, das war er."

„Was ist jetzt passiert? Warum interessiert ihr euch plötzlich für ihn?"

Tatiana stand auf und lief in ihrem kleinen Zimmer auf und ab. Dann blieb sie stehen und sagte: „Er hat eine unmoralische

Tat begangen. Er hat das Vertrauen seiner Frau und seines einzigen Sohnes verraten."

„Wie?"

„Er ist süchtig nach Prostituierten geworden."

„Was ist der Unterschied?" Henry war verwirrt. „Beides sind doch Sünden, Bestechung und Ehebruch?"

„Es gibt einen großen Unterschied," sagte Tatiana. „Im ersten Fall sind arme Menschen die Nutznießer. Im zweiten gibt es keine Nutznießer. Bei einer Handlung aus Lust werden alle verletzt, vor allem seine Familie. Das Mädchen, das du am Unfallort gesehen hast, ist aus Verzweiflung auf den Weg der Prostitution geraten. Übrigens war Raymond ihr erster Kunde und hoffentlich ihr letzter. Aber vor allem hat er sich selbst verletzt, indem er seine Liebsten belog und sich dadurch in ein Loch ohne Rückkehr gegraben hat."

„Ich verstehe jetzt."

Nachdem Henry einige Zeit damit verbracht hatte, seine eigenen Lebenserfahrungen mit dem zu vergleichen, was Tatiana ihm gerade erklärt hatte, kam er zu der Erkenntnis, dass nichts im Leben der Menschen unbemerkt bleibt. Jede Handlung hat ihre eigene Zeit für eine Reaktion, und die Instrumente dieser Reaktionen saßen und tranken im Nebenzimmer. Plötzlich tauchte eine Frage in Henrys Geist auf, eine Frage, die sich bisher im Hintergrund verborgen hatte und auf den richtigen Moment wartete, um sich zu zeigen. Diese eine Frage war der eigentliche Grund, warum er sich auf eine solche Reise eingelassen hatte. Ohne weiter nachzudenken, fragte Henry: „Wie wisst ihr, wer es verdient, bestraft zu werden, und wann es geschehen muss? Und vor allem, wer ist der Richter über diese armen Seelen auf der Erde?"

Indem Henry eine so direkte Frage stellte, hoffte er, dass Tatianas Antwort ein ewiges Rätsel lösen würde. Wenn sie „Der Schöpfer" gesagt hätte, hätte Henry zumindest das Gefühl gehabt, seiner Antwort näher zu kommen.

Stattdessen sagte Tatiana: „Die Antwort auf deine erste Frage ist ganz einfach. Wir werden energetisch zu den Menschen gezogen, die es verdienen, versucht oder bestraft zu werden. Die Antwort auf deine zweite Frage … musst du selbst entdecken."

Tatianas Antwort verwirrte Henry noch mehr.

„Was meinst du?" fragte er.

„Wenn die Zeit kommt, unsere Pflicht zu erfüllen, hören wir eine Stimme in unserem Kopf."

„Eine Stimme?"

„Ja, die Stimme unseres geliebten Vaters. Die Stimme, die uns auf unserem Weg führt und uns mit Liebe erfüllt. Mit der Liebe, die wir alle so dringend brauchen und von der wir so wenig haben."

Tatianas letzte Worte erzeugten eine Welle aus Enttäuschung und Wut in Henrys Geist, und auf dem Kamm dieser Welle konnte er seinen Ausbruch nicht mehr kontrollieren.

„Wovon redest du? Welche Liebe? Seht ihr nicht, wie sehr ihr alle manipuliert werdet? Ihr seid zu einem stumpfen Werkzeug in der Hand eines sogenannten Vaters geworden", rief Henry, wenn auch nicht laut genug, um im Nebenzimmer gehört zu werden.

Tatiana schenkte ihm den freundlichsten Blick, den Blick, mit dem eine Mutter ihren Sohn ansieht. Es war ein Blick, der die Unerfahrenheit eines Jugendlichen toleriert. Dann beugte sie sich vor, legte sanft ihre Handfläche auf Henrys Wange. Er saß noch immer auf der Bettkante, als ihr Gesicht direkt vor seinem erschien. „Wenn du ihm begegnest, wirst du es verstehen." Die Art, wie sie ihm in die Augen sah und wie sie den letzten Satz sagte, ließ für Henry keinen Zweifel an der Gewissheit ihres Wissens.

„Wann werde ich ihm begegnen?"

„Jetzt sofort", sagte Tatiana, während sie seine Hand ergriff.

„Verabschieden wir uns nicht zuerst?"

„Nein", sagte sie und legte ebenso sanft, wie sie zuvor ihre Hand auf Henrys Gesicht gelegt hatte, ihre Hand über seine Augen.

Vater

„Du kannst jetzt deine Augen öffnen", hörte Henry Tatianas Stimme in seinem Kopf.

Als er sie öffnete, wollte er sie sofort wieder schließen. Er fühlte sich desorientiert und verwirrt. Er konnte nichts sehen außer Tatiana, die mitten in der Luft schwebte. „Was bedeutet das?" fragte er.

„Schau nach unten", wies ihn Tatiana an.

„Warum sind wir hier?"

„Ich wollte dir einen Blick aus der Vogelperspektive auf unsere bescheidene Realität zeigen", erklärte sie. „Ich weiß, dass sie sehr asketisch ist, aber sie ist uns sehr lieb. Außerdem kannst du nur von hier oben einen klaren Blick darauf werfen."

„Am Boden zu sein ist für mich natürlicher und angenehmer, also glaube ich dir einfach", sagte Henry, dann änderte er seine Meinung. „Was soll's, lass uns fliegen."

Tatiana führte ihn in Richtung der Stadt, die am Horizont kaum wahrnehmbar war. Während sie über den verschneiten Wald flogen, bemerkte Henry viele Holzhütten in unterschiedlichen Größen und Formen, die wie zufällig zu Füßen der Kiefern verstreut lagen, die wie gewaltige schlafende Riesen wirkten. Bald erreichten sie den Rand des Waldes, flogen dann über das kristallweiße Feld bis zur Grenze des weißen Gewandes, das sich in die Sommerstadt verwandelte.

Plötzlich erhöhte Tatiana die Flughöhe, und als sie Henrys Unbehagen bemerkte, erklärte sie: „Wir brauchen einen besseren Beobachtungswinkel."

Sie flogen über die endlosen Reihen von Wohnblöcken, die durch enge Straßen unterteilt waren. Dann kamen breite Straßen, und erst durch das Steigen auf eine beträchtliche Höhe konnte Henry erkennen, dass all diese breiten Straßen zu einem Punkt führten. Dieser Punkt sah aus wie ein Stück massiven Goldes. Als sie näher kamen, erkannte Henry, dass es sich um ein Gebäude handelte, das mit einem strahlend goldenen Dach bedeckt war, und dass sich die gesamte Realität um dieses Gebäude herum ausbreitete.

Als sie schließlich das seltsame Bauwerk erreichten, bemerkte Henry, dass es die Form eines Kreuzes hatte, mit einer großen goldenen Kuppel in der Mitte und vier kleineren Kuppeln darum herum. Beim Abstieg enthüllte sich das Bauwerk als eine wunderschöne christliche Kirche. Beeindruckend in ihrer Größe, bestanden die Wände aus weißem Marmor, und jede Kuppel war von einem goldenen orthodoxen Kreuz gekrönt. In dem Moment, in dem ihre Füße den Boden berührten, kommentierte Henry: „Sehr beeindruckend. Ich nehme an, hier wohnt der Vater?"

„Ganz genau", sagte Tatiana. Sie bedeckte ihren Kopf mit einem Schal, den sie aus ihrer Tasche gezogen hatte, und stieg die breiten Steintreppen zum Haupteingang hinauf. Riesige Holztüren standen weit offen, und sie blieb davor stehen. Henry anblickend sagte sie: „Hier muss ich mich verabschieden."

„Willst du mich nicht vorstellen?" sagte Henry überrascht. „Deine Naivität steht deiner Reinheit in nichts nach. Ich bin mir sicher, dass er von deinem Besuch längst wusste, bevor du unsere Realität betreten hast." Tatiana lächelte, trat näher an Henry heran und küsste ihn dreimal auf die Wangen.

Bevor Henry den Mund öffnen und fragen konnte, wofür das gewesen war, sagte sie: „Es ist Tradition. Leb wohl, mein tapferer Entdecker. Gott weiß, vielleicht sehen wir uns wieder."

„Leb wohl und danke für deine Gastfreundschaft, Tatiana", sagte Henry mit einem Lächeln.

„Gern geschehen." Sie verschwand spurlos.

Allein zurückgelassen, fühlte sich Henry wie ein unvorbereiteter Schüler kurz vor einer Prüfung. Solch lange vergessene Gefühle aus seiner Vergangenheit tauchten plötzlich wieder auf, und störende Emotionen umhüllten sein ganzes Sein. Henry machte den ersten Schritt durch die Tür und bemerkte sofort den starken Geruch von schmelzendem Wachs. Dieser Geruch rief Erinnerungen an seine Kindheit hervor, als sein Vater ihn jeden Sonntag dazu zwang, die der Wohnung nächstgelegene Kirche zu besuchen. Gefühle von Nostalgie über seine Jugend und Widerstand gegen den Willen seines Vaters überwältigten ihn. Mutig ging Henry auf das Zentrum der Kirchhalle zu, immer in Erwartung, jedem Moment dem Unbekannten zu begegnen. Als er den Platz unter der Hauptkuppel erreichte, blieb er stehen und blickte sich um. Die Kirche war frei von jeglichen Seelen. Diese Verzögerung beim Treffen mit dem Vater gab Henry Zeit, sich zu beruhigen und einen genauen Blick auf seine Umgebung zu werfen.

Er war zuvor noch nie in einer orthodoxen Kirche gewesen und entschied sich, diese Gelegenheit nicht zu verpassen, um in ihre wahre Essenz zu blicken. Das Innere der Kirche war von einer großzügigen Anzahl brennender Kerzen erleuchtet, die auf Metallgestellen mit Sand platziert waren und rund um den gesamten Bau verteilt standen. Die Wände waren mit den schönsten Ikonen in unterschiedlichen Größen und Ausführungen versehen. Darunter befanden sich Bilder der Jünger Christi und von Heiligen, abwechselnd mit Szenen aus der Bibel. Kein Zentimeter der Wände blieb ohne Malerei oder irgendein religiöses Artefakt. Obwohl Gold die dominierende und überwältigende Farbe des Inneren war, wirkte es harmonisch und ausgesprochen geschmackvoll.

Nachdem er sich Zeit für die Beobachtung genommen hatte, entschied Henry, den Vater auf seine Anwesenheit aufmerksam zu machen. „Hallo", flüsterte er. Seine Stimme prallte von der Kuppel über ihm zurück, verstärkte sich und hallte durch die gesamte Kirche. Es dauerte eine Weile, bis die durch seinen Gruß verursachte Unruhe sich gelegt hatte, bevor Henry erneut rufen konnte: „Ist hier jemand?" Seltsamerweise hallte seine Stimme diesmal nicht wider, sondern schien von den Wänden der Kirche absorbiert worden zu sein. Dann hörte er das Quietschen einer sich öffnenden Tür, und hinter dem Altar erschien ein großer Mann in einem weißen Talar, dessen Kapuze seinen Kopf bedeckte. Der Mann begann auf das Zentrum der Kirche zuzugehen, wo Henry stand, und je näher er kam, desto besser konnte Henry ihn beobachten.

Er wirkte, als sei er in den Siebzigern, mit einem grauen, gepflegten Bart, der ihm fast bis zur Brust reichte. Unter dichten Augenbrauen bemerkte Henry ein Paar ungewöhnlich große und extrem ausdrucksstarke blaue Augen, die ihn direkt anstarrten. Er stellte fest, dass der Mann eine kleine gerade Nase und rosige Wangen hatte. Der Rest seines Gesichts wurde von einem Schnurrbart bedeckt, der nahtlos in den Bart überging. Jeder Schritt dieses Mannes, der die Distanz zwischen ihnen verringerte, ließ in Henrys Herzen unbekannte Emotionen aufsteigen. Er hatte das Gefühl, ihm gehe die Luft aus, und dann begannen seltsame Visionen vor seinen Augen zu erscheinen. Visionen aus seinen vergangenen Leben und wahrscheinlich auch aus der Zukunft. Mit jedem Schritt, den der Mann näher kam, beschleunigten sich die flackernden Bilder in ihrer Intensität. Henry versuchte, sich zu kontrollieren, doch es wurde immer schwieriger, sich zu konzentrieren. Als der Abstand zwischen ihnen etwa zehn Meter betrug, streckte Henry den Arm vor, um ihn mit einer Geste zum Anhalten zu bringen.

Der Mann in Weiß erstarrte und sagte mit einer äußerst sanften und freundlichen Stimme: „Es tut mir leid, wenn ich dir Unbehagen bereitet habe, Henry."

„Es ist in Ordnung, Sir, aber bitte kommen Sie nicht näher."

Eine Minute später fühlte Henry sich etwas besser und beschloss, ein Gespräch zu beginnen.

„Wie soll ich Sie ansprechen, Sir?"

Jede Seele in diesem Reich nennt mich Vater Alexey, aber da du nicht von hier bist, reicht Alexey."

Henry schwieg einen Moment lang, unsicher, was er sagen oder tun sollte. Der Mann vor ihm stand regungslos, und das lange Schweigen wurde von Sekunde zu Sekunde schwerer. Schließlich sagte Henry: „Sie haben ein sehr starkes Energiefeld, und es scheint mich zu beeinflussen, und zwar nicht auf eine gute Weise."

„Du wirst dich bald daran gewöhnen", antwortete Alexey, bevor auch er wieder schwieg.

Henry entschloss sich trotz seiner Furcht vor dem Unbehagen, näherzutreten, um einen besseren Blick zu bekommen. Als er etwa fünf Meter von dem Mann im Umhang entfernt war, musste er stehen bleiben.

„Keine Eile." Vater Alexey war sich seiner Kraft, die Seelen um ihn herum zu beeinflussen, sehr wohl bewusst.

Aus dieser Nähe konnte Henry Alexeys ungewöhnliches Gewand genauer betrachten. Was aus der Ferne schlicht weiß gewirkt hatte, war in Wirklichkeit Seide, die mit silberner Stickerei verziert war. Kreuze waren großzügig über den gesamten Stoff verteilt, am auffälligsten ein großes auf seiner Kapuze, direkt über der Stirn des Vaters.

„Sind Sie ein Priester?" fragte Henry.

„In diesem Reich ja", antwortete der Vater.

„Warum?"

„Es macht es mir leichter, die Dinge zu tun, die ich hier tun muss."

Henry erkannte, dass er es mit einem Mann von wenigen Worten zu tun hatte, einem Mann, der nichts von ihm verlangte und nur anwesend war, um Henrys Neugier zu befriedigen. Henry hatte das Gefühl, dass dies eher ein Interview als ein Gespräch werden würde. Fragen von ihm, kurze Antworten von Alexey. Es würde keine persönliche Bindung geben, keinerlei Art von Verbindung. Alexey betrachtete ihn weiterhin ruhig. Plötzlich bemerkte Henry, dass sich die Gesichtsausdrücke des Vaters von traurig zu einem sanften Lächeln und wieder zurück zu Traurigkeit wechselten. Henry hatte das Gefühl, dass dieses seltsame Wesen in ihn hineinlas.

Alexeys durchdringenden Augen durchforsteten Henrys Geist, ließen nichts ungesehen, keinen winzigen abgelegenen Winkel, um Henry eine Flucht vor dieser Befragung zu ermöglichen. Sobald Vater Alexeys Bekanntschaft mit Henrys Seele beendet war, sagte er: „Wie kann ich dir helfen, Sohn?"

„Ich habe so viele Fragen und weiß nicht, wo ich anfangen soll." Henry war überwältigt.

„Lass mich dir helfen", sagte Vater Alexey. „Du willst wissen: ,Wer zum Teufel bin ich, um zu entscheiden, welche Menschen bestraft werden sollten oder nicht', richtig?"

Henrys Gesicht wurde knallrot, weil er solche respektlosen Gedanken gehabt hatte, und er senkte die Augen und sagte mit sehr leiser Stimme: „Ja."

„Sieh mich an", sagte Vater Alexey, „und sei nicht beschämt, denn das ist die eine Frage, auf die ich mir selbst gerne eine Antwort geben würde."

Nach einem kurzen Zögern sagte Henry: „Sagen Sie, dass Sie nicht wissen, wer Sie wirklich sind?"

„Und du?" erwiderte Vater Alexey.

„Ich denke schon", antwortete Henry.

„Also bist du dir nicht sicher?"

„Ich habe meine Zweifel."

„Jetzt multipliziere das mit tausend, und das ist das Ausmaß meiner Unsicherheit."

In genau diesem Moment bemerkte Henry ein junges Paar, das die Kirche betrat. Sie trugen schwarze Anzüge, weiße Hemden und schwarze Krawatten. Ein Kopftuch bei einem von ihnen deutete auf eine weibliche Seele hin.

„Entschuldigen Sie", sagte Vater Alexey, und ging auf das herannahende Paar zu. Henry konnte ihr Gespräch nicht hören.

Überraschenderweise bekreuzigten sie sich beim Erreichen von Vater Alexey, verbeugten sich im Oberkörper und küssten ihm nacheinander die Hand. Es folgte ein kurzes Gespräch, erneut das gleiche Handkussritual, und dann verließ das Paar die Kirche.

Vater Alexey kehrte zu Henry zurück, entschuldigte sich erneut und sagte dann: „Ich sehe deine Neugierde über das, was gerade passiert ist."

„Ja", bestätigte Henry.

„Sie waren auf dem Weg zur Erde und kamen, um meinen Segen zu empfangen."

„Machen das alle so?"

„Nein, nicht alle. Nur diejenigen, die es möchten," antwortete der Vater, sah sich um und entdeckte eine nahe stehende Bank, „Setzen wir uns. Ich habe das Gefühl, dass unser Gespräch nicht kurz ausfallen wird." Sobald sie Platz genommen hatten, fuhr Vater Alexey fort: „Um zu dem zurückzukehren, worüber wir sprachen: Das Alter einer Seele steht in direktem Verhältnis zu ihrer Komplexität."

„Könnten Sie das bitte einfacher erklären?"

„Nun," sagte Alexey mit einem tiefen Seufzer, „junge Seelen stellen weniger Fragen an sich selbst und ihre Umgebung. Sie akzeptieren die Dinge so, wie sie sind, ohne nachzufragen. Stimmen Sie dem zu?"

„Ja," antwortete Henry.

„Mit zunehmendem Alter werden Seelen jedoch immer neugieriger, gegenüber ihrer Umgebung, gegenüber anderen Seelen und schließlich gegenüber sich selbst. Fragen wie ‚Wer sind wir, woher kommen wir, und was ist der Zweck unserer Existenz' finden eines Tages ihren Platz im Geist."

„Stimme zu," sagte Henry, „besonders wenn wir auf der Erde sind."

„Dies gilt auch für jene, die in spirituellen Bereichen leben," entgegnete der Vater. „Du bist ein leuchtendes Beispiel dafür."

Henry nickte nur zustimmend.

„Zum Beispiel kann ein großer Pianist nicht erklären, woher sein Talent kommt, doch er besaß es bereits von klein auf. Gleiches gilt für berühmte Wissenschaftler, Künstler, Sänger, Designer ... sie fallen dir sicher alle ein. Die ganze physische Welt bewundert sie, doch es sind sie, die mit den größten Fragen zurückbleiben: ‚Woher kommt das, und wie lange wird es dauern?' So erledigen sie alles besser als jeder andere, und es fällt ihnen so leicht, fast mühelos."

„Wenn ich mich nicht irre, nennen wir sie Genies," sagte Henry.

„Ja, das ist korrekt," antwortete der Vater, „aber du solltest wissen, dass sie alle sehr alte Seelen sind. Wenn du ihnen begegnest, kannst du ihre Tiefe und die enorme Professionalität in allem, was sie tun, spüren."

„Ich stimme zu," bestätigte Henry und wurde sichtlich aufgeregt darüber, sich in seiner Annahme getäuscht zu haben, dieser Mann sei geizig mit seinen Worten.

„Nun, um deine Frage zu beantworten ... wer bin ich, um über Menschen zu urteilen," für einen Moment schien Vater Alexey in seinen eigenen Gedanken verloren zu sein, dann blickte er Henry mit einem völlig offenen Gesicht an und sagte: „Ich weiß es nicht."

Seine Antwort warf Henry in die offenen Arme völliger Verwirrung. Hier stand er neben der mächtigsten Seele dieses Reiches und vermutlich der mächtigsten Seele in der physischen Welt, die über das Schicksal von Millionen und Abermillionen Menschen auf der Erde entschied – und stellte fest, dass sie auf der Suche nach Selbsterkenntnis war …

„Wollen Sie mir sagen, dass Sie die gesamte Menschheit verurteilen und verfolgen, ohne zu wissen, wer Sie wirklich sind?"

„Ja," antwortete Vater Alexey.

„Gut, nehmen wir einmal an, dass das wahr ist, aber dann sollten Sie wenigstens wissen, wie Sie es tun?"

„Ja, das weiß ich," bestätigte Vater Alexey mit Nachdruck.

„Können Sie mir das bitte erklären?"

Vater Alexey seufzte und fuhr fort: „Ich habe eine direkte Verbindung zur universellen Bibliothek, mit der du ja bereits recht vertraut bist."

„Ja."

„Im Grunde bin ich ein Teil dieser Bibliothek. Wissen über jede Seele auf der Erde wird zu meinem Wissen. Was also wie ein Akt des Richtens aussieht, ist schlicht ein Prozess des Urteilens."

„Moment, Moment," sagte Henry und machte eine stoppende Geste in Richtung des Vaters. „Wollen Sie sagen, dass Sie mit dem Urteil über diese armen Seelen auf der Erde gar nichts zu tun haben?"

„Nein, wie gesagt, ich gebe das Urteil nur weiter."

„An wen?" fragte Henry zutiefst verwirrt.

„An die Strafenden und Versucher. Irgendwie weiß ich, wer, wann und in welchem Ausmaß bestraft werden muss, und wenn du mich fragst, ‚woher ich das weiß', habe ich keine Antwort für dich."

„Ich verstehe. Dann können Sie mir vielleicht meine nächste Frage beantworten."

„Gern, wenn ich kann."

„Sie sitzen hier in dieser wunderschönen Kirche und unterhalten sich schon eine ganze Weile mit mir, wofür ich Ihnen ewig dankbar bin. Wer führt in dieser Zeit Ihre Aufgaben aus? Soweit ich weiß, gibt es doch Millionen von Seelen in der physischen wie in der geistigen Welt, die beurteilt, geleitet und gelenkt werden müssen."

„Ich verstehe." Vater Alexey lächelte, als er antwortete. „Lassen Sie mich Ihnen ein Beispiel geben, damit Sie den Gedanken besser erfassen. Ist es Ihnen auf der Erde jemals passiert, dass Sie ein Auto zu einem Ziel gefahren haben und bei der Ankunft keinerlei Erinnerung daran hatten, wie Sie dorthin gelangt sind?"

„Ja, viele Male," antwortete Henry.

„Während Sie fuhren, schweiften Ihre Gedanken irgendwohin. Menschen nennen das Fahren im Autopilot, aber sie irren sich tief. Während der gesamten Fahrt arbeitete Ihr Geist tatsächlich und reagierte erfolgreich auf alle Komplikationen auf der Straße."

„Ich verstehe, aber warum konnte ich mich dann an nichts erinnern?"

„Weil Ihr Geist nur eine dieser Erfahrungen bewusst erinnert, obwohl beide gleichzeitig stattfanden."

„Ich verstehe," sagte der erleuchtete Henry.

„Sie begreifen also das Prinzip. Während ein Teil von mir hier bei Ihnen ist, erfüllt der andere meine Aufgaben."

„Sie sagten Teile?"

„Ja."

„Wie viele Teile gibt es?"

Vater Alexey antwortete nach einem Moment des Zögerns: „Wollen Sie sie sehen?"

„Ja, das möchte ich gern," antwortete Henry, doch in seiner Stimme schwang eine Mischung aus Furcht und Aufregung mit.

Ohne seine Sitzhaltung zu verändern, begann Vater Alexey sein Erscheinungsbild zu wandeln. Henry sah einen tibetischen Mönch in orangefarbener Robe, dann einen muslimischen Imam, einen hebräischen Rabbi, einen traditionellen afrikanischen Führer, einen indianischen Häuptling und viele weitere selbsternannte religiöse Anführer. Er wechselte die Bilder so schnell, dass Henry sie weder erfassen noch voneinander unterscheiden konnte.

Als diese Maskerade schließlich vorüber war und Vater Alexey zu seinem ursprünglichen Erscheinungsbild zurückkehrte, sagte Henry: „Mir ist aufgefallen, dass Sie in all Ihren Teilen ein religiöser Führer sind."

„Das stimmt."

„Warum?"

„Das lässt sich leicht erklären," erwiderte Vater Alexey. „Die meisten unserer Vollstrecker sind Seelen mit starkem Glauben. Wie Sie wissen, ist der Grundstein jedes Glaubens eine vollständige Hingabe ohne Fragen. Totale Gehorsamkeit gegenüber ihrem Führer und Vertrauen in sein Urteil. Wobei Sie nicht vergessen dürfen: Niemand hat sie dazu gezwungen. Sie haben diesen Weg freiwillig gewählt und schöpfen daraus ein enormes Maß an Freude, Befriedigung und Erfüllung."

„Erfüllung?" fragte Henry.

„Ja, weil sie die Bedeutung ihres Handelns für die Aufrechterhaltung des universellen Rechtssystems verstehen."

„Ich verstehe." Dann erinnerte sich Henry an etwas Wichtiges und fuhr fort: „Der Bibliothekar, der mir half, Sie zu finden, sagte, dass Vollstrecker ein erheblich niedriges Maß an Mitgefühl und Empathie gegenüber den verkörperten Seelen auf der Erde hätten. Stimmt das?"

„Ja, das stimmt. Außerdem werden sie in dem Moment, in dem eines dieser Gefühle in ihr Bewusstsein dringt, in dieser Realität funktionsunfähig."

„Ich hörte, man nenne sie Kriegsopfer."

„Nicht ganz."

„Was geschieht dann mit ihnen?"

„Sie steigen einfach die Leiter der spirituellen Entwicklung hinauf," erklärte Vater Alexey. „Mit anderen Worten, sie gelangen an einen besseren Ort."

„Ist es das, was mit Sergey geschehen wird?" fragte Henry.

„Ja, er ist bereit weiterzugehen," antwortete Alexey.

„Keine Reue über den Verlust eines Soldaten?"

„Er wird schneller ersetzt, als Sie denken," erwiderte Alexey. „Es gibt viele Seelen, die sich in den Übergangsreichen schnell langweilen, und sobald sie angesprochen werden, die

Rolle eines Kreuzritters zu übernehmen, fühlen sie sich leicht zu diesem Reich hingezogen."

„Und was ist mit den Versuchern?"

„Sie gehören zu einer höheren Kaste dieses Reiches. Wie Sie bereits wissen, sind Versucher dafür da, Versuchungen zu erschaffen und ..."

„So wie ich es sehe," unterbrach Henry respektvoll, „haben Menschen genug Versuchungen, mit denen sie allein klarkommen müssen. Warum brauchen sie dann eine gezielte Provokation?"

„Sie haben vollkommen recht," antwortete Vater Alexey. „Deshalb ist die Anzahl der Versucher deutlich geringer als die der Vollstrecker."

„Aber warum brauchen wir sie überhaupt?" fragte Henry ein wenig gereizt, da ihm die ganze Anordnung ungerecht erschien.

Vater Alexey sah Henry mit einem freundlichen und verständnisvollen Lächeln an, und es schien, als gäbe ihm dies die Gelegenheit, selbst über die Notwendigkeit der Versucher nachzudenken.

Eine Minute später sagte Vater Alexey: „Versucher spielen eine entscheidende Rolle im Entwicklungsprozess einer Seele in der physischen Welt. Nur durch sie können wir im physischen Körper unsere Stärke testen, um den entwertenden Kräften der physischen Realität zu widerstehen."

„Könnten Sie das bitte erläutern?" fragte Henry.

„Gern," fuhr Alexey fort. „Eine Person, die versucht, Gewicht zu verlieren, braucht keinen Versucher. Das Essen übernimmt diese Rolle von selbst. Männer, die ihre Schwächen für zufällige sexuelle Begegnungen erkennen, brauchen keine Versucher. Es gibt genügend Frauen, die diese Rolle für sie übernehmen. Eine Person mit Glücksspielproblemen braucht keinen Versucher. Es gibt viele Orte, die ihm die Gelegenheit zum Spielen bieten."

„Ich verstehe das Prinzip," sagte Henry.

Vater Alexey lächelte, anerkennend auf Henrys ungeduldigen Charakter, und fuhr mit seiner Erklärung fort.

„Die Versucher sind dazu da, die Stärke unseres Engagements zu prüfen."

„Engagement?" fragte Henry überrascht.

„Ja. Wie Sie bereits wissen, versuchen Seelen, wenn sie ihr physisches Leben antreten, die Mängel ihrer vorherigen Leben zu beheben und übernehmen zugleich neue Aufgaben."

„Verstehe."

„Zum Beispiel wird eine Frau, die in einem früheren Leben Prostituierte war, sich in diesem Leben der Enthaltsamkeit verpflichten. Eine gewalttätige Seele wählt eine Familie, die ihr hilft, ihr aggressives Verhalten zu überwinden. Ein Spieler wird das Glücksspiel verabscheuen, ein Trinker wird den Geruch von Alkohol nicht ertragen, und so weiter. Doch im Verlauf dieses nächsten gewählten Lebens werden sie alle von unseren Versuchern herausgefordert, um die Stärke ihres Engagements zu prüfen, nicht erneut in dieselben Fallen zu geraten."

„Es ist, als würden sie sie necken," sagte Henry.

„Genau das ist es," stimmte Vater Alexey zu.

„Wie oft werden die Versucher das tun?"

„Wenn die Seele der Versuchung beim ersten Versuch widersteht, wird sie in Ruhe gelassen."

„Und wenn nicht?"

„Dann wird sie in dasselbe alte Verhaltensmuster zurückfallen und die Aufgabe, zu der sie sich verpflichtet hat, nicht erfüllen."

„Und wenn sie ihren Fehler erkennen und versuchen, ihn zu korrigieren?"

„Dann werden sie erneut geprüft. Wenn sie den Test bestehen, öffnet sich ihnen eine große Perspektive, und ihre Zukunft wird reich an angenehmen Überraschungen sein."

„Ich verstehe," sagte Henry, „also werden sie im Grunde belohnt, wenn sie die richtigen Entscheidungen treffen?"

„Ja, aber das ist noch nicht alles."

„Was noch?" fragte Henry.

„Neben der Prüfung ihres Engagements für einen gewählten Weg sind die Versucher dazu da, etwas zu offenbaren, das viel tiefer in unseren Seelen liegt. Etwas über die Existenz, dessen wir uns nicht bewusst sind."

„Wovon reden Sie?"

„Ich spreche von einem Priester, der in der Stärke seines Glaubens geprüft wird, einem Prediger, um seine Fähigkeit zu offenbaren, Reichtum und ein luxuriöses Leben zu widerstehen. Ein Richter wird in der Stärke seiner Ehre getestet. Ein liebevoller Ehemann in der Stärke seiner Hingabe. Ein ehrlicher Politiker in seiner Fähigkeit, Bestechung abzulehnen. Diese Liste ließe sich endlos fortsetzen. Wie Sie sehen, spielen Versucher eine wichtige Rolle im Leben der Menschen. Ohne sie würden Menschen niemals die Wahrheit über sich selbst finden."

„Jetzt verstehe ich, worauf Sie hinauswollen," sagte Henry. „Und was ist mit den Strafenden? Es scheint, als würden Sie diese armen Seelen in Fallen locken und dann für ihre Schwächen bestrafen. Liege ich richtig?" „Nicht ganz," sagte Vater Alexey. „Eines der wichtigsten universellen Gesetze gilt immer ..." dann pausierte er.

„Hör auf, mich zu necken," sagte Henry ungeduldig.

„Als ich zugestimmt habe, dich zu empfangen, habe ich nicht viel erwartet," sagte Vater Alexey. „Du wirst wahrscheinlich überrascht sein zu erfahren, wie wenig Seelen in den Übergangsbereichen über die Existenz selbst lernen wollen. Du jedoch hast mich angenehm überrascht."

„Das freut mich zu hören," sagte Henry, „aber was ist mit dem universellen Gesetz?"

„Oh, ja. Es besagt, dass die Strafe proportional zum begangenen Fehler sein muss. Mit anderen Worten, niemand erhält mehr Strafe, als er verdient."

„Wollen Sie damit sagen, dass alle Schwierigkeiten, die Menschen erfahren, tatsächlich verdient sind?"

„Ja, genau das sage ich. Außerdem laden sie diese Schwierigkeiten in ihr Leben ein, indem sie schlechte Entscheidungen treffen, die meist durch Wut, Gier, Neid, Lust und vor allem durch den Wunsch entstehen, etwas zu besitzen, das sie sich nicht leisten können oder auf das sie keinen Anspruch haben. Sie denken immer, dass sie mehr verdienen, als sie bekommen. Und das gilt für jeden Lebensbereich. Solange die Menschheit weiterhin so wenig wie möglich gibt und gleichzeitig erwartet, so viel wie möglich zu erhalten, wird das Reich, in dem wir uns jetzt befinden, nur größer und größer werden."

Henry spürte, dass diese Worte aus dem innersten Kern von Alexeys Seele kamen. Er sah in ihm einen Mann, der tut, was er tun muss, um eines viel größeren Zweckes willen. Ein gewaltiger Strom von Mitgefühl durchflutete Henry.

Indem er Henrys Gedanken las, sagte Vater Alexey: „Ich fühle mich wie ein liebender Elternteil, der seine Kinder zu ihrem eigenen Wohl bestrafen muss."

„Stört es Sie nicht, Satan, Teufel oder böse genannt zu werden?"

„Nein, überhaupt nicht. Es mag so aussehen, als würde ich die dunkle Seite der Existenz vertreten, aber in Wirklichkeit helfe ich, die dunkle Seite unserer Seelen offenzulegen. In Wahrheit kann Licht nur als Licht erkannt werden, weil es Dunkelheit gibt."

„Und was ist mit all den Ängsten, die durch die Handlungen von Versuchern und Strafenden in die Herzen der Menschen gepflanzt werden? Diese tief verwurzelten Ängste hindern Seelen daran, während ihrer Zeit auf der Erde Glück zu finden. Sie fürchten ständig, dass in jedem Moment etwas schiefgehen könnte, besonders in diesen kurzen Phasen, in denen sie glauben, dass endlich alles in Ordnung ist. Ich komme erst vor Kurzem aus der physischen Welt, und alles ist mir noch frisch, also verzeihen Sie bitte, dass ich in dieser Angelegenheit so empfindlich bin. Ich erinnere mich noch, wie ich kaum ein Problem gelöst hatte, da tauchte schon das nächste auf. Es ist, als wäre das gesamte Erwachsenenleben des Menschen eine endlose Kette von Problemen und Schwierigkeiten und die Suche nach deren Lösungen."

Vater Alexey hörte Henrys Vorwürfen geduldig zu, ohne einen Muskel zu bewegen. Er wartete einen Moment, bis Henry seine Emotionen beruhigte, und sagte dann mit kaltem und unbewegtem Gesicht etwas, das Henry in Unglauben stürzte. Er sagte: „Ein Tag auf der Erde ohne ein Problem ist ein verschwendeter Tag."

Für einen Moment verlor Henry sich in diesen Worten. Sein ganzes Wesen protestierte gegen eine solche Behandlung der Seelen auf Erden. Das Einzige, was er herausbrachte, war: „Kein Wunder, dass die Erde von Schmerz, Elend und Unglück überflutet ist."

„Es scheint, als würden Sie mir die Schuld für all das geben!" sagte Vater Alexey.

„Sollte ich das nicht?" entgegnete Henry wütend.

„Wenn Sie mir die Chance geben, würde ich mich gerne rechtfertigen."

„Bitte tun Sie das."

„Das Leben auf der Erde, so lang es einem dort erscheint, ist im Vergleich zum spirituellen Leben tatsächlich sehr kurz. In dieser kurzen Zeitspanne müssen die Seelen so viele Lektionen wie möglich lernen. Wenn man Kindheit oder Alter auslässt, wird dieser Zeitraum noch kürzer."

„Warum lassen Sie das Alter außer Acht?" fragte Henry.

„Weil es eine Zeit ist, in der sie von Versuchern und Strafenden allein gelassen werden, um über ihre Fehler der Vergangenheit nachzudenken. Mit anderen Worten, um die Früchte des Baumes zu ernten, den sie in jüngeren Jahren gepflanzt haben."

„Also sagen Sie, sie haben genug Probleme zu bewältigen und brauchen keine neuen?"

„Genau. Wie ich bereits sagte, ist die produktive Zeit für Studien sehr kurz. Die Anzahl der zu bewältigenden Probleme ist proportional zu ihrem spirituellen Wachstum. Deshalb habe ich gesagt, ein Tag ohne ein Problem sei ein verschwendeter Tag. Aber um die Zeit der Seelen auf der Erde nicht zu einer reinen Erfahrung in der Problemlösung werden zu lassen, die sie in Depression und Apathie stürzen könnte, müssen wir ihnen Pausen gewähren."

„Diese Pausen wären wohl kurzlebige Momente des Glücks," warf Henry ein. „Wenn diese Momente nicht kurz wären, würden die Menschen sie niemals schätzen."

Vater Alexey verteidigte sich: „Außerdem sollten Sie wissen, dass jene ultimativen Zustände des Glücks, die Menschen ihr ganzes Leben lang erreichen wollen, nichts anderes sind als Erinnerungen, Erinnerungen an ihre spirituellen Realitäten, auf die sie freiwillig verzichtet haben, um zur Erde zu kommen und zu lernen. All diese schönen Bilder eines problemlosen Lebens wohnen noch tief in ihrem Unterbewusstsein."

„Sagen Sie, dass wir auf der Erde versuchen, etwas zu erleben, das wir hier bereits erfahren haben?"

„Ja."

„Vielleicht haben Sie recht," sagte Henry.

„Nun, über die Ängste, die durch unser Handeln in die Herzen der Menschen gepflanzt werden," fuhr Alexey fort, „lehren sich verkörperte Seelen während ihres gesamten Lebens gegenseitig, wie sie ihre Ängste überwinden können, da sie Ängste als Hindernisse für ihr Glück betrachten; sie irren sich zutiefst. Ängste sind in den menschlichen Geist verwurzelt, noch bevor sie sich ihrer eigenen Existenz bewusst werden. Sie bestehen, um das Überleben der gesamten Menschheit als Spezies auf der Erde zu sichern, und die Angst vor dem Tod ist die größte unter ihnen."

„Dem stimme ich zu und ich kann nun die Notwendigkeit erkennen. Aber was ist mit anderen Ängsten?" fragte Henry.

„Die nächstwichtigste Angst, die im jungen menschlichen Geist verwurzelt werden sollte, ist die Angst vor unmittelbarer Bestrafung für Fehlverhalten."

„Sprechen Sie von der Angst vor Gott?"

„Ja. Mit der Zeit und dem Alter erkennen die Menschen, dass die Gerechtigkeit des Staates nicht immer durchgesetzt wird, besonders in hoch korrupten Ländern, wie dem Land, in dem die Seele lebt, die Sie führen. Sein Name ist Croton, wenn ich mich nicht irre?"

„Nein, das tun Sie nicht," antwortete Henry.

„Leider würden die meisten Menschen ohne die Angst vor einer ultimativen Strafe unkontrollierbar werden und in der Lage sein, ihre Realität in Chaos und Anarchie zu verwandeln," fuhr Alexey fort.

„Also sagen Sie, dass die Menschen ständig Angst in ihrem Herzen tragen müssen?"

„Ja, solange sie existieren, ist es ihr wichtigstes Überlebensinstrument und ihre Garantie für Ordnung. Eine furchtlose Seele im physischen Körper wäre unkontrollierbar und könnte großen Schaden an sich selbst und vor allem an anderen verursachen. Um zusammenzufassen, was ich erklärt habe: Die Rolle der Religion für das Überleben der Menschheit ist von absoluter Bedeutung."

„Und was ist mit denen, die nicht an Gott glauben? Ich gehörte dazu," sagte Henry.

„Es gibt drei Arten von Ungläubigen," sagte Vater Alexey. „Die ersten sind diejenigen, die die Präsenz von Angst nicht brauchen, um das Richtige zu tun; sie tun es, weil sie es nicht anders können."

„Sprechen Sie von Seelen mit einem hohen Bewusstseinsgrad?"

„Das stimmt, und sie bereiten mir am wenigsten Sorge. Leider sind sie auf der Erde die Minderheit. Die zweite Art von Ungläubigen sind diejenigen, die Unrecht tun, ohne es überhaupt zu erkennen. Diese Seelen müssen von anderen erzogen werden."

„Sie meinen, sie müssen an Religion herangeführt werden?"

„Ja, grundlegende Moralvorstellungen müssen in diese Köpfe finden. Und die Entdeckung des Glaubens kann in diesem Prozess helfen."

„Ich nehme an, das sind junge Seelen?"

„Nein, ich würde sie eher Babyseelen nennen."

„Ich verstehe," sagte Henry. „Schwer, dem zu widersprechen, nicht dass ich wollte ... Und die dritte Art?"

„Die dritte Art ist die herausforderndste."

„Herausfordernd?"

„Ja. Diese Seelen sind sich sehr wohl bewusst, dass sie sich auf der falschen Seite jeglicher Gesetze befinden. Sie überschreiten alle Grenzen rationalen Verhaltens, die der Menschheit bekannt sind. Mit anderen Worten, sie manipulieren und tyrannisieren alle für ihre persönlichen Ziele."

„Zum Beispiel?"

„Um Macht, Reichtum und höchsten Respekt in ihrer Gemeinschaft zu erlangen. Ich nenne sie verdammte Seelen."

„Warum sind sie verdammt?"

„Weil sie sich bewusst sind, dass sie am Abgrund einer Katastrophe leben, aber sie wissen nicht, wann alles unvermeidlich zu Ende geht." Dann hielt Vater Alexey inne, da ihm klar wurde, dass er Henrys Fähigkeit, so viele Informationen aufzunehmen und zu verarbeiten, überforderte.

„Lassen Sie uns über etwas anderes sprechen. Was möchten Sie noch wissen?" fragte Vater Alexey und hob die Augenbrauen.

Henry durchwanderte kurz die leeren Korridore seines Geistes und zog eine Frage hervor, deren Antwort seine persönliche Suche war; ohne Erwartungen entschied er sich trotzdem zu fragen: „Kennen Sie den Schöpfer?"

Vater Alexey richtete seine Augen auf die größte Kuppel der Kirche, und Henry folgte ihm, bemerkte ein massives Bild von Christus direkt über ihnen. Es war in der Kuppel dargestellt. Frieden und Ruhe strömten von diesem Bild aus und hüllten sie von oben ein. Eine ganze Weile saßen sie still nebeneinander und blickten nach oben.

Ohne seine Augen von dem Bild Christi abzuwenden, sagte Vater Alexey: „Man kann ihn nicht kennen. Er liegt jenseits unseres Verständnisses. Das gesamte Dasein zu erschaffen und zu beherrschen … was für ein Bewusstsein. Es tut mir leid, dich zu enttäuschen, obwohl ich ihn die meiste Zeit fühlen kann, doch es zu erklären liegt jenseits meiner Möglichkeiten."

„Sie sagten ‚es'."

„Ja. So sehe ich den Schöpfer."

„Geschlechtslos?"

Vater Alexey sah Henry an und sagte nach kurzem Zögern: „Wenn du es unbedingt wissen willst, sage ich dir, wie ich den Schöpfer sehe."

„Das würde ich sehr gern hören."

„Aber du musst wissen, dass es nur meine Art ist, ihn zu sehen. Ich kann mich irren."

„Trotzdem", sagte Henry, „möchte ich es wirklich wissen."

„Gut", sagte Vater Alexey. Er blickte wieder zu dem Bild empor, legte seine Handflächen wie zum Gebet an die Brust, sprach jedoch stattdessen: „Bitte verzeih mir, falls ich mich irre." Nach dieser aufrichtigen Entschuldigung fuhr er fort: „Ich nenne den Schöpfer ‚es‘, weil ich ihn als Quelle sehe. Die Quelle von allem. Ich meine allem." Vater Alexey breitete die Arme weit aus und machte eine kreisende Bewegung, als wolle er die Welt umarmen. „Für mich wäre es höchst respektlos, ihm einen Namen zu geben oder ihm ein Geschlecht zuzuschreiben."

„Und wie siehst du die Quelle?"

„Ich sehe sie als liebevollen, aber sehr strengen Elternteil. Einen Elternteil, der bis zu einem gewissen Punkt dulden kann, jenseits dessen Strafe unvermeidlich und schnell ist, jedoch immer verhältnismäßig zur begangenen Schuld." Alexey schwieg einen Moment, bevor er fortfuhr: „Ich habe das Gefühl, dass dir all dies schon vertraut ist."

„Ja", stimmte Henry zu. „Was mich interessiert, ist die geläufige Redewendung ‚vergeben und vergessen‘, Worte, die in der physischen Welt weit verbreitet und ständig gepredigt werden."

Vater Alexey lächelte unter seinem dichten Schnurrbart und sagte: „Diese Botschaft wurde den Menschen gegeben, um ihnen den Aufenthalt auf der Erde zu erleichtern."

„Das verstehe ich nicht."

„Indem wir denen vergeben, die uns Unrecht getan haben, werden wir selbst zu den Begünstigten dieser Handlung. Menschen mit einem kurzen Gedächtnis führen immer ein glücklicheres Leben als jene, die Groll bis zum Ende ihrer Tage auf der Erde mit sich tragen. Stimmst du nicht zu?"

„Doch, aber was ist mit der Quelle?" fragte Henry.

„Nichts davon lässt sich auf die Quelle anwenden. Nichts wird von ihr vergessen und vor allem nicht vergeben. Das ist die einzige Bedingung, unter der Ordnung in dieser Existenz aufrechterhalten werden kann."

„Klingt wie ein Militärlager", sagte Henry.

„Dein Vergleich liegt gar nicht so weit von der Realität entfernt."

Henry zog die Augenbrauen schockiert hoch, und Vater Alexey fuhr fort: „Ich bin mir deiner Reise in die universelle Bibliothek bewusst …"

„Die Königliche Bibliothek von Alexandria", korrigierte Henry nur, um anzugeben.

„Davon habe ich noch nie gehört", sagte Vater Alexey.

„Was, der Name?"

„Diese Bibliothek existierte lange bevor Menschen einen Fuß auf die Erde gesetzt haben."

Henry kratzte sich am Kopf, als ihm die Torheit seiner Worte bewusst wurde.

„Sie wurde zur Zeit der Schöpfung selbst erschaffen und hat von diesem Moment an jedes einzelne Ereignis aufgezeichnet", fuhr Alexey fort.

„Das weiß ich bereits", sagte Henry.

„Ist das nicht ein Beweis dafür, dass nichts vergessen wird?"

„Ich schätze schon."

„Die Hindus haben der Welt ein mächtiges Wort geschenkt, das es schaffte, die gesamte Erde zu durchdringen und einen Platz in den Köpfen von Millionen Menschen zu finden. Dieses Wort lautet Karma."

„Ich schätze, das beweist auch, dass niemand vergeben wird", sagte Henry.

„Ja, mein Sohn", antwortete Vater Alexey und legte seine Hand auf Henrys Schulter.

Dieser einzelne sanfte Kontakt versetzte Henry in einen seltsamen Bewusstseinszustand. Plötzlich verschwand alles um ihn herum, einschließlich Vater Alexey, und Henry fand sich schwebend inmitten der Leere wieder. Einen Augenblick später entfalteten sich vor seinen Augen mit enormer Geschwindigkeit Bilder fremder Ereignisse. Es dauerte eine Weile, bis Henry begriff, dass er Zeuge der Entwicklung der Menschheitsgeschichte war – beginnend bei der Zeit von Speeren und Pfeilen bis zu den modernen Tagen von Gewehren und Bomben. In einem Sekundenbruchteil wurde er all den Gräueltaten ausgesetzt, die Seelen im Fleisch begangen hatten. Bilder verschiedenster Schlachten folgten auf Bilder ihrer

Folgen. Unzählige leblose Körper säten sich über Schlachtfelder, eines nach dem anderen. Es kam an den Punkt, an dem Henry es nicht mehr ertragen konnte, und aus voller Kehle schrie er: „Bitte hör auf damit!"

Plötzlich kam alles zum Stillstand. Es wurde so still, dass Henry dachte, er habe sein Gehör verloren. Im nächsten Moment befand er sich wieder in der Kirche, neben Vater Alexey sitzend. Henry versuchte, seine aufgewühlten Emotionen zu kontrollieren, und sagte, während er zu Vater Alexey blickte: „Bitte fass mich nicht noch einmal an."

Vater Alexey lächelte sanft zurück.

„Was zur Hölle war das?" fragte Henry.

„Was du in dieser Sekunde erlebt hast, trage ich seit Jahrtausenden in mir", antwortete Vater Alexey.

„Wie kannst du damit leben, und warum hast du so eine Aufgabe überhaupt angenommen? Sicherlich hat dich niemand gezwungen?" rief Henry.

„Jemand musste dafür sorgen, dass Aggressoren zu Opfern von Aggression werden. Dass Täter den Geschmack ihrer eigenen Handlungen zu spüren bekommen. Diebe bestohlen werden. Betrüger in ihre eigenen Fallen tappen." Nach einer kurzen Pause fügte er hinzu: „Es traf einfach mich, oder wahrscheinlich passte ich ins Bild."

„Es tut mir so leid für dich", sagte Henry mitfühlend.

„Sei es nicht", antwortete Alexey. „Auf der Schwingungsebene, in der ich mit anderen Seelen wie mir weile, geht es nicht darum, was gut für mich oder für sie ist, sondern darum, was gut für alle ist. Mit anderen Worten: für die gesamte Schöpfung."

„Ich verstehe", sagte Henry, als er aufstand, um seine Dankbarkeit auszudrücken und sich zu verabschieden und zu gehen.

Doch Vater Alexey blieb sitzen.

Henry fuhr fort: „Ich würde gerne …"

Vater Alexey hob seine Hand mit geöffneter Handfläche und deutete damit an, dass Henry aufhören sollte zu sprechen. Henry war etwas verwirrt durch die Unterbrechung.

„Es gibt noch etwas, das ich dir zeigen möchte, bevor du gehst", sagte Vater Alexey. „Nur sehr wenige Seelen in diesem Reich hatten die Ehre, dies zu erleben."

Henry spürte, wie sein Herz schneller schlug, und indem er seine inneren Zweifel losließ, erkannte er, dass hinter der Maske dieses ruhigen, alten Priesters eine enorme Kraft des Bewusstseins verborgen war, wie Henry sie zuvor noch nie erfahren hatte. Eine Kraft, die jederzeit mit verheerender Wirkung freigesetzt werden konnte.

Vater Alexey spürte Henrys Zweifel und fragte: „Wovor hast du Angst? Ich werde dich keiner direkten Gefahr aussetzen. Außerdem bist du eine freie Seele und kannst dieses Reich jederzeit verlassen, wenn du es wünschst."

Plötzlich erinnerte sich Henry an Aarons Rat: „Bleibe nicht zu lange dort, und gehe in dem Moment, in dem du spürst, dass es der richtige Zeitpunkt ist." Die Dauer von Henrys Aufenthalt war unmöglich zu bestimmen. Obwohl Aarons zweiter Rat eine Warnung warf, entschied Henry sich, ihn zu ignorieren und sein Glück zu versuchen, noch ein wenig mehr über diese Realität und ihre Bewohner zu lernen.

„Ich habe keine Angst", sagte Henry. „Außerdem ist es sicher lohnend, etwas zu sehen, das nur wenigen zur Ehre wurde."

„Gute Antwort!" sagte Vater Alexey optimistisch. Er stand auf und wies an: „Folge mir." Er ging zum Altar und dahinter zu einer kleinen Holztür. An dieser Tür schien nichts Außergewöhnliches zu sein, außer dass sie ein Gewölbe hatte und alte rostige Scharniere. Vater Alexey zog aus seiner Tasche einen Bund ungewöhnlich geformter Schlüssel, wählte einen aus und steckte ihn ins Schloss. Das Geräusch von drei kurzen Klicks des alten Schlosses hallte in Henrys Magen wider. Unmerklich kroch Angst in seine Seele und ließ seinen Körper erstarren. Bevor er die Tür öffnete, sah Vater Alexey zu Henry und sagte: „Das könnte dir einige Antworten über den Schöpfer geben." Als er die extrem schwere Tür aufstieß, fuhr er fort: „Pass auf deinen Kopf auf" und tauchte in die Öffnung.

„Was zur Hölle," murmelte Henry zu sich selbst und folgte ihm.

Quelle

Henry befand sich in einem engen Tunnel, der in den Boden gegraben worden war. Die Höhe reichte gerade aus, damit er aufrecht stehen konnte. Ebenso war die Beleuchtung gerade ausreichend. Die Lichtquelle erkannte Henry erst einige Schritte später. Entlang der Wände hingen brennende Fackeln in etwa zehn Meter Abstand, die ihren Weg erhellten. Henry folgte Vater Alexey, der sich trotz seines Alters zügig bewegte. Plötzlich nahm Vater Alexey eine scharfe Wendung in einen weiteren Korridor, wodurch Henry die Gelegenheit bekam, sein Gesicht zu sehen. Er war so auf die Aufgabe konzentriert, dass es schien, als hätte er Henry hinter sich vollkommen vergessen. Nach einigen weiteren Drehungen in beide Richtungen trieb ein schneller Blick nach hinten Henry dazu an, schneller zu gehen und näher bei Vater Alexey zu bleiben. Die Fackeln hinter ihnen erloschen sofort nacheinander, sodass der Weg hinter ihnen in völlige Dunkelheit tauchte.

Diese Beobachtung machte Henry vorsichtiger und brachte seine nächste Frage hervor: „Wie sollen wir wieder zurückkommen?"

Vater Alexeys Antwort erschreckte ihn noch mehr: „Das werden wir nicht."

Ein Labyrinth aus sich kreuzenden Gängen und Wendungen ließ keinen Zweifel in Henrys Geist, dass sie sich in einem Irrgarten befanden. Diese Erkenntnis führte zu dem Schluss, dass der Zweck dieses Ortes darin bestand, Seelen zu fangen … Aber aus welchem Grund? Und wie konnte das möglich sein? Henry wusste, dass eine Transformation in diesen Reichen nur einen Gedanken entfernt war. Plötzlich erschien ein rotes Licht an der Wand des Korridors, das Henrys Gedanken unterbrach und seine gesamte Aufmerksamkeit auf diese neue Lichtquelle lenkte.

Bald färbte sich das gesamte Innere des Tunnels in ein sattes Rot. Henry spürte einen starken Luftstrom, der durch eine kleine Öffnung vor ihm in den Tunnel strömte. Vater Alexey verlangsamte seine Schritte und kam dann zum vollständigen Stillstand. Am Ende wurde der Gang deutlich breiter, sodass Henry nach vorne treten und neben Vater Alexey stehen konnte, der nun die Aufregung in Henrys Gesicht erkennen konnte. Die Szenerie, die sich vor Henrys Augen auftat, war atemberaubend. Er stand vor einer riesigen roten Kugel, durchzogen von Orange- und Schwarztönen. Er stand direkt am Rand des Tunnels, und hinter diesem Punkt lag Leere … ein erschreckender Abgrund ins Unbekannte mit unvorhersehbarem Ausgang.

Vater Alexey streckte seinen rechten Arm vor Henry aus, um ihn daran zu hindern, sich der Kante zu nähern. Dann, ohne Henry anzusehen, fragte er: „Kommt dir das bekannt vor?"

„Ja," sagte Henry, „ich habe etwas Ähnliches in der Kammer der Schöpfungen gesehen, nur war die Farbe anders und es drehte sich nicht."

„Gute Beobachtung," sagte Vater Alexey.

„Kannst du das erklären?" fragte Henry und deutete auf die Kugel.

„Ich kann die Rotation nicht erklären, aber die Farben repräsentieren den emotionalen Zustand der gesamten Menschheit."

„Emotionaler Zustand?"

„Ja. Er verändert sich mit dem Verhalten der Menschen, mit der Art, wie sie kollektiv denken und handeln. Während des letzten Weltkriegs war er fast schwarz."

„Ich verstehe," sagte Henry und trat ein Stück näher an den Rand, um einen besseren Blick zu erhaschen.

Die Kugel befand sich ungefähr fünfzig Meter von Henry entfernt. Ihre langsame Drehung wirkte zugleich magisch und furchteinflößend. Im Vergleich zur Kammer der Schöpfungen waren keine Rohre an der Kugel befestigt. Stattdessen schwebte sie in der Luft, umgeben von mehreren Öffnungen ähnlich derjenigen, in der Henry stand. Vollständig von seinen Beobachtungen gefesselt, vergaß Henry völlig Vater Alexey, und als er einen Schritt vom Rand zurücktrat, war der Priester verschwunden.

„Hallo?" rief Henry und fühlte sich unruhig. Einen Moment später wiederholte er den Ruf, diesmal etwas lauter, doch Vater Alexey war nirgends zu sehen. Henry blickte in das offene Maul eines pechschwarzen Tunnels, drehte sich um, warf einen letzten Blick auf die Kugel und sagte: „Ich glaube, ich habe genug gelernt. Es ist Zeit, auszuchecken." Henry schloss die Augen und sprach wie gewohnt: „Nach Hause," während er den winzigsten Gedanken hielt, dass Rose zu Hause sein würde und er ihr endlich eine längst überfällige Umarmung und einen Kuss geben konnte. Er konnte sie fast in seinen Armen spüren, und der Duft ihres Haares lag auf seinen Lippen.

Eine Sekunde später öffnete er die Augen und befand sich an derselben Stelle vor der blutrot schimmernden Kugel.

„Nein," flüsterte Henry verwirrt und ungläubig. „Das kann nicht sein." Er schloss erneut die Augenlider und versuchte mit unbeirrbarer Entschlossenheit, seinen Willen für das endgültige Ziel auszudrücken, doch das Ergebnis blieb dasselbe. Henry drehte sich um, um der schwarzen Kehle des hungrigen Labyrinths gegenüberzutreten, und beschloss, vorsichtig einzutreten, in der Hoffnung, seinen Weg zurück zur Kirche zu finden. Zögernd betrat er die Dunkelheit. Die Lichter der zuvor brennenden Fackeln waren längst erloschen, nur zitternde rote Blitze von der ständig rotierenden Kugel tanzten an den Wänden des Tunnels. Einige Meter weiter stieß er auf eine Gabelung und entschied nach kurzem Zögern, nach rechts zu gehen. Er bewegte sich weiter vorwärts und warf kontinuierlich einen Blick zurück, um den roten Punkt nicht aus den Augen zu verlieren, der mit jedem Schritt kleiner wurde. Auf der Erde erinnerte sich Henry daran, über Strategien gelesen zu haben, um aus einem Labyrinth zu finden.

„Alles, was ich tun muss, ist, meine rechte Hand ständig an der Wand des Tunnels zu lassen. Das wird funktionieren," versuchte Henry sich selbst zu überzeugen. Er wusste, dass der Rückweg lang sein könnte, aber es war besser, als sich zu verlaufen.

Ein paar Meter weiter stieß er auf eine weitere Gabelung. Henry hielt inne, um seine Optionen abzuwägen. Er konnte die Größe des Labyrinths nicht erfassen, und die Möglichkeit, ewig darin gefangen zu sein, drückte ihm fast die Luft aus.

„Lass mich zurück zur Kugel gehen, bevor ich den Weg zu ihr verliere," sagte Henry zu sich selbst. „Die Quelle kann nicht böse sein oder versuchen, mir zu schaden. Zurück. Zurück zum roten Licht," und er rannte fast auf die spielerischen roten Blitze zu, die ihn riefen. Henry fühlte sich verraten und gefangen. In einem Bruchteil der Zeit wurde er der magischen Kräfte beraubt, die es ihm ermöglichten, sich allein durch Willen und Gedanken zu verwandeln. Etwas, an das er sich seit seiner Zeit als nicht mehr menschliches Wesen gewöhnt und in dem er so geübt war, war nun verschwunden, ausgelöscht, als hätte es nie existiert.

Er fühlte sich völlig losgelöst und isoliert von allem, was ihm einst so lieb und bedeutungsvoll gewesen war. Henry setzte sich an den Rand der Öffnung. Er begann, seine Gedanken zu sammeln, um einen Ausweg aus dem Schlamassel zu finden, in das er sich gebracht hatte. Dabei wurde ihm klar, dass er niemand anderem als sich selbst die Schuld dafür geben konnte. Wegen seines unkontrollierbaren Drangs, mehr zu erfahren, und seiner ungesunden Neugier befand sich Henry nun in einer ungesunden Lage ohne Aussicht auf ein positives Ende. Der Anblick dieser rotierenden Kugel erinnerte Henry an den Lauf der Zeit auf der Erde. Daran, wie er Rose für den Drang nach Wissen verlassen hatte. Das Gefühl, sich mehr aufgeladen zu haben, als er jemals bewältigen konnte, stach hartnäckig in seinen Geist.

Überwältigt von Reue und verfluchend den Moment, in dem er sich auf diese Reise eingelassen hatte, tat Henry etwas, das er noch nie zuvor getan hatte, etwas, das Menschen gewöhnlich tun, wenn sie sich in einem Zustand der emotionalen und physischen Ausweglosigkeit befinden. Indem er seine Handflächen vor seiner Brust aneinanderlegte, begann Henry zu beten. Alte und längst vergessene Gebete aus seiner Kindheit, die ihm von seinem Vater so eindringlich beigebracht worden waren, tauchten mit ungewohnter Klarheit in seinem

Gedächtnis auf. Vollständig geformte Sätze, im Lauf der christlichen Existenz wohlüberlegt aufgebaut, flossen durch seinen Geist und fanden sich in gesprochenem Gebet wieder.

„Jetzt fängst du an zu beten?"

Henry hörte Vater Alexeys Stimme hinter sich. Er sprang auf und drehte sich um, bereit zu sagen, *Wie konntest du mich in dieser Falle allein lassen? Wo warst du? Wie bin ich hier steckengeblieben?* Doch stattdessen entschied er sich zu schweigen.

Vater Alexeys Gesichtsausdruck ließ ihn erstarren. Vollständige Taubheit von Kopf bis Fuß. In seinem Gesicht war keine Spur von Freundlichkeit mehr. Seine ganze Haltung erinnerte Henry an eine zusammengepresste Feder, die jeden Moment aufspringen konnte.

„Also hast du deine Freiheit verloren?" fragte Vater Alexey.

„Ja. Könnte ich sie bitte zurückhaben?" fragte Henry.

„Natürlich kannst du das," sagte Vater Alexey – und die Feder explodierte plötzlich mit ungeheurer Kraft. Mit beiden Händen und auf Henrys Brust zielend stieß Father Alexey ihn über den Rand. Die Bewegung des Priesters war so unerwartet, dass Henry keine Chance hatte, sich zu schützen oder irgendeinen Widerstand zu leisten. Er sah die rasch kleiner werdende Gestalt Vater Alexeys. Er spürte, wie er frei fiel – nicht nach unten, sondern in Richtung der Kugel, mit zunehmender Geschwindigkeit. Obwohl die Entfernung zur Oberfläche nur fünfzig Meter betrug und es nur eine Sekunde dauern würde, bis er die Kruste der gigantischen Sphäre erreichte, schossen unzählige Fragen in seinen aktiven Geist: *Warum hat er das getan? Was wird mit mir passieren? Ist das mein Ende? Werde ich in der Quelle aufgelöst?*

Irgendwie schaffte er es, sich umzudrehen, um seinem erwarteten Ende ins Gesicht zu sehen. Kurz vor dem Aufprall schloss Henry die Augen und schrie mit all der Luft, die ihm noch in den Lungen geblieben war: „Rose!

Rose

In der Zeit, seit Henry gegangen war, führte Rose Croton beharrlich durch die Dornenwälder, die wir alle menschliches Leben nennen. Mal erfolgreich, mal weniger erfolgreich. Sie versuchte vorauszusehen und Croton vor kommenden Hindernissen zu schützen, einen sicheren Pfad durch die Schwierigkeiten des Lebens zu ebnen. Schwierigkeiten haben die Eigenart, uns einzuholen, gerade dann, wenn wir denken, sie endlich umgangen zu haben..

Sechs Jahre waren vergangen, seit Rose Henry zuletzt gesehen hatte. Seine Besuche in ihrer gemeinsamen Realität wurden seltener. Alles in diesem Haus und seiner Umgebung erinnerte sie an ihn und an die unvergesslichen Momente, die sie miteinander geteilt hatten. Diese Momente hielten sie fest, mit der schwelenden Hoffnung, ihn wiedersehen und spüren zu können. Ihre gesamte Existenz war geteilt ... Vorher und Nachher ... und in der Mitte lag eine Zeit, in der sie sich Croton und seiner edlen Aufgabe verpflichtet hatte. Dieses Engagement ließ sie allein zwischen zwei Welten schweben, in Erwartung, wann die Liebe ihres Lebens zurückkehren würde.

Mehrere Versuche, Henry in den Momenten zu kontaktieren, in denen sie ihn am dringendsten brauchte, blieben unbeantwortet. Um sich selbst zu beschäftigen, war Rose gezwungen, die meiste Zeit auf der Erde unter Menschen zu verbringen, Zeugin ihrer Hilflosigkeit und Abhängigkeit von den Führern, die sie durch die Schwierigkeiten leiteten. Croton war mittlerweile ein zweiundzwanzigjähriger Student an der größten staatlichen Universität, der darauf vorbereitet wurde, ein Hüter des Gesetzes zu werden. Generell sehr reif für sein Alter, war Croton nicht schwer zu führen oder zu betreuen, wodurch Rose viel freie Zeit zur Verfügung blieb. Als ihr letzter Funken Hoffnung schwand, entschied sie sich, Thales um Hilfe für eine neue Aufgabe zu bitten, etwas, das sie beschäftigt hielt und ihr erlaubte, für andere nützlich zu sein.

Thales sagte, er werde darüber nachdenken und bat um etwas Zeit, um Optionen zu erwägen.

An einem späten Abend, als Croton bereits im Bett und fest eingeschlafen war, entschied Rose, in ihre eigene Realität zurückzukehren und etwas damit zu unternehmen. „Ich habe die Nase voll von diesem immer gleichen Interieur", sagte sie und begann, die Möbel umzustellen. Sie startete in ihren eigenen Gemächern. Eine Stunde später war nichts mehr wiederzuerkennen. Sie hatte nicht nur die Möbel umgestellt, sondern auch durch neue ersetzt. Nichts entging ihrer Aufmerksamkeit. Ruhige und beruhigende Farbtöne des gesamten Raumes wurden von kräftigen und provokanten Farben verdrängt. Das vorherrschende Beige wurde von leuchtendem Rot, Gelb und Schwarz überlagert. Als sie fertig war, setzte sie sich auf das neu gestaltete rote Ledersofa, um eine Pause zu machen.

„Eine Tasse Kaffee wäre jetzt passend", sagte Rose, während sie sich zurücklehnte, um ihr Werk zu genießen. Der Duft frisch gerösteter Kaffeebohnen erfüllte den Raum.

„Ahhh, ich vermisse dich so sehr", sagte Rose und beugte sich vor, um die dampfende Tasse zu erreichen. Plötzlich erstarrte sie auf halbem Weg, stand auf und ging direkt in Henrys Gemächer. Während sie den verbindenden Korridor passierte, verwandelten sich die Wände von Weiß zu orangem Gelb. Mitten im Wohnzimmer angekommen, sagte sie: „Mal sehen", legte ihr Kinn in die Hand und presste die Lippen fest zusammen. Nach einer Minute Überlegung entschied sie sich, mit Henrys Lieblingssofa zu beginnen. Danach folgten sein Couchtisch und die Sessel. Verlagerte Möbelstücke landeten wahllos in der Raummitte und schufen ein Bild von Chaos und Zerstörung. Der Esstisch mit einer Reihe Stühle fand seinen Platz auf demselben Haufen.

„Das macht eigentlich richtig Spaß", sagte Rose, während sie begann, den Rest des Interieurs zu verändern.

„Aha, aha."

Plötzlich hörte Rose hinter sich jemanden, der versuchte, ihre Aufmerksamkeit zu erlangen. Sie drehte sich sofort um.

„Entschuldige die Störung", sagte Thales, der sich hinter Rose versteckte, um nicht mit den fliegenden Möbeln zusammenzustoßen. „Ich wollte dir meinen Besuch ankündigen, aber es scheint, dass du zu beschäftigt warst, um mich zu hören."

Es tut mir leid, Thales", sagte Rose, die ihr Gesicht zusammenzog angesichts des Lärms von zerbrechendem Geschirr, das in der Luft hängenblieb, weil Thales sie unterbrochen hatte.

Thales blickte sich im Raum um und sagte: „Ich sehe, du bist mitten in einer großen Renovierung."

„Nein, nicht wirklich, nur ein paar kleine Veränderungen", antwortete Rose.

„Okay." Thales spürte die Wut und den Groll in der Stimme einer Frau, die ganz allein zurückgelassen war. „Wahrscheinlich habe ich den falschen Zeitpunkt gewählt, um zu erscheinen. Vielleicht sollte ich später wiederkommen", sagte er entschuldigend und wandte sich zum Gehen.

„Nein!" rief Rose aus. „Bitte geh nicht", bat sie und führte ihn in ihre Gemächer.

Thales folgte ihr durch den überwältigenden, bunten Korridor in ein Zimmer, das wie ein Feuerwerk ihrer Fantasie wirkte. Sie lud ihn ein, auf dem neu gestalteten Sofa Platz zu nehmen. Als Thales sich setzte, fiel sein Blick unweigerlich auf eine dampfende Tasse auf dem Couchtisch.

„Willst du einen Schluck?" fragte Rose, als sie Thales' Interesse an der Tasse bemerkte.

„Was?"

„Kaffee", sagte Rose.

„Nur wenn du mir beschreiben kannst, wie er schmeckt, dann nehme ich gerne einen Schluck", entgegnete Thales.

Verwirrt sagte Rose: „Er schmeckt wie … Kaffee. Was könnte offensichtlicher sein?"

Thales lächelte freundlich und sagte: „Siehst du, Rose, Kaffee wurde den Menschen erst so bekannt, wie du ihn jetzt benutzt, Mitte des siebzehnten Jahrhunderts. Ich war zuletzt in einem physischen Körper etwa im sechsten Jahrhundert v. Chr., das macht mich etwa zweitausenddreihundert Jahre älter."

„Ich verstehe", sagte Rose und räumte ihre eigene Unwissenheit ein. „Das ist eine lange Zeit, um nicht zurückzukehren. Denkst du nie ..."

„Nein. Ich habe wichtigere Aufgaben zu erfüllen."

„Sogar für Kaffee?" fragte Rose, während sie einen Schluck aus ihrer Tasse nahm und so tat, als würde sie ihn besonders genießen.

„Nicht einmal für den Geschmack von Kaffee." Thales lachte laut.

Dann wurde Rose wieder ernst und schaute Thales direkt in die Augen. „Ich weiß, dass du mich nicht besuchen würdest, wenn etwas Wichtiges nicht passiert wäre." Sie schwieg einen Moment, setzte sich auf einen Stuhl vor Thales und fragte: „Geht es ihm gut?"

Mit einem tiefen Seufzer antwortete Thales: „Darum geht es bei meinem Besuch."

„Geht es ihm gut?" wiederholte Rose hartnäckig ihre Frage.

Thales senkte den Blick. „Das ist eine Frage ohne eindeutige Antwort."

„Wie meinst du das?" fragte Rose entsetzt. „Wie kannst du nicht wissen, wo mein Mann ist?!"

Die Verzweiflung in ihrer Stimme, vermischt mit Tränen, hallte durch das ganze Haus.

„Ich konnte seine Bewegungen bis zu einem bestimmten Punkt verfolgen, jenseits dessen ich keine Macht habe", erklärte Thales, immer noch den Boden betrachtend.

„Ich kann nicht glauben, was ich da höre", rief Rose. „Du bist ein Planer, die höchste Stufe der Seele, die ich kenne. Wie kannst du nicht wissen, wo Henry ist?"

„Bitte beruhige dich", sagte Thales. „Es gibt einige Dinge, die ich dir erklären muss."

Rose konnte nicht länger auf ihrem Stuhl sitzen, stand auf und begann unruhig im Raum auf- und abzugehen.

„Ich verstehe deinen Frust, und du hast jedes Recht, so zu fühlen. Aber du solltest auch wissen, dass es seine Wahl war, eine Realität zu betreten, von der die meisten von uns respektvoll Abstand halten. Irgendwann wird er zurückkehren, aber wann, und ob er der gleiche Henry sein wird, müssen wir abwarten."

„Whoa, whoa, whoa", sagte Rose. „Was soll das heißen? Du hast gerade gesagt: ‚er könnte nicht der gleiche Henry sein?'"

„Ja, und lass mich das erklären", beeilte sich Thales, bevor Rose die Beherrschung völlig verlor.

„Die Realität, die Henry erkunden wollte, existiert in einer völlig anderen Dimension als die, in der wir uns jetzt befinden. Selbst die Gesetze der Physik sind dort anders."

„Mich interessiert Physik nicht!" sagte Rose frustriert. „Mich interessiert, warum niemand ihn daran gehindert hat, dorthin zu gehen, oder es ihm sogar verboten hat."

„Die Grundlage der gesamten Schöpfung ist das Gesetz des freien Willens. Niemand kann dir verbieten, etwas zu tun. Wir müssen lediglich mit den Konsequenzen unserer Taten leben."

„Ich verstehe", sagte Rose etwas ruhiger, „aber was ist mit Henry? Ist er in direkter Gefahr?"

„Er ist ins Land der Kreuzfahrer gegangen."

„Kreuzfahrer?" fragte Rose.

„Ja, so nenne ich sie. Ich habe Seelen gesehen, die von dort zurückgekehrt sind, mit völlig veränderter Persönlichkeit, verlorenem Gedächtnis und sogar verändertem Aussehen."

Rose spürte ihre Beine nicht mehr, setzte sich und bedeckte ihr Gesicht mit den Händen. Nach einem Moment der Stille fragte sie: „Wann?"

Thales sah sie verwirrt an, und sie wiederholte die Frage.

„Wann werde ich meinen Mann zurückhaben?"

„Auf diese Frage habe ich keine Antwort. Alles, was ich dir raten kann, ist, weiterhin für ihn zu beten und zu versuchen, seinen Geist zu erreichen."

„Okay. Danke," sagte Rose, und ihre Körperhaltung signalisierte Thales, dass sie nun allein gelassen werden wollte.

„Wie du wünschst," sagte Thales und verschwand still.

In der Zwischenzeit

Der Frühling erblühte in der Stadt. Die Natur erwachte aus ihrem Winterschlaf. Mit weit ausgebreiteten Armen begann sie, ihre Habseligkeiten aus der welkenden weißen Decke zurückzuerobern. Jede Lebensform, selbst die kleinste, schien Angst zu haben, die erste Berührung der wärmenden Sonne zu verpassen. Die dunklen und unattraktiven Winterkleider wurden abgelegt, die Bürger passten sich einer Palette festlicher Farben an und begannen, einander wieder wahrzunehmen. Lange erwartete Lächeln entfalteten sich auf ihren Gesichtern wie Blumen an den frisch erwachten, blühenden Bäumen. Alles und jeder öffnete seine Lungen, um den Geist des herannahenden Frühlings einzuatmen.

So auch Croton. Als Jurastudent im dritten Studienjahr erwies er sich seinen Freunden gegenüber als verlässlicher Kamerad, seinen Professoren als guter Student und seinen Eltern als hingebungsvoller Sohn. Er hatte sich in allem, worauf er sich einließ, hervorgetan. Doch nichts erfüllte ihn vollständig. Sobald er in einem Bereich, sei es Sport, Musik oder Kunst, Erfolg erzielte, verlor er sofort das Interesse und suchte neue Anreize. Die einzige beständige Liebe in seinem Leben war diese unerklärliche Faszination für die Geschichte der Antike und eine kürzlich entdeckte Leidenschaft für Philosophie. Aus irgendeinem Grund fiel es ihm nicht schwer, die Namen der römischen Kaiser zu behalten, ebenso wie die Zeiträume ihrer Herrschaft. Die Regale in seinem Zimmer waren mit Büchern über Rom gefüllt. Schon als Kind konnte er stundenlang sitzen und klassische italienische Musik hören. Seine Mutter Anne sagte häufig: „Wo kommt das her? Manchmal frage ich mich, ob dieser Junge wirklich von mir ist."

Croton wuchs heran und glich in seinem Aussehen seinem Vater Raymond, nur etwas größer und noch schöner. Er war ein Mann, der jedem Mädchen den Kopf verdrehte, wie ein

Kompass. Sein schwarzes Haar wuchs perfekt in Reih und Glied, ohne aus der Reihe zu tanzen. Überall, wohin er ging, trug er eine Präsenz mit sich, der man sich nicht entziehen konnte. Eine mühelose Schönheit umgab ihn. Er musste sich nie anstrengen. Seine Haut war stets gebräunt, als hätten ihn die Ägäisgewässer mit sonnengeküsster Farbe gesegnet. Er kleidete sich immer wie ein Gentleman, alles ordentlich an seinem Platz. Er war der Traum jeder jungen Frau.

An einem dieser frühen Frühlingstage hatte Croton eine gemeinsame Geschichtsvorlesung mit einer anderen Gruppe von Studenten, die Linguistik studierten. Er liebte dieses Fach und war immer aufmerksam und konzentriert, besonders wenn es um das antike Griechenland und dessen Rolle bei der Geburt von Wissenschaft, Philosophie, Recht, Kunst und der klassischen Architektur der westlichen Welt ging. Trotz seiner Konzentration spürte er plötzlich die Aufmerksamkeit eines anderen Menschen im Raum. Als er seinen Kopf nach rechts wandte, bemerkte Croton ein Paar ungewöhnlich großer, unschuldiger Augen, die ihn anstarrten. Es war nur ein Bruchteil einer Sekunde, aber genug, um einen tiefen Eindruck in Crotons Bewusstsein zu hinterlassen und ihn zu fragen: *Wer war das, und warum habe ich sie noch nie gesehen?*

Den Rest der Vorlesung bekam er kaum mit. Crotons Aufmerksamkeit war nur auf sie gerichtet, in der Hoffnung, ihren Blick erneut zu erwischen. Es war, als hätte man ihm einen Vorgeschmack auf verbotene Früchte gegeben, nur um ihn sofort wieder zu entziehen. Obwohl er sie immer wieder ansah, erwiderte sie seinen Blick nicht. Croton konnte das Ende der Vorlesung kaum erwarten, um erneut dieses Gefühl zu erleben, das ihn innerlich völlig umkrempelte. Es war mehr als bloße Neugier. Eine unsichtbare Anziehungskraft schien zwischen ihnen zu entstehen, sein Herzschlag beschleunigte sich, und ein unsichtbarer Tunnel verband ihn mit ihr – ein Tunnel, jenseits dessen alles andere nicht mehr existierte. Schließlich klingelte die Glocke, und während alle den Hörsaal verließen, versuchte Croton, sie im Blick zu behalten. Für einen kurzen Moment war er abgelenkt, und als er zurückschaute, war sie verschwunden.

Den Rest des Tages verbrachte er damit, nach ihr zu suchen, doch sie war nirgends zu finden. Schlaflos plante Croton, wie er sie am nächsten Tag wiederfinden könnte. Am folgenden Morgen stürmte er ungeduldig zur Universität, festgehalten von einem winzigen Hoffnungsschimmer, sie zu sehen. Und da stand sie, mitten in der Eingangshalle, im Gespräch mit anderen Studenten.

Eine unkontrollierbare Kraft zog ihn zu ihr, und Croton tat etwas, das er noch nie zuvor getan hatte. Er ging direkt auf sie zu, ignorierte alle Benimmregeln und unterbrach ihr Gespräch mit den anderen Studenten, und sagte: „Darf ich Sie kurz sprechen?"

Lita

In dem Moment, als Thales verschwunden war, glitt Rose von dem Stuhl, auf dem sie gesessen hatte, und sank direkt zu Boden. Sie umschloss ihre Knie mit beiden Armen, saß in der Embryonalstellung und erlebte einen unerträglichen Schmerz. Einen Schmerz, wie sie ihn nur noch in ihrer physischen Existenz auf der Erde gespürt hatte. Nur ein Wort, geformt wie ein stilles Gebet, verließ fortwährend ihren Geist und reiste ins Universum: *Henry*.

Nach einer Weile hörte sie eine Stimme, doch es war nicht Henry, die sie aus dem Unerreichbaren, aus dem Unbekannten rief. Es war stattdessen die Stimme von Croton, die sie erreichte. Sofort riss Rose sich aus der Hölle, in die sie sich langsam zu versenken drohte, und sagte: „Mein Sohn ruft mich!"

Ein seltsames und unerklärliches Gefühl durchströmte sie vollkommen. Seit dem Moment, in dem Croton sich erneut entschlossen hatte, Mensch zu werden, schien eine unsichtbare Nabelschnur zwischen ihnen gewachsen zu sein. Jede Stimmungsschwankung von ihm zog ihre Aufmerksamkeit auf sich und beeinflusste ihr Wohlbefinden. Rose raffte sich sofort zusammen und sagte: „Ich komme, mein Sohn."

Sie erschien neben Croton, genau in dem Moment, als er Gaya traf. Sie konnte seinen schnellen Herzschlag in ihrer eigenen Brust spüren.

„Was? Was ist gerade passiert? Habe ich etwas verpasst?" fragte Rose sich. „Wer ist dieses Mädchen, das das Herz meines Sohnes erweckt hat?"

„Ihr Name ist Gaya," hörte sie hinter sich. Es war die Stimme der Geistführerin des hübschen jungen Mädchens.

„Gaya? Ist das die junge Dame, die Croton hier treffen sollte und hoffentlich einmal heiraten wird?"

„Ja, genau," bestätigte die Geistführerin.

„Oh mein Gott, ich habe den Moment ihres Treffens verpasst!" rief Rose aus.

„Keine Sorge, ich habe alles arrangiert," sagte die Geistführerin.

„Danke," antwortete Rose, und nach eingehender Beobachtung des Objekts von Crotons Anziehung fügte sie hinzu: „Entschuldige, ich habe vergessen mich vorzustellen, ich bin Rose, Crotons Führerin."

„Hallo, ich bin Lita, Gayas Führerin," antwortete die sanft lächelnde Geistführerin.

„Danke, dass du für mich da bist", sagte Rose.

Die Geistführerin blinzelte mit den Augen, und nach einer kurzen Stille sagte sie: „Ich nehme an, das ist neu für dich?"

„Es ist mein erster Auftrag", antwortete Rose, und senkte den Kopf, fügte dann hinzu: „und übrigens … es wird wahrscheinlich mein letzter sein."

„Keine Sorge", sagte Lita optimistisch lächelnd, „wir werden viel Zeit miteinander verbringen, und du kannst auf mich zählen."

Rose sah Lita mit Augen voller Dankbarkeit und Hoffnung an. Lita könnte diejenige sein, die ihr half, das Gewicht der Unsicherheiten zu tragen, die ihr Leben so plötzlich und fest erschüttert hatten.

Lita trat näher an Rose heran, sodass diese einen besseren Blickwinkel gewinnen konnte. Erst jetzt konnte Rose sehen, wie anders Lita im Vergleich zu allen anderen Seelen wirkte, denen sie in den spirituellen Reichen begegnet war. Die nächste Frage, die Rose aussprach, war natürlich, hervorgerufen durch ihre Naivität.

„Kommst du aus einer anderen Dimension?" Alles an Lita war anders, besonders ihre Kleidung. Rose konnte sie keinem bekannten Zeitabschnitt zuordnen.

„Nein", antwortete Lita, „lass dich nicht von meinem Erscheinungsbild täuschen. Ich habe dieses Kleid auf einer Prinzessin gesehen, die zur Zeit von Atlantis auf der Erde lebte. Es gefiel mir so sehr, dass ich es zu meinem eigenen machte." Ihr Körper war von einem weißen, seidigen Stoff bedeckt. Ihre Arme waren vollständig freigelegt und mit einer Vielzahl goldener Armbänder geschmückt, die sich von ihren Handgelenken bis über die Ellbogen erstreckten. Der Saum ihres Kleides ruhte friedlich auf ungewöhnlich geformten, goldenen Sandalen mit hohen Absätzen. Eng um ihre Taille geschlungen war ein metallischer Gürtel mit goldener Schrift, die Rose nicht entziffern konnte, und der ihre schlanke Figur sowie ihre wohlgeformten Brüste betonte. Die Ränder ihres Kleides waren kunstvoll mit Edelsteinen besetzt, wodurch ein exquisiter Rahmen entstand, der das Bild abrundete, das Rose nun vor sich sah.

„Findest du es zu prunkvoll?" fragte Lita, als sie Roses Blick bemerkte.

„Nein, überhaupt nicht," antwortete Rose schnell. Ihre Augen glitten von Litas Kleid zu ihrem Gesicht, und sie fuhr fort: „Oh Gott, du bist wirklich wunderschön."

„Aahh, danke," sagte Lita und errötete. Ihre tiefblauen Augen waren warm und einladend. Einmal in Kontakt mit ihnen, war es schwer, sich loszureißen. Rose schien gar nicht genug davon zu bekommen. Diese seltsame Anziehungskraft verunsicherte Rose und ließ eine Warnung in ihr aufblitzen. Lita bemerkte Roses Besorgnis und fragte: „Ist etwas nicht in Ordnung?"

„Nein, es ist nur, dass ich gemischte Signale bekomme."

„Lass mich raten," sagte Lita, „du kannst mein Geschlecht nicht bestimmen."

„Ja," flüsterte verwirrt Rose.

„Ich auch nicht," sagte Lita. „Wenn du dein Geschlecht so oft wechseln würdest, wie ich es getan habe, würdest du dasselbe empfinden."

„Ich verstehe nicht," sagte Rose.

„Ich habe mein Geschlecht in meinen letzten vier Leben auf der Erde gewechselt, und das hat definitiv das Wesen meiner Seele beeinflusst," erklärte Lita.

„Warum hast du das getan?"

„Nur so kann man alle Facetten unserer Seelen wirklich verstehen und vollständig wertschätzen. Außerdem erweitert es den Umfang meiner Arbeit. Ich kann sowohl männliche als auch weibliche Seelen gleichermaßen erfolgreich führen."

„Ah, ich verstehe," sagte Rose und fügte hinzu: „Wir haben unsere Kinder völlig vergessen."

„Lass ihnen etwas Privatsphäre. Die Samen der Liebe sind bereits gepflanzt, und alles, was wir jetzt tun müssen, ist abzuwarten, was daraus erwächst." Lita folgte dem Paar mit ihren Augen, als es sich von dem Platz entfernte, auf dem sie gestanden hatten. Diese junge, fragile und neu entdeckte Liebe rührte Roses Herz.

„Glaubst du, dass daraus echte Liebe entstehen kann?" fragte Rose.

Lita zuckte mit den Schultern und sagte: „Nur die Zeit wird es zeigen. Das Wichtige ist, dass sie beide ein kostbares Geschenk erhalten haben."

„Ein Geschenk?" fragte Rose.

„Ja, ein Geschenk", wiederholte Lita, „und was mich fasziniert, ist die Zerbrechlichkeit dieses kostbaren Geschenks der Liebe. Wie vergänglich im Vergleich zu anderen Arten von Liebe."

„Welche anderen Arten von Liebe?" fragte Rose verwirrt.

„Lass mich erklären," fuhr Lita fort. „Es gibt viele Arten von Liebe. Zum Beispiel erfahren manche Menschen Liebe zu materiellen Dingen."

„Was?" rief Rose höflich aus, innerlich aber wollte sie sagen: „Was zum Teufel redest du da!"

„Warte," sagte Lita, „lass mich ausreden. Sie lieben Autos, Kleidung, Schmuck, Kunstwerke, was immer du willst, und sie verweilen in dieser Liebe ihr gesamtes physisches Leben. Irgendwie fällt es den Menschen leichter, Dinge zu lieben, die sie nicht zurücklieben können. Weißt du warum?"

„Warum?"

„Weil jemand, der dich zurücklieben kann, auch aufhören kann, dich zu lieben, und meistens lässt er dich mit der Schuld zurück." Lita sah Rose an, in der Hoffnung, Zustimmung zu finden.

„Das ergibt Sinn."

„Oder sie erfahren zum Beispiel elterliche Liebe," fuhr Lita fort. „Es ist bedingungslose Liebe, die ihren Platz in unseren Herzen findet, vom Moment der Geburt unseres Kindes an.

Diese Liebe umfasst unser gesamtes Selbst bis zum Ende unseres physischen Lebens und manchmal darüber hinaus. Sie garantiert das Überleben der Menschen als Spezies auf dem Planeten."

„Okay," sagte Rose, die Litas Logik folgte.

„Nun, diese neu geborene Liebe, die ihren Platz in den Herzen unserer Kinder findet, ist die seltsamste von allen. Die extremste, selbstloseste und reinste Form des Ausdrucks von Liebe. Sie erinnert mich an ein loderndes Feuer, das sehr schnell seinen Brennstoff aufbrauchen kann."

„Sei nicht so pessimistisch," sagte Rose. „Unsere Kinder werden in Ordnung sein. Du wirst sehen."

„Ich sage dir all das, weil es unsere Aufgabe sein wird, ihnen zu helfen, dieses Feuer am Lodern zu halten. Auch wenn der Geisteszustand, in dem du dich gerade befindest, dir dabei kaum helfen wird."

Rose sah Lita mit einem Ausdruck der Verwirrung an.

„Ich spüre tiefen Schmerz in deinem Herzen. Ist das etwas, wobei ich dir helfen kann?" fragte Lita.

„Ich wünschte es," antwortete Rose mit einem tiefen Seufzer. Nach kurzem Zögern entschied sie sich, Lita in ihr zerstörtes Herz zu lassen.

Nachdem die Geschichte geteilt war, sagte Lita: „Ich kenne jene Bereiche, in denen dein Mann gerade weilt."

„Tatsächlich?"

„Ja."

„Kannst du mich zu ihm bringen?" Rose war voller neuer Hoffnung.

„Leider kann ich das nicht," antwortete Lita.

„Kannst du mir wenigstens sagen, ob Henry so zurückkommt, wie ich ihn kenne?"

Lita sah Rose mit Augen voller Mitgefühl und Empathie an und sagte: „Die Bereiche, die er zu erforschen gewählt hat, wurden nicht vom Schöpfer erschaffen."

„Wie meinst du das?" rief Rose aus und legte die Hände an ihre Brust. „Ich dachte, die gesamte Schöpfung sei vom Schöpfer gemacht worden," sagte sie erschrocken.

„Der Schöpfer hat die gesamte Existenz in Bewegung gesetzt, und es lag an uns Seelen, sie funktionieren zu lassen. Die Bereiche, in denen Henry sich jetzt befindet, wurden aus der Notwendigkeit erschaffen, das Gleichgewicht zwischen Gut und Böse aufrechtzuerhalten."

„Denkst du, er ist in Gefahr?" fragte Rose.

„Nein, ich glaube nicht. Er wird irgendwann zurückkommen, aber du solltest darauf vorbereitet sein, ihn in einem veränderten Geisteszustand vorzufinden."

„Das sagt jeder," sagte Rose, und nach einem Moment der Stille fügte sie hinzu: „Es ist mir egal, in welchem Geisteszustand er zurückkommt, solange er hier ist, werde ich in Frieden sein."

Lita lächelte und schenkte ihr eine warme, tröstliche Umarmung.

„Sei geduldig," flüsterte sie Rose ins Ohr.

Das Date

Croton fragte Gaya noch am ersten Tag ihres Treffens, ob sie ausgehen wolle. Überraschenderweise stimmte sie zu und fragte ohne weiteres: „Wohin möchtest du mich mitnehmen?"

„Vorhin bin ich auf dieses wunderbare Café gestoßen."

„Wie heißt es?" erkundigte sie sich.

„Roma," antwortete Croton mit einem romantischen Ausdruck auf seinem Gesicht.

„Uhrzeit?" fragte Gaya.

„Wird acht Uhr zu spät sein?" schlug Croton vor.

„Okay, ich werde da sein," sagte Gaya, drehte sich um und verschwand um die Ecke.

Croton stand ganz allein, ein wenig verwirrt und zugleich geistig erhebend.

„Das war einfach," sagte Croton. Er eilte zurück ins Gebäude, um nicht zu spät zu seiner Vorlesung zu kommen.

Um 7:30 saß er bereits an einem Tisch mit einem frischen Strauß leuchtender Schneeglöckchen, in der Hoffnung, dass Gaya sie schätzen würde. Für Croton waren sie die mutigsten Blumen unter allen. Dass sie sich durch den Schnee kämpften und ihre zerbrechlichen Körper der Gefahr aussetzten, vom tauenden Schnee zerdrückt zu werden, nur um den Frühling anzukündigen, machte sie seiner Bewunderung würdig. Sie erinnerten Croton an seine neu erwachten Gefühle für Gaya.

Um 8:05 betrat Gaya das Café. Croton stand auf und ging mit den Blumen in der Hand quer durch den Raum. Als er bei ihr ankam, hielt er inne und fühlte sich unschlüssig. Sie wirkte anders als in seiner Erinnerung. Das hübsche Kleid, das sie trug, und das sanfte Make-up auf ihrem Gesicht ließen ihn Gaya in einem neuen Licht sehen. Sie war noch reizvoller, als er sie in Erinnerung hatte. Plötzlich war der selbstsichere und immer zuversichtliche Croton sprachlos und stand einfach vor ihr.

Um die peinliche Stille zu durchbrechen, deutete Gaya auf die Blumen und fragte: „Sind die für mich?"

„Oh, ja, die sind für dich," sagte Croton, aus dem hypnotischen Zustand zurückkehrend, in den er gefallen war.

Gaya nahm die Blumen, roch sanft daran und sagte: „Meine Favoriten."

Croton lud sie ein, sich an den Tisch zu setzen. Er zog einen Stuhl für sie heraus, wie es sich für einen Gentleman gehört, und erst nachdem er sich vergewissert hatte, dass sie bequem saß, nahm er selbst gegenüber Platz. Croton bestellte zwei Cappuccinos und ein Stück Kuchen nach Gayas Geschmack.

Kaum hatte der Kellner den Tisch verlassen, sagte Croton: „Also, erzähl mir bitte, wo warst du?"

Eine so ungewöhnliche Frage brachte Gaya ins Stocken. „Was meinst du damit?" fragte sie zurück.

„Ich meine, es fühlt sich an, als hätte ich mein ganzes Leben auf dich gewartet, und jetzt erscheinst du einfach aus dem Nichts."

Gaya lächelte sanft, ein wenig verwirrt, und sagte: „Ich weiß nicht, wie ich auf diese Frage antworten soll."

„Dann tu es nicht," flüsterte Croton. Er bemerkte Gayas Hand auf dem Tisch und legte unwillkürlich seine darüber. Instinktiv wollte Gaya ihre Hand zurückziehen, doch sie entschied sich dagegen.

Seine Berührung war so angenehm und überwältigend, dass sie das Gefühl in der unteren Körperhälfte verlor, während das Blut in Gesicht und Hals schoss. Sie betrachtete seine starke, maskuline Hand, glitt langsam mit den Augen nach oben zu seinem Gesicht und verweilte einen Moment. Ein seltsamer Strom unbekannter, zuvor nie erlebter Energie begann zwischen ihren Körpern zu wandern. Unfähig sich zu bewegen oder ein Wort zu sagen, schloss Gaya die Augen und ergab sich der Kraft, die ihren Willen überwältigte. Die Kraft ließ ihren Kopf wirbeln, und die Augen zu schließen war nur ein Akt der Selbstbewahrung. Von diesem Moment an wussten beide um ihre gegenseitige Zugehörigkeit und die Bedeutungslosigkeit ihrer zukünftigen Existenz ohne den anderen.

Rose, die abseits stand und Angst hatte, diesen Moment von Crotons vollständigem Eintauchen in die tiefen, süßen Wasser der Liebe zu stören, wurde Zeugin eines seltsamen Geschehens.

Des körperlichen Ausdrucks der Liebe. Das größte Mysterium namens Liebe begann sich vor ihren Augen zu entfalten. Plötzlich konnte sie die Seelen von Croton und Gaya sehen. Die gesamte Cafeteria tauchte in Dunkelheit, die unbeschreiblich in Schönheit und Farbvielfalt sanft leuchtete. Die Quelle dieser ungewöhnlichen Beleuchtung befand sich dort, wo ihre Herzen schlugen, durchdrang ihre Körper und weitete sich über ihre physische Gestalt hinaus, wodurch eine Aura aus Licht entstand. Es schien, als würden sie Energieanzüge tragen. Bevor Croton Gayas Hand berührte, hatten diese Anzüge unterschiedliche Farben. Als er sie berührte, wurde Rose Zeugin des Flusses von Teilen von Crotons Energie in Gayas Körper und von Gayas Energie in Crotons. Diese Mischung fließender Energien erzeugte eine Explosion von Licht, die die Umgebung erhellte und die Farben ihrer Anzüge in eine neue, vereinte Energiefarbe verwandelte.

„Ist das nicht schön?" fragte Lita, die hinter Rose erschienen war.

„Oh ja," sagte Rose, unfähig, etwas hinzuzufügen.

Beide beobachteten still und regungslos die Geburt eines der größten Geheimnisse der menschlichen Existenz. Lita durchbrach die Stille und sagte: „Egal, wie sich ihr Lebensweg entfalten wird, ein Teil seiner Seele wird für immer in ihr bleiben, und ein Teil ihrer wird in ihm wohnen."

Litas letzte Worte erinnerten Rose an ihren innig vermissten Henry, und ihre nächste Frage kam wie ein Ausbruch: „Ist es ein Teil von mir, den ich so sehr vermisse, der in Henry ist?"

„Nein," sagte Lita, „du vermisst den verbleibenden Teil seiner Seele, der nicht bei dir ist."

Rose senkte den Kopf, und eine hartnäckige Träne drängte sich aus dem Augenwinkel heraus. Nach einigem Zögern rollte sie ihre Wange hinunter bis zur Ecke der Lippen. Lita beobachtete Rose mit Augen voller Liebe und Mitgefühl. Diese eigenartige Fähigkeit der Geister, den Schmerz anderer zu fühlen, als sei er ihr eigener, veranlasste Lita, nach einer Lösung für Roses Dilemma zu suchen.

„Warum fragst du Croton nicht um Hilfe?" schlug Lita vor.

Rose wischte mit einer schnellen Bewegung ihrer rechten Hand die hartnäckige Träne weg und sagte mit einem traurigen Lächeln, „Sehr witzig."

„Ich scherze nicht," beharrte Lita.

„Glaub es oder nicht, Croton ist wahrscheinlich die einzige Seele, die mir helfen könnte, Henry zu finden, aber ..." Sie schwieg einen Moment, bevor sie hinzufügte: „Ich glaube nicht, dass ich warten kann, bis er alt wird, auf diese Seite übergeht und dann hoffe, dass er mir helfen kann." Lita trat näher an Rose heran, nahm ihre linke Hand in die ihre und flüsterte ihr dabei direkt in die Augen: „Du kannst ihn jetzt fragen."

Die Art, wie sie diesen letzten Satz aussprach, ließ Rose keinen Zweifel an der Ernsthaftigkeit und Aufrichtigkeit von Litas Worten.

„Wie soll das möglich sein?"

„Durch Träume," flüsterte Lita.

„Träume?" fragte Rose.

„Ja, du kannst ihn erreichen, während er schläft."

„Ist das wirklich möglich?"

„Ja," antwortete Lita mit einem schelmischen Funkeln in den Augen, das vorher nicht da gewesen war.

„Wäre das nicht ein Verstoß gegen die universellen Gesetze?" fragte Rose vorsichtig.

„Einen einzigen Menschen um Hilfe zu bitten, um vielleicht einen anderen zu finden und zu retten ... ich glaube nicht."

„Hast du das schon einmal gemacht?"

„Nein, aber ich habe gehört, dass es möglich ist," antwortete Lita. „Schließlich, was riskieren wir schon? Wenn es nicht klappt, wird Croton sich einfach an einen weiteren Traum erinnern."

„Ich weiß nicht," sagte Rose unsicher. „Es scheint ein bisschen unverantwortlich und egoistisch zu sein, Crotons physische Erfahrung für meine eigenen Bedürfnisse zu stören, besonders jetzt, wo er seine wahre Liebe gefunden hat."

„Keine Sorge," sagte Lita, „das Wichtige wird sein, dass du, sobald alles vorbei ist, seine Erinnerung an diese Erfahrung löschst. Du hast nichts zu verlieren."

„Außer meinem Ruf als Führerin und dem Risiko, Crotons Psyche durcheinanderzubringen," sagte Rose. „Nein, es ist zu riskant. Außerdem habe ich keine Ahnung, wie ich so eine Übung angehen soll." Nach einigem Nachdenken wiederholte sie: „Nein, das ist zu verrückt."

„Du kannst jetzt nein sagen, aber am Ende wirst du es tun," sagte Lita mit größter Sicherheit.

„Selbst wenn ich es wollte, wie sollte ich es tun?" fragte Rose.

„Das musst du selbst herausfinden. Der Trick ist, die Seele nicht zu erschrecken. Angst wird ihn zurück in die Sicherheit seines physischen Körpers ziehen."

„Ich weiß nicht," sagte Rose und blickte auf das neu entstandene Paar, von dem einer niemals erahnen konnte, in welches Abenteuer er hineingezogen werden könnte.
„Sieh sie dir an," sagte Rose, „sie sind das Bild von Frieden und Gelassenheit. Das zu stören …"

„Denk einfach darüber nach," sagte Lita und verschwand dann.

Probe

„Willst du etwas essen?" Croton hörte die Stimme seiner Mutter, als er die Wohnung betrat.

„Nein, ich habe keinen Hunger," sagte er und eilte in sein Zimmer, um sich den letzten Momenten seiner Erinnerungen hinzugeben, solange sie noch frisch waren. Er legte sich aufs Bett und erlebte jede Sekunde seiner Zeit mit Gaya noch einmal. Bevor sie die Cafeteria verließen, konnte Croton nicht anders, als Gaya auf die Wange zu küssen. Obwohl es ihr ein wenig unangenehm war, zog sie sich nicht zurück und erlaubte ihm, einen Abdruck seiner warmen Lippen auf ihrer Haut zu hinterlassen. Den Rest des Abends roch Croton leidenschaftlich an seiner Oberlippe, die noch den Duft von Gayas Parfum trug.

Rose folgte Croton bis nach Hause und blieb mitten im Raum stehen. Sie sah ihn an und jonglierte in ihrem Geist mit der Frage, die so alt ist wie die Existenz selbst: *Tun oder nicht tun.*

„Ich wünschte, ich hätte jemanden, den ich um Rat fragen könnte," murmelte Rose zu sich selbst. Sie begann, in den Tiefen ihrer Erinnerungen nach jemandem zu suchen, der in dieser Situation hilfreich sein könnte. Oder vielleicht jemanden, der sie davon abhalten könnte, eine Handlung zu begehen, deren Folgen unumkehrbar sind, die Croton und wahrscheinlich auch sie selbst verletzen könnten. Eine Handlung, die nicht nur Crotons Mission gefährden, sondern auch alle anderen, die mit ihm verbunden sind, beeinflussen könnte.

„Wenn du es tun willst, dann ist jetzt der richtige Moment."

Rose hörte die Stimme von hinten. Sie wirbelte herum und rief: „Thales?"

„Wer sonst?" antwortete der alte Grieche mit einem Lächeln im Gesicht.

Rose konnte kaum ihren unwillkürlichen Wunsch unterdrücken, ihn fest zu umarmen und zu küssen. Stattdessen

Croton II

sagte sie einfach: „Danke, dass Sie gekommen sind," und neigte respektvoll das Haupt. Sie wollte Thales die Zwickmühle erklären, in der sie sich befand, doch Thales' sanfte Geste mit offener Hand brachte sie dazu, zu schweigen.

„Ich weiß, was du vorhast," sagte Thales.

„Und?" fragte Rose.

„Es ist möglich," sagte Thales bestimmt, und fügte dann hinzu, „aber ..."

Dieses letzte Wort hing in der Luft wie die Axt eines Henkers über Roses Hals. Die folgende Stille begann, Roses Herz mit eisigen Händen zu umklammern und ihr den Atem in ihrem nichtphysischen Körper zu rauben. Die Geduld und Luft ausgehend, rief Rose verzweifelt: „Aber was?"

Die schwach glühende Kugel in der Lampe neben dem schlafenden Croton zitterte, stürzte den Raum in Dunkelheit und gewann dann wieder ihre Präsenz zurück.

„Sei geduldig," flüsterte Thales, „du wirst Croton aufwecken und deine Pläne ruinieren."

„Also ist es möglich?" flüsterte Rose, ihre Augen überflossen vor Hoffnung und Dankbarkeit.

„Ja, es ist möglich und wurde schon zuvor getan, aber die Chance, Henry zu finden, wo immer er auch sein mag, ist ziemlich gering."

„Trotzdem, es ist meine einzige Hoffnung," sagte Rose.

„Okay," sagte Thales, überzeugt von Roses Entschlossenheit.

Rose drehte sich um und ging auf den friedlich schlafenden Croton zu.

„Was tust du?" fragte Thales alarmiert.

„Sollen wir ihn nicht aufwecken?"

„Nein, du würdest ihm einen Herzinfarkt verpassen," sagte Thales und zog sie vom Bett weg.

„Was soll ich dann tun?" Rose war verwirrt.

„Zuerst musst du die Dynamik eines solchen Vorgehens verstehen, den Zustand von Crotons Bewusstsein während des Schlafs und das Reich, in dem seine Seele sich gerade befindet."

„Willst du mir einen Vortrag über den Schlafzustand halten, oder mir helfen, Henry zu finden?" Rose war gereizt.

„Ich fürchte, du musst zuerst zuhören. Und nicht nur zuhören, sondern mit deinem ganzen Herzen verstehen." Er legte beide Hände auf Roses Schultern, beugte sich vor und sah ihr direkt in die Augen.

„Okay." Rose begriff die Bedeutung der Botschaft, die sie gleich erhalten würde.

„Ich halte es kurz," sagte Thales, setzte sich auf den Teppich und lud Rose ein, es ihm gleichzutun.

„Ein Drittel ihres Lebens verbringen Menschen in einem Schlafzustand, ohne den vollen Zweck dessen wirklich zu verstehen."

„Vielleicht, weil sie ihn nicht verstehen müssen," sagte Rose.

„Das stimmt," antwortete Thales mit einem Lächeln, das nur eine Seite seines Mundes berührte. „Sie verstehen es nicht, aber du solltest wissen, was mit der Seele geschieht, die du führst, während sie schläft."

„Niemand hat mir das vorher gesagt," sagte Rose und suchte nach einer plausiblen Entschuldigung für ihr früheres Verhalten.

„Aber du hast nie gefragt," sagte Thales mit einem Hauch von Enttäuschung in der Stimme. „Das Universum kann und wird dir Antworten geben, aber nur, wenn du fragst. Du bist Croton dein ganzes Leben lang gefolgt und hast nie Neugier darüber gezeigt, was während seines Schlafes mit ihm geschieht."

„Ich habe ihn hingebungsvoll geführt," sagte Rose, mit dem Gesichtsausdruck einer Person, die gerade einen unverdienten Vorwurf erhalten hat.

„Und du hast gute Arbeit geleistet, Rose, aber während der Nacht lebt Croton ein ganz anderes Leben, von dem du nichts weißt," sagte Thales.

„Okay, okay," gab Rose nach und akzeptierte ihre Unzulänglichkeiten. „Erleuchte mich," waren die letzten Worte, die Rose sagte, während sie sich auf dem Boden vor Thales bequem machte, in dem Bewusstsein, wie wichtig diese

Botschaft für die erfolgreiche Rettung ihres Mannes sein würde.

Thales machte eine kurze Pause, um sich zu sammeln und Rose die Gelegenheit zu geben, sich zu konzentrieren. „Also, was geschieht mit Menschen, wenn sie in einen tiefen Schlaf fallen? Wenn du dies nicht klar verstehst, wirst du Croton nicht erreichen können."

„Okay," sagte Rose, „ich höre zu."

„Während des Schlafes wird das menschliche Bewusstsein in einen anderen Zustand des Daseins versetzt. Ein Vorgang, der dem physischen Körper die Gelegenheit gibt, sich selbst zu heilen. Tagsüber nutzt dasselbe Bewusstsein den menschlichen Körper für seine eigenen Bedürfnisse. Die Nacht ist die einzige Zeit, in der der Körper allein gelassen wird, um alle Schäden zu reparieren, die durch die täglichen Aktivitäten verursacht wurden."

Rose, die versuchte, ruhig zu bleiben und aufmerksam zuzuhören, war in Wirklichkeit am Ende ihrer schwindenden Geduld angekommen.

„Der Schöpfer," fuhr Thales fort, „hat den Menschen diese Möglichkeit jeden Morgen bewusst geschenkt, um neu anzufangen und dabei alle Sorgen des Vortages zurückzulassen. Am Morgen erscheinen die größten Probleme von gestern nicht mehr so schlimm."

„Können wir bitte über Träume sprechen?" unterbrach Rose.

„Ja, natürlich. Ich glaube, ich habe mich hinreißen lassen," entschuldigte sich Thales. „Träume. Wie ich bereits sagte, während des Schlafes driftet das menschliche Bewusstsein in einen anderen Bereich des Daseins, auf einer anderen Schwingungsebene."

„Kannst du das kurz und einfach erklären?" fragte Rose.

Thales, der sich gerade warmgeredet hatte, sah darin eine Gelegenheit, Rose sein gesamtes Wissen über den schlafenden Bewusstseinszustand zu vermitteln, musste es aber zu einer einzigen, einfachen und leicht verdaulichen Pille komprimieren.

„Kurz gesagt: Die Seele verlässt während des Schlafes den Körper."

„Das verstehe ich, aber wohin geht sie?"

„Von dem Körper getrennt, löst sie sich nicht vollständig …"

„Ja, ich weiß, sonst würde der Mensch sterben. Das weiß ich. Bitte, um Gottes willen, sag mir, wie ich Croton erreichen kann?" rief Rose verzweifelt.

„Im Schlafzustand kann man die Seele in sehr seltenen Fällen ansprechen. Es ist möglich, um der Seele nützliche Informationen zu übermitteln."

„Zum Beispiel?"

„Zum Beispiel Lösungen für ein Problem, tröstende Botschaften von verstorbenen Verwandten, Warnungen, Visionen …"

„Okay," sagte Rose, „wie trete ich in diesen Zustand von Crotons Bewusstsein ein, um ihn mit meiner Bitte zu erreichen?"

„Geistführer können das tun, aber nur mit Erlaubnis der Planer."

„Gut," sagte Rose. „Wenn ich mich richtig erinnere, bist du ein Planer."

„Ja, das stimmt," stimmte Thales zu.

„Dann lass mich hinein."

„Es tut mir leid, aber ich kann dir nicht erlauben, Crotons momentanen Bewusstseinszustand für deine persönliche Agenda zu benutzen."

Was?" rief Rose völlig ungläubig. Die letzte verbliebene Tür auf ihrem Weg zu Henry war ihr gerade vor der Nase zugeschlagen worden.

„Bitte," flehte sie.

„Weißt du überhaupt, was du verlangst? Ja, Croton wird dir helfen können, aber zuerst musst du ihn daran erinnern, wer du bist, wer Henry ist, und vor allem, wer Croton selbst ist. Ein solcher Schritt kann seine gesamte physische Erfahrung gefährden. Gott weiß, mit welchen Erinnerungen er am Morgen aufwachen wird. Aufgrund der Komplexität menschlicher

Geister können wir nicht garantieren, dass alle Erinnerungen vollständig ausgelöscht werden."

„Das Letzte, was ich tun möchte, ist, Croton zu schaden, und das weißt du. Aber wohin soll ich von hier aus gehen?" rief Rose aus. „Wie finde ich meinen Mann? Tief in mir weiß ich, dass er in Schwierigkeiten ist." Rose trat näher an Thales heran, nahm seine Hände in ihre, blickte ihm tief in die Augen und sagte: „Bitte hilf mir."

In diesen drei Worten spürte Thales die Tiefe von Roses Verzweiflung. Er sah eine Frau, bereit, alle Barrieren und Gesetze der Existenz zu brechen, nur um dem Objekt ihrer Liebe näher zu kommen. Rose hielt Thales den Blick, um in seinem Herzen einen Funken Mitleid zu entfachen.

Unfähig, dieser Kraft zu widerstehen, sagte Thales: „Vielleicht kann ich dir helfen."

„Ich wusste es! Sag mir, sag mir bitte, was ich tun soll." Rose sprang auf und ging näher an den friedlich schlafenden jungen Mann heran. Sie stellte sich an sein Kopfende, kniete nieder und begann, tief in seine Stirn zu starren.

„Was machst du da?" fragte Thales.

„Ich versuche, in seinen Traum einzutreten," antwortete Rose konzentriert.

Thales lächelte sanft und sagte: „Die Antworten auf deine Fragen liegen nicht bei ihm."

Rose zog sich von Crotons Gesicht zurück, stellte sich auf und sagte zu Thales: „Bei wem liegen dann meine Antworten?"

Thales seufzte tief und antwortete: „Vor unserem Treffen habe ich etwas recherchiert."

„Und?" rief Rose.

„Ich habe herausgefunden, dass Henry, bevor er verschwand, die universelle Bibliothek besucht hat."

„Meinst du den Bibliothekar namens Aaron?" fragte Rose.

„Ja."

„Willst du sagen, dass er mir helfen kann?"

„Er sollte," fuhr Thales fort.

„Wozu war dann dieser Vortrag über Schlaf und Träume?" fragte Rose frustriert.

„Als Seelenführer dachte ich, dass du das wissen solltest,“ erklärte Thales.

„Und du konntest dir keinen besseren Zeitpunkt aussuchen?“ murrte Rose, während sie sich langsam in Luft auflöste.

Thales lächelte, richtete seinen Blick auf Croton und sagte: „Schöne Träume, mein Junge.“

Suche

Obwohl Rose wusste, dass es beinahe unmöglich sein würde, begann dennoch das winzige Glimmen der Hoffnung, Henry in der Bibliothek zwischen unzähligen Regalen zu finden, in einer abgelegenen Ecke ihres liebevollen Herzens zu lodern. Ein schneller Blick durch den Lesesaal überzeugte sie von der Abwesenheit ihres Mannes. Ohne auf Hilfe zu warten, schritt sie mutig durch einen der Bögen, die in die Tiefen des unendlichen Reiches des gesamten angesammelten Wissens des Universums führten. Ihre Schritte verwandelten sich bald in leichtes Joggen, und im nächsten Moment rannte sie durch das Labyrinth schmaler Gänge, wechselte zufällig ihre Richtung und rief ständig Henrys Namen. Plötzlich hielt sie inne, als ihr die Rücksichtslosigkeit ihres Handelns bewusst wurde, oder vielleicht dessen Sinnlosigkeit, und dass sie sich verlaufen hatte. In absoluter Verzweiflung lehnte sie sich an ein nahegelegenes Regal, blickte in die unendlichen Reihen von Büchern zu beiden Seiten, die am Horizont zu winzigen Punkten wurden. Nach einer gefühlten Ewigkeit glitt sie zu Boden, zog die Knie an die Brust und begann zu weinen.

Aaron hatte Rose von dem Moment an beobachtet, als sie in der Bibliothek erschienen war. Er stand auf der gegenüberliegenden Seite desselben Regals, direkt hinter ihr. Einen Moment später nahm er die Holzbrille ab und begann, sie mit den Ärmeln seines Gewandes abzuwischen. Nur ein unsichtbarer Beobachter hätte die Tränen in den Augenwinkeln bemerkt, bereit, jederzeit zu brechen und über das faltige Gesicht des alten Bibliothekars hinabzufließen. Was ein Beobachter nicht sehen konnte, war der Schmerz, den Aaron empfand, ein Schmerz, der sein gesamtes Inneres von innen heraus verbrannte, teilweise wegen dessen, was Rose durchmachte, aber vor allem, weil er selbst die Ursache dieses Schmerzes war. Einen Moment später wischte er die hartnäckigen Tränen weg, setzte die Brille wieder auf und entschloss sich, sich der Situation zu stellen.

Er näherte sich Rose vorsichtig und legte sanft seine Hand auf ihre Schulter. Rose, die den Kopf in den Armen ruhte und auf den Boden starrte, blickte zu ihm auf, ihre Augen voller Hoffnung und Erwartung.

Als sie Aaron vor sich sah, stand sie auf, packte die Schultern des kleinen Bibliothekars und fragte mit Augen voller Wut und Verzweiflung: „Was hast du mit meinem Mann gemacht?" Rose ballte die Fäuste so fest, dass der Stoff des armen Gewandes des Bibliothekars leicht einriss.

„Ich spüre deinen Schmerz", sagte Aaron, „und es tut mir sehr leid, was ihm widerfahren ist."

Rose fing sich wieder, versuchte ihre Wut zu unterdrücken und fragte mit einer deutlich ruhigeren Stimme: „Was ist mit ihm passiert?"

„Lass uns im Lesesaal sprechen", sagte Aaron und warf einen schnellen Blick um sich, bevor er hinzufügte: „Vertrau mir dabei."

Rose schwieg, und im nächsten Moment fand sie sich in Henrys Stuhl wieder.

Aaron zog einen weiteren Stuhl heran, setzte sich ihr gegenüber und fuhr fort: „Es kommt mir vor, als hätte ich gerade erst vor wenigen Augenblicken an genau diesem Platz mit Henry gesprochen."

„Vor wenigen Augenblicken?" rief Rose überrascht

„Ich habe die Monate und Jahre, die er verschwunden ist, schon längst aus den Augen verloren … Ich habe ständig versucht, ihn zu erreichen. Es scheint, als sei er aus diesem Universum gefallen, obwohl er Ähnliches schon öfter getan hat. Er war schon länger abwesend, aber diesmal habe ich das Gefühl, dass etwas nicht stimmt. Es ist, als wäre er in Gefahr. Ich weiß, dass ihm etwas Schlimmes zugestoßen ist, und ich bin die Einzige, die ihm helfen kann."

Aaron unterbrach Rose nicht, sondern gab ihr den Raum, das Übermaß an Schmerz aus ihrem Herzen entleeren zu können. Obwohl er wusste, dass Roses emotionale Verfassung ihr nicht viel helfen würde, begann er, die Reise für sie zu planen – eine Reise, die selbst ihm noch unbekannt war. Die Frage, ob er ihr alles erzählen sollte oder nicht, beschäftigte ihn kaum. Doch Rose zu Henry zu schicken und damit womöglich die Ursache weiterer Leiden und, Gott weiß, was noch, zu werden, war selbst für ihn zu viel. Dennoch halfen ihm Roses letzte Worte, seine Meinung zu ändern und überzeugten ihn, ihr auf jede erdenkliche Weise zu helfen.

Er dachte bei sich: *Wer weiß, vielleicht braucht Henry sie wirklich.* „Ich weiß nicht genau, wo Henry jetzt ist, aber ich kann dich ihm nahebringen."

„Das wird gut genug sein", sagte Rose voller neuer Hoffnung.

„Aber …", sagte Aaron und verstummte.

„Nein, keine Abers", flehte Rose.

„Die Realität, die Henry zu erforschen gewählt hat, ist völlig anders als alles, dem du je ausgesetzt warst."

„Das ist mir egal", sagte Rose entschlossen.

„Warte, hör mich an", bat Aaron.

Rose bedeckte mit ihrer rechten Hand den Mund, um sich auf Aarons Worte zu konzentrieren.

„Wie ich schon sagte, dieser Ort ist nicht nur anders, sondern auch gefährlich. Ich rede nicht von physischer Gefahr – du weißt, dass es die hier nicht gibt. Ich rede von der Gefahr, deinen gegenwärtigen Geisteszustand zu verlieren." Aaron bemerkte die Fragen in Roses Augen und entschloss sich zur Erklärung: „Du könntest feststellen, dass Henry nicht mehr derselbe ist wie beim letzten Mal, als du ihn gesehen hast. Andere Realitäten, besonders niedrig schwingende, haben einen tiefen Einfluss auf unser Bewusstsein. Kurz gesagt, wir können von diesen Bereichen absorbiert werden, und sie werden zu unseren – und manchmal finden wir uns in einem Zustand der Amnesie wieder."

„Was willst du damit sagen? Wird er sich nicht an mich erinnern?"

„Das ist durchaus möglich. Vielleicht schon, aber ich möchte, dass du auf so eine Wendung vorbereitet bist."

Rose machte eine Pause und sagte mit größter Entschlossenheit: „Bring mich zu ihm, und ich werde dafür sorgen, dass er sich an mich erinnert."

„Die Entscheidung liegt bei dir", antwortete Aaron. „Ich werde dich hinbringen ..."

„Kannst du mir bitte eine Sekunde geben?", unterbrach Rose. „Ich muss vorher noch etwas zu Hause erledigen."

„Ich bin froh, dass du das sagst", antwortete Aaron. „Ich gehe nirgendwo hin und werde auf dich warten."

Rose sagte sofort: „Croton" und erschien im Schlafzimmer des Jungen. Es war Nacht, aber das Datum zu erraten und wie lange sie abwesend gewesen war, war ziemlich schwierig. Während sie schnell die Namen der Seelen durchging, die ihr in dieser Angelegenheit helfen könnten, blieb sie bei Lita, Gayas Führerin, stehen. Rose rief ihren Namen klar in ihrem Geist, und innerhalb weniger Sekunden erschien Lita in all ihrer Schönheit vor ihr.

„Ist alles in Ordnung? Ich sehe, dass du sehr aufgewühlt bist", sagte Lita besorgt.

„Ja, das bin ich", antwortete Rose. „Ich habe Neuigkeiten, über die ich mit dir sprechen möchte."

Lita setzte sich an das Fußende von Crotons Bett. „Erzähl mir."

Ohne weitere Umschweife berichtete Rose von ihren Nachforschungen über Henrys Verschwinden.

Lita hörte ihr still zu, ohne einen Kommentar abzugeben, und sagte erst nach Roses letzten Worten: „Warum bist du noch hier und nicht schon auf dem Weg?"

Rose blickte schweigend zu dem still schlafenden Croton und wollte ihre Gründe erklären, doch Lita unterbrach sie: „Mach dir keine Sorgen, ich behalte ihn im Auge. Außerdem denkt er gerade nur an meine Gaya, und wahrscheinlich werden die kommenden Tage fast ausschließlich mit ihr verbracht."

Rose schenkte Lita einen Blick voller Liebe und Dankbarkeit. Dann beugte sie sich über den schlafenden Jungen, küsste seine Stirn und sagte: „Ich komme bald wieder, mein Sohn."

Anschließend trat sie zu Lita, die aufstand, und umarmte sie. Rose wollte sagen: „Halt die Stellung, ich bin schnell wieder da", entschied sich jedoch, still zu bleiben.

Die Reise, auf die Rose sich nun einlassen wollte, war ihr völlig unbekannt. Das Gefühl, gerade ein Ticket ohne Rückflug gekauft zu haben, setzte sich in ihrem Geist fest und ließ sie glauben, dass dies vielleicht das letzte Mal sein würde, dass sie diese Umgebung, Croton und Lita sah. Tränen begannen ihre Augen zu füllen und ein Gefühl der Hoffnungslosigkeit legte sich über ihr ganzes Wesen. Lita trat einen Schritt zurück, hielt Rose jedoch weiterhin an den Schultern fest und sagte: „Sieh mich an."

Rose hob ihre Augen.

„Du musst stark sein. Alle zählen auf dich." Nach einer kurzen Pause fügte Lita hinzu: „Ich zähle auf dich."

Ein unkontrollierbarer Wirbelwind mischte Roses Gedanken zu einem Chaos aus willkürlich verstreuten Sätzen, die durch ihren Kopf flogen. Blitze erschreckender Möglichkeiten über ihre bevorstehende Zukunft schwächten ihre Knie so sehr, dass es ihr fast unmöglich war, gerade zu stehen.

Lita schüttelte Rose an den Schultern und sagte: „Geh, geh und hol dir deinen Mann zurück, bevor diese beiden heiraten."

Beide blickten zu Croton, der, eine Störung spürend, seine Position im Bett änderte. Dann flüsterte Lita Rose ins Ohr: „Vergiss nicht, in diesem Universum geschieht nichts zufällig. Ich bin sicher, dass deine Reise von den Planern vorbestimmt wurde."

„Sprichst du von Thales?"

„Nein, nicht von ihm, sondern von einem höheren Wesen, jemandem, der über ihm steht."

„Aber warum?", rief Rose fast aus.

„Schhh", flüsterte Lita, „siehst du, Rose, obwohl du und Henry noch in einem Übergangsreich in eurem schönen Haus am Strand lebt, gehört ihr in Wirklichkeit nicht mehr zu diesem Reich."

„Wie meinst du das?", fragte Rose überrascht. „Werde ich mein Haus verlieren?"

„Nein, natürlich nicht. Es ist nur so, dass du durch die Übernahme der Rolle als Crotons Geistführerin bereits dein Schwingungsniveau angehoben hast."

„Was bedeutet das?"

„Es bedeutet, dass du und Henry euch erneut allen möglichen Herausforderungen und Hindernissen geöffnet habt."

„Du verwirrst mich. Niemand hat uns davon erzählt", sagte Rose.

„Du entwickelst dein Bewusstseinsniveau, und Hindernisse zu überwinden ist der einzige Weg dorthin. Denk nur an die Millionen mutiger Seelen, die einen physischen Körper angenommen haben, um diesen Planeten zu besuchen. Die meisten von ihnen wissen nicht, warum sie hier sind. Sie leben einfach ihr Leben und bewältigen ein Problem nach dem anderen. Nur dass ihre Herausforderungen meist körperlicher oder geistiger Natur sind. Unsere hingegen sind spirituell und emotional."

„Ich verstehe", sagte Rose. „Also glaubst du, dass alles gut wird?"

„Davon bin ich überzeugt", antwortete Lita und fügte hinzu: „Verschwende keine weitere Zeit, geh und hol ihn."

Sie umarmten sich ein letztes Mal, und Rose verschwand.

Reise

Rose erschien vor Aaron, erfüllt von Zuversicht und Entschlossenheit gegenüber ihrer gewählten Aufgabe.

„Bist du jetzt bereit?" fragte Aaron.

„Ich kann es kaum erwarten", antwortete Rose.

„Gut", sagte Aaron und ergriff ihren Arm.

Das Erste, was Roses empfindlichen Geist traf, war ein starker Geruch von brennendem Öl, vermischt mit Feuchtigkeit. Erst nachdem sie sich vollständig auf diese neue Realität eingestellt hatte, erkannte sie, dass sie sich in einem unterirdischen Tunnel befanden.

„Wo sind wir?" wandte sich Rose an Aaron.

„Ich weiß nicht genau, wo wir sind, noch wozu dieser Ort dient, aber ich weiß mit Sicherheit, dass Henry kurz vor seinem Verschwinden hier war. Ich sah, wie er sich zum Licht bewegte." Aaron deutete auf die verspielt tanzenden orangefarbenen Lichtflecken am Ende des Tunnels. Als er Rose ansah, fuhr er fort: „Ich fürchte, dies ist so weit, wie ich dich begleiten kann. Den Rest der Reise musst du alleine gehen."

„Mach dir keine Sorgen um mich. Ich bin erwachsen, ich kann das schaffen."

„Viel Glück", waren Aarons letzte Worte.

Allein gelassen, ging Rose mit langsamen Schritt auf die orangefarbene Wand vor ihr zu. Mit jedem Schritt wirkte die Wand größer und heller in ihrer Farbe. Ein leises Echo von Angst begann von den feuchten Wänden widerzuhallen und pflanzte einen Samen der Furcht in Roses Geist, bisher unberührt von einer solchen Prüfung. Selbst ohne ein menschliches Herz konnte sie seine beschleunigte Rate in ihrem Körper spüren. Schließlich erreichte sie das Ende des Tunnels, und die majestätisch rotierende Kugel erschien vor ihr. Fasziniert von ihrer Schönheit trat Rose näher an den Rand des Tunnels. Als sie die Entfernung zur Kugel und die Leere dazwischen bemerkte, trat sie schnell zurück in Sicherheit.

„Unheimlich, nicht wahr?" Rose hörte eine unbekannte Stimme hinter sich, mit einem Hauch eines fremden Akzents. Sie drehte sich sofort um, um die Quelle der Stimme zu erkennen – ein seltsam aussehender Priester. Seine Zugehörigkeit zu einer religiösen Kaste erkannte Rose an dem großen Kreuz, das auf seinem Bauch ruhte.

Rose trat einen Schritt zurück, um ihn besser betrachten zu können, und sagte: „Ja. Das ist es." Obwohl ihr Herz vor Angst klopfte, entschied sie sich, das nicht zu zeigen, und fragte lässig: „Was hat es mit dieser riesigen Kugel überhaupt auf sich?"

Vater Alexey lächelte breit und sagte: „Ich glaube, du bist hier, um etwas anderes zu fragen."

„Ja, du hast recht." Rose versuchte, ihre Angst und die wachsende Abneigung gegen diesen merkwürdig wirkenden Priester zu beruhigen.

„Also, leg los. Frag ruhig."

Rose blickte Vater Alexey direkt in die Augen und fragte mutig: „Wo ist mein Mann?"

„Whoa, whoa, whoa", rief Vater Alexey aus und tat so, als sei er von Roses fordernder Art eingeschüchtert.

„Was ist daran so komisch? Ich weiß ganz sicher, dass Henry hier war, und dass du höchstwahrscheinlich die letzte Seele bist, die ihn gesehen hat."

Roses letzte Worte klangen so bestimmt, dass Vater Alexey sofort das sarkastische Lächeln aus seinem Gesicht wischte, ernst wurde und seine kühlen, lebhaften blauen Augen Rose die Knie weich werden ließen.

Diese plötzliche Wandlung ließ Rose taumeln; sie trat zurück und suchte nach etwas, an das sie sich anlehnen konnte. „Wohin gehst du?" fragte Vater Alexey. „Schon deine Meinung geändert, Rose?"

Die Tatsache, dass dieser unheimlich wirkende Priester ihren Namen kannte, machte Rose noch misstrauischer. Weiterhin ihre Furcht verbergend, fragte sie: „Woher kennst du meinen Namen?"

„Weil ich dich erwartet habe", antwortete Alexey.

„Warum?"

„Vielleicht, weil ich wusste, dass du kommen würdest, um deinen Mann zu suchen."

Ein plötzlicher Geistesblitz erhellte ihren Verstand und gebar die nächste Frage: „Hast du meinen Mann gefangen gehalten? Wenn ja, ich werde alles tun, um ihn zurückzubekommen."

Vater Alexeys Gesicht hellte sich zum ersten Mal mit einem echten Lächeln auf, und er sagte: „Es freut mich, dass du das sagst. Deine Entschlossenheit erfüllt mich mit Freude." Dann strich Vater Alexey mit seiner großen Hand von seinem Kinn bis zur Spitze durch seinen grauen Bart, trat näher zu Rose und sagte: „Du vergisst eine Sache. Du bist nicht auf der Erde und keine Seele kann eine andere zwingen, etwas gegen ihren Willen zu tun. Dein Mann ist also nicht bei mir und ganz bestimmt nicht mein Gefangener."

„Wo ist er dann?" schrie Rose, als ihre Geduld am Ende war. Ihre Stimme hallte mehrfach wider und verklang langsam, wodurch die Komplexität des Reiches, in dem sie sich befanden, sichtbar wurde.

Vater Alexey wartete, bis völlige Stille eingekehrt war, und sagte dann, während er auf die majestätisch rotierende Kugel zeigte: „Dort."

Rose sah auf die riesige Kugel, deren Oberfläche wie kochende Lava aussah, und sagte: „Was zum Teufel ist das?"

„Das wirst du nur erfahren, wenn du hineinspringst", antwortete Alexey. „Henry ist dorthin gegangen – mit ein wenig Hilfe von mir."

Rose blickte zur Kugel. „Willst du sagen, Henry ist jetzt dort drin?"

„Genau das sage ich", antwortete Vater Alexey.

Noch immer auf die Kugel blickend, die sie an ein Inferno erinnerte, fragte Rose: „Wie komme ich dorthin?"

„Alles, was du tun musst, ist zu springen."

Rose ging bis an den Rand des Tunnels, stand dort eine Weile, schaute nach oben, als würde sie Gott selbst um Hilfe bitten, und fragte dann: „Wie soll ich dorthin kommen? Es ist so weit."

„Mach dir darüber keine Sorgen. Die Kugel wird dich hineinziehen", erklärte Vater Alexey.

Rose richtete zum letzten Mal ihren Blick auf die Kugel, breitete die Arme weit aus wie ein Vogel, der zum Abflug bereit ist, und sagte: „Ich komme, meine Liebe", während sie in das Unbekannte sprang.

Inferno

Der Priester sprach die Wahrheit, die Kugel zog Rose zu sich. Die Distanz zur Kugel war nicht groß, und sie fiel mit zunehmender Geschwindigkeit auf sie zu. Bilder von Croton, den Lita mit sich genommen hatte, um sich um ihn zu kümmern, schossen durch ihren Geist: Was wird mit ihnen geschehen? Wie lange werde ich aus ihrem Leben verschwunden sein? Werde ich sie je wiedersehen? Alle Fragen kamen wie ein starker Windstoß und ließen sie dann allein, um sich selbst für den unvermeidlichen Aufprall zu umarmen. Rose schloss die Augen und spannte ihren ganzen Körper in Erwartung des physischen Schmerzes an.

Vater Alexey beobachtete Rose beim Fallen, lächelte und sagte: „Gott sei mit dir und viel Glück, mein Mädchen."

Ein paar Sekunden später, da keine Veränderung spürbar war, öffnete Rose die Augen. Sie stand mitten auf einer breiten Straße. Schnell blickte sie sich um, um ihre Umgebung zu erfassen und mögliche unmittelbare Gefahren auszumachen. Nichts bewegte sich um sie herum. Sie ließ ihren Blick schweifen, um ein größeres Bild dieser neuen Realität zu erhalten. Tatsächlich stand sie mitten auf einer asphaltierten Straße, doch ungewöhnlich war, dass die meisten Gebäude entlang der Straße und darüber hinaus in Trümmern lagen. Was einst hohe, städtische Strukturen erahnen ließ, waren nun eingestürzt und zu Haufen aus Bauresten zerfallen.

„Oh Gott, was ist hier passiert?" sagte Rose. Die plötzliche Erkenntnis, was zu tun war, kam zu ihr, zusammen mit der Richtung, in die sie sich als Nächstes bewegen musste.

Sie begann, die Straße hinunterzulaufen. Eine seltsame und unerklärliche Kraft leitete sie durch die engen Gassen dieser Geisterstadt. Gedanklich verankerte sich fest, dass irgendeine Katastrophe, vielleicht ein Erdbeben, diese Stadt heimgesucht haben musste. Manche Straßen waren vollständig durch Trümmer blockiert, doch nichts konnte ihre Annäherung an den

Ort, an dem Henry sein musste, aufhalten. Bald erreichte sie eine enge Straße, gesäumt von kleinen, altmodischen einstöckigen Gebäuden. Zu Roses Erleichterung hatten alle die Zerstörung überstanden. Sie wusste instinktiv, dass sie am Ende dieser Straße Henry finden würde. Sie überquerte die Distanz fast fliegend, um vor der Pyramide aus eingestürzten Trümmern zu stehen, die einst stolz und hoch aufgerichtet gewesen war. Rose wusste, dass sie ihr Ziel erreicht hatte und dass Henry irgendwo in der Nähe sein musste.

Sie bemerkte, dass nur noch das oberste Stockwerk dieses einst fünf- oder sechsstöckigen Gebäudes intakt war und auf den unteren Etagen ruhte. Die unteren Stockwerke erinnerten sie an eine mehrschichtige Torte, bei der jede Decke auf dem darunterliegenden Boden lag, getrennt durch eine dünne Schicht aus zerdrückten Möbeln. Rose konnte nicht anders, als das Gefühl zu haben, dass ihr diese Straße und das Gebäude selbst vertraut waren. Der Gedanke, dass Henry zwischen den Stockwerken gefangen sein könnte, traf sie wie ein Blitz. Sie kletterte schnell nach oben, sprang von einem Betonblock zum nächsten und wich den zerdrückten Metallverstärkungen aus, die wie die Tentakel eines riesigen Oktopus herausragten. Schließlich erreichte sie die geschichtete Struktur, die einst ein Wohnraum gewesen war, und rief laut nach Henry, pausierte zwischendurch, um auf seine Antwort zu hören. Sie rief weiter, während sie sich um das eingestürzte Gebäude bewegte.

Plötzlich bemerkte sie eine männliche Gestalt, die reglos und mit dem Gesicht nach unten auf den Trümmern lag. Rose zweifelte keinen Moment daran, dass es Henry war, und wie ein Bergleopard überquerte sie das Gelände zwischen ihnen und erreichte ihn in einem Wimpernschlag. Sie setzte sich neben ihn, beugte sich vorsichtig über ihn, aus Angst, seinen Schlaf zu stören, und legte sanft ihre Stirn auf seinen Rücken, flüsternd: „Ich habe dich gefunden." Nach einem Moment der Stille fragte sie: „Freust du dich, mich zu sehen?"

Doch er regte sich keinen Millimeter, also schob Rose vorsichtig ihre Hand unter seine Schulter und drehte ihn um. Henrys Gesicht war mit einer dicken Staubschicht bedeckt. Sein einst gutaussehendes Antlitz war nun tief gezeichnet,

Spuren getrockneter Tränen hinterließen eine Maske der Trauer.

Rose spürte unbewusst, dass Henry nicht tot sein konnte, doch dennoch griff der lange, dunkle Arm allumfassender Angst mit eiserner Faust nach ihrem Herzen.

„Henry!" schrie Rose und schüttelte seinen Körper.

Henry öffnete die Augen und blickte auf.

„Oh! Gott sei Dank," rief Rose aus, während sie seinen Kopf gegen ihre Brust presste. „Gott sei Dank, dass du lebst. Tu mir das nie wieder an!"

Sie löste ihren Griff, sah ihm in die Augen und sagte: „Versprich mir, dass du mich nie wieder allein lässt. Sieh dich an. Was ist mit dir passiert? Wo zum Teufel sind wir?"

Während Rose Henry befragte, wischte sie unwillkürlich Staub von seiner Kleidung und versuchte, den Schmutz von seinem Gesicht zu entfernen. Als die ersten Wellen ihrer überquellenden Emotionen über sie hereinbrachen, verstummte sie und drückte ihre Lippen erwartungsvoll auf seine, bereit für das lang ersehnte Verschmelzen ihrer Energien – doch er erwiderte den Kuss nicht. Sie blickte in seine Augen und erkannte zum ersten Mal, dass der Mann in ihren Armen nicht Henry war. Alles schien ihm zu gleichen – der Körper, die Kleidung, das Gesicht – nur seine Augen nicht.

Rose löste ihren Griff und fragte: „Bist du mein Henry?"

Der Mann in ihren Armen blickte weiterhin nach oben, gleichgültig gegenüber den Wellen von Emotionen, die Rose großzügig auf ihn niederregnen ließ.

„Nein, das kannst du nicht sein," sagte Rose, ließ den Mann los und trat von ihm zurück. Sie kletterte vorsichtig die Trümmer hinab und setzte sich auf den verbliebenen Teil einer Betonsäule, oder was davon übrig war. Sie drehte sich um, um den Mann zu betrachten, der auf dem Rücken lag.

„Was ist das? Ist das ein kranker Scherz?" Ein Teil von ihr schrie, dass es Henry sei, aber … diese Augen … Das waren nicht seine Augen, nicht die Augen, die sie kannte, voller Liebe und Mitgefühl, Augen, die sie immer willkommen hießen und mit warmer Energie überströmten, wo sie Trost und Schutz fand. Rose versuchte weiterhin, die Situation zu begreifen und

zu analysieren, basierend auf dem begrenzten Wissen, das sie
während ihres Aufenthalts in den Übergangsreichen gesammelt
hatte.

„Das Aussehen kann man fälschen, aber nicht die Augen.
Augen sind Fenster zur Seele, oder vielleicht sind sie selbst die
Seelen, und das können wir nicht vortäuschen." Sie erinnerte
sich an Aarons Worte, dass sie Henry vielleicht mit einem
völlig veränderten Bewusstsein finden würde und dass er sie
möglicherweise nicht erkenne. Sie sah erneut auf den reglosen
Körper und entschied, ihm noch eine Chance zu geben.

Sie kletterte zu ihm hinauf, blickte tief in seine Augen und
fragte: „Erkennst du mich?"

Er starrte weiter durch sie hindurch ohne jede Regung.
Absolute Einsamkeit Hand in Hand mit Hoffnungslosigkeit
ketteten Roses Seele fest. Sie schaute sich verzweifelt um, auf
der Suche nach Hilfe. Diese Situation war völlig außer ihrer
Kontrolle und jede Unterstützung wäre willkommen gewesen.
Ein Teil von ihr wollte aufgeben und diese verwüstete und
fremde Realität verlassen, doch die Angst, ihre letzte
Lebensader zu Henry zu verlieren, hinderte sie daran, an eine
Rückkehr nach Hause zu denken.

In absoluter Verzweiflung schrie sie: „Hilfe!"

Als ihre Stimme von dem eingestürzten Gebäude
zurückhallte und im Nichts verschwand, bemerkte sie die
Gestalt eines alten Mannes, der erschien. Vorsichtig ließ Rose
Henry los, stieg über die Trümmer hinab und ging auf den
Fremden zu, der sich ihr näherte. Als sie ihn erreichte, hatte sie
die Gelegenheit, ihn ganz zu erfassen.

Er hatte ungewöhnlich wettergegerbte braune Augen, die
im Laufe der Zeit ihre ursprüngliche Farbe verloren zu haben
schienen und mit ihr den innewohnenden Frieden und die Ruhe.
Eine lange, krumme Nase ragte stolz aus einem buschigen
Schnurrbart hervor und ein grauer langer Bart reichte bis zu
seiner Taille. Er trug einen seltsamen kegelförmigen Hut, der
seiner ohnehin schon großen Gestalt noch mehr Höhe verlieh.
Ein hellbraunes, schlaffes Gewand hing bis zum Boden und
bedeckte vollständig seine Füße. Schlicht in seinem

Erscheinungsbild offenbarte das dicke Gewand, an seiner linken Seite mit einem Knoten, die Gestalt eines alten Mannes.

Rose blieb in einiger Entfernung stehen. „Bitte sagen Sie mir, dass Sie hier sind, um mir zu helfen?"

„Ja, Rose", antwortete der alte Mann.

„Sie kennen meinen Namen? Das ist ein gutes Zeichen und eine große Erleichterung für mich."

„Wie kann ich Ihnen helfen?" fragte der Mann mit aufrichtigem Mitgefühl.

„Ich habe so viele Fragen, dass ich nicht weiß, wo ich anfangen soll", stürzte Rose heraus.

„Beruhige dich, mein Kind. Ich bin hier, um bei dir zu sein und dir zu helfen", sagte der Mann sanft.

„Dann bitte sag mir, wo ich bin und was dieser seltsame Ort ist. Aber am wichtigsten: Wer ist dieser Mann? Ist er mein Ehemann?"

Der alte Mann lächelte durch seinen dicken Schnurrbart und sagte: „Wenn ich dich richtig verstehe, willst du wissen, wo du dich jetzt befindest?"

„Ja."

„Du bist in der Zukunft, meine liebe Rose."

„In der Zukunft?"

„Genau. Irgendwann in deiner Existenz wirst du auf dieses Szenario treffen", sagte der alte Mann und breitete die Hände weit auseinander, als wolle er die gesamte Szene erfassen.

„Wird das die Zukunft der Erde sein?" Rose war alarmiert.

„Ja", antwortete er.

„Wird meiner Familie etwas geschehen?"

„Nein."

„Das kann ich ertragen. Und was ist mit Henry? Ist dieser Mann mit dem vor Angst geformten Gesicht mein Ehemann?"

„Ja und nein", antwortete der alte Mann.

„Ich verstehe nicht", sagte Rose.

„Was du hier auf den Trümmern liegen siehst, ist ein Abdruck von Henrys Seele, die einst hier war. Mit der Zeit wird dieses Phantom verblassen und diese gesamte Realität mit ihm."

„Also, wenn das nicht Henry selbst ist, wo ist er dann?"

„Er ist wahrscheinlich zu Hause und wartet auf dich."

„Oh, Gott sei Dank!" Rose stolperte einen Moment, und als ihr etwas bewusst wurde, sagte sie: „Verzeihen Sie, ich habe nicht nach Ihrem Namen gefragt."

„Ich bin ein Zeitwächter", antwortete der alte Mann.

Zeitwächter?" fragte Rose. „Ich dachte, Zeit existiert in diesen Reichen nicht, oder irre ich mich?"

„Kannst du mir sagen, wie lange du schon hier bist?" fragte der Zeitwächter.

„Du meinst in dieser Stadt?"

„Ja."

„Ich würde sagen, drei oder vier Stunden", schätzte Rose.

„Und wie kannst du dann behaupten, dass Zeit hier nicht existiert?" forderte der alte Mann heraus.

„Du verwirrst mich. Henry hat immer gesagt, dass Zeit hier keine Rolle spielt und bedeutungslos ist."

„Lass mich erklären", sagte der alte Mann mit einem freundlichen Lächeln. „Jede Realität hat ihr eigenes Zeitgitter, das seinen Countdown beginnt, sobald du eintrittst, und stoppt, sobald du sie wieder verlässt."

„Willst du sagen, dass Zeit etwas Persönliches ist?" fragte Rose vorsichtig, aus Angst, töricht zu wirken.

„Genau. Seelen, die in physischen Körpern gefangen sind, gewöhnen sich an die Zeit auf der Erde, und es ist völlig normal, dass du sie auch hier anwendest."

„Ich denke, du hast recht."

„Wenn man darüber nachdenkt, ist Zeit für Menschen alles. Sie ist zum globalen Synchronisierer des Herzschlags ihres Planeten geworden. Etwas, ohne das sie sich ihr Leben nicht vorstellen können. Sie unterteilen Jahre in Monate, Monate in Wochen, Wochen in Tage, Tage in Stunden und sehen sie als das ultimative Maß."

„Ist das nicht eine vernünftige Vorgehensweise?" fragte Rose.

„Ja, das ist es. Aber nur sehr wenige wissen, dass Zeit leicht manipulierbar ist", sagte der alte Mann.

Rose sah den Zeitwächter misstrauisch an.

„Versuche dich zu erinnern – wenn du etwas Angenehmes getan hast, verflog die Zeit, Stunden schmolzen zu Minuten. Und dann blieb sie völlig stehen, wenn du nichts zu tun hattest."

„Ja, das stimmt", bestätigte Rose lächelnd.

„Im größeren Bild brauchen die unendlichen Wesen, die wir sind, keine Zeitmessung. Wichtig ist das Geschehen von Ereignissen, und deren Inhalte sind von allumfassender Bedeutung. Wann genau sie stattfinden, ist völlig unwichtig."

„Willst du damit sagen, dass Timing bedeutungslos ist?"

„Wenn es um die Ewigkeit geht, ja."

„Und was genau macht dann ein Zeitwächter?" fragte Rose. Die Gewissheit, dass Henry sicher zu Hause war, beruhigte sie und sie beschloss, diesen seltsamen Mann ein wenig tiefer auszufragen, um später Henry damit beeindrucken zu können.

„Ich bin für die Zukunft zuständig", sagte der Zeitwächter.

„Aber ist die Zukunft nicht unbekannt?"

„In kleinen Details ja, aber das Meiste ist, wie die Menschen sagen, in Stein gemeißelt", fuhr er fort. „Zum Beispiel ist die Realität, in der wir uns jetzt befinden, eine Gewissheit, auch wenn das Verhalten der Menschen unter solchen Umständen unbekannt ist und sich in unendlichen Variationen entfalten kann."

„Ich verstehe es nicht ganz."

„Ich weiß nicht, wie die überlebende Bevölkerung dieser Stadt auf eine solche Katastrophe reagieren wird, und genau deshalb ist diese Szenerie frei von Menschen."

„Ach so", sagte Rose.

„Die Antwort auf deine Frage, ‚was Zeitwächter tun', ist ganz einfach. Ich helfe Seelen, nicht in diesen Reichen steckenzubleiben."

„Dafür möchte ich dir danken", sagte Rose.

„Ich habe das Gefühl, dass du es kaum erwarten kannst, deinen Mann zu sehen", sagte der Zeitwächter mit großem Mitgefühl und Verständnis.

„Ehrlich gesagt, ja. Würdest du mir bitte helfen, nach Hause zu kommen?"

„Denk einfach an ihn", sagte der Zeitwächter, während er Rose zum Abschied zuwinkte, die langsam verschwand.

Wiedervereinigung

Rose erschien mitten im Wohnzimmer, erfüllt von Hoffnung und Erwartung. Ein schneller Blick ließ sie auf das Haus achten, das in vollkommenem Chaos zurückgelassen worden war. Für einen kurzen Moment, in dem sie ihre Aufregung über dieses lang ersehnte Wiedersehen vergaß, konnte Rose nicht zulassen, dass Henry ihr Zuhause in diesem Zustand sah. Sie schloss die Augen, und wie Blitze aus ihrer Vorstellungskraft begann alles, an seinen richtigen Platz zu fliegen. Innerhalb weniger Sekunden war ihr Heim wieder in tadellosem Zustand.

Nun bereit, ihren Mann willkommen zu heißen, ging sie in die Lounge – in den einzigen Bereich des Hauses, der unverändert geblieben war und in dem Henry seine Zuflucht gefunden hatte – das Sofa.

Sie strich ihm mit den Fingern durch das Haar und flüsterte: „Du bist zurück, und nichts anderes zählt." Dann beugte sie sich vor und drückte sanft ihre Lippen auf seine Wange.

Henry öffnete die Augen, sah Roses Augen voller Tränen und Liebe, lächelte und küsste sie zurück. Einen Moment später sagte er: „Ich bin zurückgekommen, aber du warst nicht zu Hause. Es tut mir leid, dass ich eingeschlafen bin, aber diese Reise hat mich völlig ausgelaugt."

„Schon gut, mein Liebster, du bist zurück und das ist das Wichtigste."

Henry versuchte, sich aufzusetzen, doch er konnte es nicht. „Geht es dir gut?" fragte Rose, als sie Henrys Anstrengung bemerkte.

„Ich weiß nicht. Ich habe mich noch nie so schwach gefühlt", antwortete Henry.

„Bist du krank?" fragte Rose und fuhr, als sie Henrys sarkastisches Lächeln bemerkte, fort: „Ach ja, du hast ja keinen physischen Körper! Wie erklärst du das dann, du Schlauberger?"

„Ich wünschte, Croton wäre hier", sagte Henry.

„Warte einen Moment. Ich kenne vielleicht jemanden, der uns helfen kann", schlug Rose vor.

Henry blickte misstrauisch zu Rose, als sie die Augen schloss, ihre Handflächen auf die Schläfen legte und zu murmeln begann.

Das wird interessant, dachte Henry bei sich. Er lehnte sich in die Kissen zurück in Erwartung eines Wunders. Zu seiner Verwunderung erschien in der Raummitte ein alter Mann, der einen seltsam aussehenden Kegel auf dem Kopf trug.

„Wer ist das?" fragte Henry, unangenehm überrascht.

„Das ist ein Zeitwächter", verkündete Rose stolz.

Der alte Mann nickte anmutig und, als er Henry beim Versuch aufzustehen bemerkte, deutete er, dass er auf dem Sofa bleiben solle.

Rose lud den Zeitwächter ein, sich in einem Sessel niederzulassen, und fragte: „Was ist mit ihm passiert? Er hat keine Energie."

„Das ist völlig normal", antwortete der Zeitwächter.

„Ich sehe nicht, wie das normal sein kann. Ich fühle mich gelähmt", sagte Henry frustriert.

„Nimm dir etwas Zeit, und du wirst deine Kraft zurückgewinnen", riet der Zeitwächter.

„Aber was ist mit meinem Mann passiert? Können Sie es uns erklären?"

„Es ist ganz einfach", antwortete der alte Mann mit sanftem Lächeln. „Erinnerst du dich an seinen leblosen Körper, der im Trümmerfeld lag?"

„Ja, daran erinnere ich mich."

„Nun, das war ein Teil seiner Energie, der zurückgeblieben ist. Mit der Zeit wird alles wieder zu ihm zurückkehren", erklärte der alte Mann.

„Welche Energie? Wovon reden Sie?" fragte Henry besorgt.

Den Fragen Henrys ausweichend, fuhr der Zeitwächter fort: „Die Reise in physische Welten kostet uns viel Energie, wie du wahrscheinlich schon weißt."

„Ja", antwortete Rose.

„Jetzt kostet die Reise in die Zukunft noch mehr Energie. Du wiederum spürst diesen Verlust nicht, weil sie für Henry geschaffen wurde, für seine persönliche Erfahrung, und dabei ein Teil seiner eigenen Energie genutzt wurde."

„Das erklärt seinen Zustand."

„Werde ich absichtlich von diesem Gespräch ausgeschlossen?" protestierte Henry, dem die Geduld ausging.

„Lass es mich erklären", sagte der Zeitwächter, „Rose ist dir gefolgt, genauer gesagt, um dich zu retten."

Henry sah zu Rose, die stolz nickte.

„Ich erinnere mich nicht daran, dass sie dort war."

„Daran erinnerst du dich nicht, weil du die Zukunft verlassen hattest, bevor sie dort ankam."

Henrys nächste Frage war von großem Schmerz und Mitgefühl durchtränkt. „Hast du all das gesehen, was ich gesehen habe?"

„Nein", fiel der Zeitwächter schnell ein, bevor Rose antworten konnte.

Mit großer Mühe richtete sich Henry auf und wandte sich an Rose: „Warum bist du mir überhaupt gefolgt?"

„Ich habe es getan, weil ich dich liebe und weil ich mir Sorgen gemacht habe!"

Nach einem Moment des Schweigens fragte Rose Henry: „Was hast du überhaupt gesehen?"

Bevor Henry den Mund öffnen oder seine Gedanken ordnen konnte, mischte sich der Zeitwächter ein: „Ich denke nicht, dass du dich mit solchem Wissen belasten solltest, liebe Rose."

Henry warf dem Zeitwächter einen Blick zu und war überzeugt, dass seine gesamte Erinnerung an den Besuch in der Zukunft Rose verborgen bleiben sollte.

„Also bin ich den ganzen Weg umsonst gegangen", sagte Rose zu beiden.

„In unserem Universum ist nichts jemals umsonst", entgegnete der Zeitwächter. „Jeder Gedanke und jede Handlung, und besonders die Ursache dieser Handlungen, haben eine tiefe Bedeutung. Im Vergleich zu Henry wusstest du in gewisser Weise, wohin du gehst, und warst dir der möglichen Gefahren bewusst, und trotzdem hast du dich auf die

Aufgabe eingelassen, deinen Geliebten zu retten. Genau so möchte unser Schöpfer, dass wir handeln. Das ist der Grund, warum alle multidimensionalen Reiche erschaffen wurden. Durch deine Tat hast du das bestätigt."

„Welche Tat?" fragten Henry und Rose gleichzeitig.

„Dass Liebe keine Grenzen kennt. Keine Angst kann sich ihr entgegenstellen. Am wichtigsten aber ist, dass ihr wissen solltet, dass die Kraft der Liebe, die euch so stark zueinandergezogen hat, ewig ist." Nach einer kurzen Pause fügte er hinzu: „Nur, wenn ihr es so wollt."

Rose und Henry sahen einander an, und dann sagte Rose: „Ich will nicht ohne dich existieren."

„Und ich will nicht ohne dich existieren", sagte Henry mit absoluter Aufrichtigkeit.

Der Zeitwächter, der dieses eindrucksvolle Schauspiel der Liebe beobachtete, lächelte und sagte: „Es liegen noch viele Herausforderungen vor euch. Eure Liebe wird zeitlos geprüft werden, bevor sie wahre ewige Liebe genannt werden kann."

Rose und Henry sahen auf den Platz, an dem der Zeitwächter gesessen hatte, doch seine letzten Worte hallten durch den Raum, während er verschwand.

Ohne den Blick von dem Stuhl abzuwenden, auf dem der seltsame alte Mann gesessen hatte, sagte Henry: „Ich frage mich, wovon er gesprochen hat."

„Ich auch", antwortete Rose, bis ins Innerste erschüttert. Plötzlich sprang sie von ihrem Sitz auf und rief: „Croton! Wir haben ihn völlig vergessen."

„Du hast ihn allein gelassen?" fragte Henry.

„Nein, ich habe ihn bei Lita gelassen", antwortete Rose.

„Wer ist Lita?"

„Gayas Führerin. Ich werde dir alles später erklären. Lass uns keine Zeit verlieren." Sie ergriff Henrys Hand und machte sich bereit, sich in die physische Welt zu begeben.

„Warte", sagte Henry, „weißt du, wie lange du abwesend warst?"

„Nein, warum sollte das von Bedeutung sein?"

„Ich will nur, dass du auf jede Wendung vorbereitet bist."

„Okay, okay, lass uns gehen", sagte Rose. Beide schlossen die Augen und verließen ihren Komfort für jenen, dem sie sich ganz verschrieben haben.

Zurück zur Pflicht

„Guter Zeitpunkt", sagte Lita.

„Was haben wir verpasst?" fragte Rose, während sie hereinstürmte. Ihr letzter Besuch in einer Kirche lag bei ihrer eigenen Beerdigung. Natürlich rief dies unangenehme Erinnerungen und eine Vorahnung von Schwierigkeiten hervor.

„Entspann dich, alles ist in Ordnung", sagte Lita.

Rose blickte schnell durch die gesamte Kirche, die mit Menschen gefüllt war, alle formell gekleidet, und richtete ihre Aufmerksamkeit auf den Altar. Die plötzliche Erkenntnis traf sie, und sie rief aus: „Nein. Heiraten unsere Kinder etwa?"

Lita nickte nur bestätigend. Ihr Gesicht strahlte von unkontrollierbarem Glück, das aus ihrem ganzen Körper zu fließen schien. Sie wandte sich Henry zu. „Und das, nehme ich an, ist unser verlorener Sohn", sagte Lita, während sie Henry von Kopf bis Fuß musterte.

Henry ignorierte diese Vertraulichkeit und stellte sich sehr formell vor. In der Zwischenzeit war Rose völlig von der feierlichen Vereinigung zweier liebender Herzen am Altar eingenommen.

„Mein Sohn heiratet, und ich habe es fast verpasst", murmelte sie vor sich hin. Seit sie diesen Auftrag übernommen hatte, Crotons Weg in der physischen Welt zu begleiten, hatte sie in ihrer Seele eine Liebe entdeckt, die derjenigen glich, die sie für Emily, ihre Tochter, empfand. Dieser junge Mann, der nun vor ihr stand, den sie seit dem ersten Atemzug begleitet und gepflegt hatte, entsprach nicht dem mächtigen Croton. Vielmehr stand er als ihr eigener Sohn da, noch verletzlich, in seiner Not auf Schutz und beständige Fürsorge angewiesen. Mit diesem Gedanken wurde Roses Glück von einem Anflug von Sorge gemildert für den großen Schritt, den ihr Sohn im Streben nach wahrer Liebe gegangen war. Auf der Suche, sich mit einem Wesen zu vervollständigen, das er kaum kannte, erhoffte er, dass seine Reise zur Erde mit einem Juwel namens Gaya gekrönt werden würde, und Rose musste die feste Gewissheit dieses edlen Handelns sicherstellen.

Eines hatte Rose definitiv gelernt: Eine bodenständige Seele zu führen war eine weit größere Aufgabe, als nur ein Elternteil zu sein. Viele Aktivitäten von Kindern bleiben ihren Eltern unbekannt, doch bei den Führern war dies nicht der Fall. Dieses absolute Bewusstsein über jeden Aspekt der Seelen, die sie begleiteten, und die Unfähigkeit, direkt in deren Handlungen einzugreifen, um sie von offensichtlichen selbstzerstörerischen Pfaden abzuhalten, machte die Aufgabe des Führers nahezu unerträglich. Bei Croton war das anders. Er war ein guter Junge, fast zu perfekt für sein Alter, wodurch Rose sich um unvorhergesehene Ereignisse kümmern konnte, die plötzlich auf seinem Weg auftauchen konnten – einem Weg, der ihn stetig zu seinem einzigen Ziel führte und der Grund für seine gegenwärtige Inkarnation war. Nichts konnte Roses Glück trüben ... Henry an ihrer Seite, sicher zurück zu Hause, Croton am Altar Hand in Hand mit dem Mädchen seiner Träume ... alles war einfach perfekt, genau so, wie sie es sich gewünscht hatte. Später, auf der Tanzfläche, war Rose in Henrys Armen, über die anderen Tänzer erhoben, wirbelnd in einem atemberaubenden Walzer. Geschickt geführt von Henry schwebten sie hoch über allen weltlichen Sorgen, trotzten den Gesetzen der Schwerkraft, aber ergaben sich den Anziehungskräften zweier liebender Herzen im Feuer der ewigen Liebe.

Unterdessen saß Thales an einem von den Gästen verlassenen Tisch in einer abgelegenen Ecke des Saals und trommelte mit den Fingern auf die Tischplatte. Seine Augen waren ungewöhnlich kalt und berechnend, tief in seinem leicht faltigen Gesicht verankert, fixiert auf Rose. Sein steinernes Gesicht war angespannt und in tiefe Gedanken versunken. Die Nachricht, die er den beiden Liebenden, die sich leidenschaftlich umarmten und unter der Decke der Tanzfläche schwebten, überbringen musste, würde ihre Herzen brechen. Thales hatte alles gesehen, und nur schwer konnte ihn etwas noch beeindrucken. Tausende von Jahren hatte er die Menschheit beobachtet, ihre Verhaltensmuster studiert und das

Unvorhersehbare vorhergesagt – Gottes Schöpfungen hatten ihn zu dem gemacht, was man als herzlos bezeichnen könnte.

Es wäre falsch anzunehmen, dass er sein Mitgefühl für die Menschen verloren hatte, doch sie berührten ihn nicht mehr auf einer tieferen Ebene. Seine Fähigkeit, das größere Bild und den Sinn jeglicher Schwierigkeiten oder Schmerzen, die Menschen durchstehen mussten, zu erkennen, erlaubte ihm, sich von all den emotionalen Turbulenzen dieser armen geführten Seelen zu lösen. Genau diese Eigenschaft hob ihn hervor und ließ ihn das Angebot annehmen, ein Planer zu werden. Eine Position, die unter Seelen so hoch angesehen war, von allen begehrt und gleichzeitig extrem schwer. Schwer nicht im Sinne der Menge an Arbeit oder der Energie, die erforderlich war, um die gewünschten Ergebnisse zu erzielen, sondern wegen der enormen Verantwortung, die diese Aufgabe verlangte. Er manipulierte das Leben von Menschen. Er schrieb Szenarien für ein Stück, dessen Bühne die Erde war und dessen Schauspieler in einem endlosen Kreis armer reinkarnierender Seelen gefangen waren. Seelen, die nichts sehen konnten außer dem, was sie wahrnahmen. Sie stützten sich stark auf die begrenzten fünf Sinne, die ihnen von Gott gegeben wurden, und spielten so aufrichtig und leidenschaftlich, in dem Glauben, dass es nichts darüber hinaus gäbe. Dieses umfassende Wissen über ihre multidimensionale Existenz war zu ihrem eigenen Wohl geschickt vor ihnen verborgen. Eingeschlossen in winzige Gruppen, Familien und enge Freunde, waren sie gezwungen, mit anderen Schauspielern zu koexistieren, die auf verschiedenen Stufen ihrer Entwicklung standen. Diese Schauspieler sollten nicht nur miteinander auskommen, sondern auch lernen, die Unterschiede des anderen zu akzeptieren und in gegenseitiger Präsenz tolerant zu sein – gleichzeitig auf derselben Bühne.

„Endlich ist alles an seinen Platz gefallen, wo es hingehört", sagte Rose und hielt Henry leidenschaftlich fest. Sie drückte ihren ganzen Körper an seinen, als hätte sie Angst, ihn erneut zu verlieren.

„Was meinst du?" fragte Henry.

„Wenn es so etwas wie ultimatives Glück gibt, kann ich sagen, dass ich es gefunden habe."

Henry legte seine Hände um Roses Taille, sah ihr tief in die Augen und sagte: „Jetzt liebe ich dich, für immer liebe ich dich." Ihre Augen wurden feucht, und unzählige Kristalllichter im Saal spiegelten sich in den Augen der tanzenden Liebe.

Einen Moment später fragte Rose: „Ist dir unser alter griechischer Freund aufgefallen?"

„Wovon redest du?" fragte Henry.

„Thales."

„Er muss hier sein, um unser Glück zu teilen."

„Ich glaube nicht." Ein Blick auf Thales' Gesicht überzeugte sie, dass er nichts Gutes im Sinn hatte.

„Gehen wir zu ihm," schlug Rose vor. Diese plötzliche Stimmungsschwankung ließ Henry verwirrt und beunruhigt zurück. Sie ergriff seine Hand und zog ihn zu dem Tisch, an dem Thales geduldig auf sie wartete. Sie grüßten ihn respektvoll.

Thales stand in seiner ganzen Präsenz auf, legte seine rechte Hand auf die Brust und nickte leicht mit dem Kopf.

„Was für eine wunderbare Hochzeit, und ihr genießt sie sicherlich," sagte Thales mit einem breiten Lächeln, das ein perfektes Weiß seiner Zähne offenbarte. „Verzeiht meine Störung, oder wie die Menschen sagen würden, als ungebetener Hochzeitsgast zu erscheinen."

„Überhaupt nicht," antwortete Henry. „Crotons physisches Leben ist, so glaube ich, von großer Bedeutung für dich, ebenso wie für uns, und wir freuen uns aufrichtig, dich hier zu sehen. Ich bin sicher, Croton hätte deine Anwesenheit sehr geschätzt, wenn er von unserer Existenz gewusst hätte."

Rose trat mutig vor, beendete das Spiel gegenseitiger Höflichkeiten und fragte mit ernster Stimme: „Worum geht es, Thales?"

Thales wischte sofort das affektierte Lächeln von seinem Gesicht und antwortete: „Wir müssen reden."

„Ich wusste es."

„Was ist los?" fragte Henry.

„Wann und wo?" fragte Rose abrupt.

„Jetzt,“ antwortete der Grieche, und bevor er verschwand, fügte er hinzu: „bei euch zu Hause.“

Eine Zeit lang stand Rose wie eine eingefrorene Statue und starrte auf den Platz, an dem Thales gestanden hatte. In Gedanken versunken begann sie, die möglichen Gründe zu ordnen, die Thales zu diesem Treffen veranlasst haben könnten.

Henry, der Rose nicht stören wollte, versuchte, den Faden ihrer Gedanken nachzuvollziehen, doch bald war er im Labyrinth verloren, in das Rose sich selbst geführt hatte. Sanft berührte er ihre Schulter und sagte: „Ich verliere dich.“

Rose drehte sich zu ihm und entgegnete scharf: „Warum muss unser Glück so kurzlebig sein?“

„Ich verstehe deine Sorgen nicht, Liebes.“

„Ich kann es spüren.“ Rose wandte sich zu den Neuvermählten, ergriff Henrys Hand und sagte: „Lasst uns Abschied nehmen.“

Sie gingen auf Croton und Gaya zu. Zum letzten Mal sah Rose Croton zärtlich an, erschöpft vom unaufhörlichen Anstoßen und Tanzen, und sagte: „Leb wohl, mein Junge.“

Henry blickte überrascht zu Rose. „Warum habe ich das Gefühl, dass du dich für immer verabschiedest?“

„Ich kann es spüren,“ antwortete Rose. Sie nahm Henrys Hand und flüsterte: „Lass uns gehen.“

Vorschlag

Sie fanden Thales am Kopfende ihres Esstisches sitzend.

„Warum setzen wir uns nicht ins Wohnzimmer?" schlug Rose vor und lud Thales ein, sich auf das Sofa zu setzen.

„Das Thema, das wir besprechen müssen, ist am Esstisch besser aufgehoben," antwortete Thales.

Er deutete an, dass Rose und Henry sich jeweils zu seiner Seite an den Tisch setzen sollten. Das Paar nahm vorsichtig Platz, in Erwartung schlechter Nachrichten.

Die anhaltende Stille überforderte Roses Geduld, und verzweifelt erhob sie die Stimme: „Worum geht es? Ihr macht mich nervös!"

Thales legte langsam seine Ellbogen auf die Tischplatte und verschränkte die Hände zu einer Faust, dann ließ er sie langsam auf den leicht abgenutzten Tisch sinken.

Rose biss sich auf die Unterlippe, um nicht noch ein Wort herauszubringen.

„Bisher," begann Thales, „ist alles nach Plan verlaufen, und ich möchte Ihnen gratulieren, insbesondere dir, Rose, für deine herausragende Arbeit als Führerin, für die Liebe, Mitgefühl und Fürsorge, die du deiner Aufgabe gewidmet hast, und für die Person, zu der Croton herangewachsen ist."

Rose lehnte sich in ihrem Stuhl zurück und seufzte erleichtert.

Henry, der ihr gegenüber saß, wurde angespannt und erkannte sein vollständiges Versagen als Crotons Führer.

„Schließlich hat Croton die richtige Wahl getroffen, indem er euch als Führer für seine physische Erfahrung vertraut hat," fuhr Thales fort, „und dafür möchte ich im Namen Crotons meinen tiefsten Dank aussprechen."

Thales wandte sich Rose zu, und sie errötete plötzlich, ihr Gesicht und Hals wurden hellrot. Es war das erste Mal seit vielen Jahren, dass jemand ihre Arbeit anerkannt und vor allem dafür gedankt hatte.

„Du musst mir nicht danken, es ist mir eine Freude und Ehre."

Henry wünschte sich nur, vom Tisch, von diesem Gespräch und von dieser Realität zu verschwinden. Er fühlte sich wie ein Schüler, der unvorbereitet und ahnungslos vor der ganzen Klasse steht. Das einzige Wort, das sein Gefühl beschrieb, war Peinlichkeit.

Als Rose Henrys Stimmungsschwankung bemerkte, fragte sie Thales: „Warum habe ich das Gefühl, dass dieses Treffen nicht nur über unsere gute Arbeit geht? Gibt es noch etwas anderes?"

Thales ignorierte Roses direkte Frage und warf einen Blick auf Henry, um zu sagen: „Nun, zu dir."
Sofort brach Henry zusammen.

„Ich weiß, dass ich in meiner Aufgabe versagt habe, und wenn hier oben irgendeine Strafe für Führer wie mich vorgesehen ist, werde ich sie gerne annehmen."

Thales lächelte aufrichtig und sah Henry mit Mitgefühl an.

„Quäle dich nicht selbst. Alles ist so verlaufen, wie es vorgesehen war."

Henry war so überrascht, dass er fragte: „Sagst du also, dass meine völlige Abwesenheit im Leben von Croton in Ordnung ist?"

„Ja, es ist nicht nur in Ordnung, sondern trägt auch eine tiefere Bedeutung."

„Welche Bedeutung?"

„Sie wird dir bald offenbart werden."

„Ich fühle mich etwas erleichtert." Henry erlaubte einem sanften Lächeln, sein Gesicht zu erhellen.

„Da wir nun über das bereits Erreichte gesprochen haben, möchte ich über Crotons Zukunft sprechen."

Sowohl Henry als auch Rose rückten näher an die Ränder ihrer Stühle, um kein Wort von dem zu verpassen, was Thales sagen wollte.

„Seine zukünftige Führung wird mehr Einsatz von euch erfordern," sagte Thales und sah Henry direkt an.

„Ich bin bereit," antwortete Henry, „und egal was es kostet, ich verspreche, dass ich für ihn da sein werde."

Thales fixierte Henrys Blick länger als gewöhnlich, sodass dieser sich sichtlich unwohl fühlte.

„Ich möchte, dass ihr euer Versprechen nicht vergesst und vor allem es nicht bereut," sagte Thales.

„Das werde ich nicht," antwortete Henry und legte seine rechte Hand auf seine Brust. Diese Geste war völlig untypisch für ihn, weshalb Rose die Augenbrauen hochzog, doch sie wirkte angemessen und angebracht.

Thales lehnte sich zurück und spürte völlige Zufriedenheit über den Verlauf ihres Treffens.

Henry und Rose sahen sich an, mit nur einer Frage im Kopf: „Und …?"

„Und nun habe ich einen Vorschlag für euch," erklärte Thales, „für euch beide als die Führer, die sich bereitwillig seiner Aufgabe verschrieben haben." Thales machte erneut eine kurze Pause, wodurch die Spannung im Raum noch wuchs, bevor er seine Bombe fallen ließ.

„Wir hören," sagte Rose ungeduldig.

„Was ich euch vorschlage, wird anfangs schwer zu akzeptieren sein, aber langfristig sehr lohnend für euer spirituelles Wachstum und zugleich hilfreich für die Aufgabe, die Croton übertragen wurde."

„Wir hören," drängte Rose.

„Wie wir alle wissen, hat Croton eine feminine Energie namens Gaya gefunden und sich in sie verliebt. Sie haben entschieden, ihre Reise gemeinsam fortzusetzen. Wir können also sagen, dass der einfachste Teil unserer Aufgabe abgeschlossen ist," sagte Thales.

„Der einfachste Teil?" fragte Rose.

„Ja, meine liebe Rose. Der Funke der Liebe wurde in ihre Herzen gepflanzt, noch bevor sie menschlich wurden, und das wisst ihr. Der schwierigste Teil dieser Lebensgeschichte beginnt jetzt. Der Moment, in dem alle möglichen Hindernisse diese Liebe prüfen werden. Ihr beide wart bereits dort und wisst, wie leicht es ist, dieses Geschenk des Schöpfers zu verlieren und auseinanderzuwachsen – so wie es in eurem Fall geschehen ist."

Henry senkte den Kopf und unternahm eine kurze Reise zurück in ihr jüngstes physisches Leben.

„Ich verstehe," sagte Rose, „und ich sehe die Schwierigkeiten, denen Croton begegnen könnte, und uns mit ihm. Hast du einen Rat für uns?"

„Ich habe keinen Rat, aber eine Lösung," antwortete Thales mit einem verlockenden Glanz in seinen Augen.

„Und?" fragte Rose.

„Während wir sprechen, ist Gaya bereits im vierten Monat schwanger."

„Was?" rief Rose aus. „Die Hochzeit ist doch noch nicht einmal vorbei. Schon? Oder habe ich etwas verpasst?"

Henry, der während des Großteils des Gesprächs geschwiegen hatte, mischte sich ein: „Du solltest dich doch langsam an den Zeitunterschied zwischen unserer und der irdischen Realität gewöhnt haben."

„Oh ja, das vergesse ich immer wieder."

Thales übernahm erneut das Gespräch: „Wie gesagt, Gaya ist schwanger und wird ein Mädchen zur Welt bringen."

„Oh, welch wunderbare Nachricht!" sagte Rose begeistert. „Obwohl ich weiß, dass Croton sich einen Jungen gewünscht hätte, bin ich mir sicher, dass er seine Tochter umso mehr lieben wird."

„Daran habe ich keinen Zweifel," stimmte Thales zu.

Henry, pragmatischer als Rose, ging direkt auf den Punkt: „Wissen wir, welche Seele den Körper dieses Kindes übernehmen wird?"

„Tatsächlich wissen wir es," sagte Thales.

„Und welche?" fragten Rose und Henry gleichzeitig.

In diesem Moment spürte Rose eine Dichte an Energie, wie sie sie nie zuvor erlebt hatte, die ihren gesamten Körper durchdrang. Sie wollte den Blick von Thales abwenden, doch sie war wie gelähmt.

Thales bestätigte, was Rose bereits geahnt hatte: „Du."

Über den Author

ARTUR TADEVOSYAN
Geschäftsführer, Autor und Motivationsredner

Ich bin Geschäftsführer eines Unternehmens mit 30 Mitarbeitern und Master-Absolvent des Armenischen Polytechnikums. Ich besitze seit 25 Jahren mein eigenes Unternehmen, in dem ich Menschen aus allen Lebensbereichen leite und ausbilde. Ich habe meine Jugendjahre im sowjetischen Armenien mit meiner Frau und zwei Töchtern verbracht. Wir lebten dort in einer Zeit großer Schwierigkeiten und extremer Armut, verursacht durch den Zusammenbruch des Kommunismus in der Sowjetunion. Mein Weg führte meine Familie und mich unerwartet nach Johannesburg, Südafrika, in ein Land, dessen Sprache ich nicht sprechen konnte, und in eine Gesellschaft, die für mich völlig neu war.

Other Books by Ozark Mountain Publishing, Inc.

For more information about any of the above titles, soon to be released titles,
or other items in our catalog, write, phone or visit our website:
PO Box 754, Huntsville, AR 72740|479-738-2348/800-935-0045|www.ozarkmt.com

Other Books by Ozark Mountain Publishing, Inc.

James Nussbaumer
And Then I Knew My Abundance
Each of You
Living Your Dram, Not Someone Else's
The Master of Everything
Mastering Your Own Spiritual Freedom
Sherry O'Brian
Peaks and Valley's
Gabrielle Orr
Akashic Records: One True Love
Let Miracles Happen
Nick Osborne
A Ronin's Tale
Nikki Pattillo
Children of the Stars
A Golden Compass
Victoria Pendragon
Being In A Body
Sleep Magic
The Sleeping Phoenix
Alexander Quinn
Starseeds What's It All About
Debra Rayburn
Let's Get Natural with Herbs
Charmian Redwood
A New Earth Rising
Coming Home to Lemuria
David Rousseau
Beyond Our World, Book 1
Beyond Our World, Book 2
Richard Rowe
Exploring the Divine Library
Imagining the Unimaginable
Garnet Schulhauser
Dance of Eternal Rapture
Dance of Heavenly Bliss
Dancing Forever with Spirit
Dancing on a Stamp
Dancing with Angels in Heaven
Annie Stillwater Gray
The Dawn Book
Education of a Guardian Angel
Joys of a Guardian Angel
Work of a Guardian Angel

Manuella Stoerzer
Headless Chicken
Blair Styra
Don't Change the Channel
Who Catharted
Natalie Sudman
Application of Impossible Things
L.R. Sumpter
Judy's Story
The Old is New
We Are the Creators
Artur Tradevosyan
Croton
Croton II
Jim Thomas
Tales from the Trance
Jolene and Jason Tierney
A Quest of Transcendence
Paul Travers
Dancing with the Mountains
Nicholas Vesey
Living the Life-Force
Dennis Wheatley/ Maria Wheatley
The Essential Dowsing Guide
Maria Wheatley
Druidic Soul Star Astrology
Sherry Wilde
The Forgotten Promise
Lyn Willmott
A Small Book of Comfort
Beyond all Boundaries Book 1
Beyond all Boundaries Book 2
Beyond all Boundaries Book 3
D. Arthur Wilson
You Selfish Bastard
Stuart Wilson & Joanna Prentis
Atlantis and the New Consciousness
Beyond Limitations
The Essenes -Children of the Light
The Magdalene Version
Power of the Magdalene
Sally Wolf
Life of a Military Psychologist

For more information about any of the above titles, soon to be released titles,
or other items in our catalog, write, phone or visit our website:
PO Box 754, Huntsville, AR 72740|479-738-2348/800-935-0045|www.ozarkmt.com

www.ingramcontent.com/pod-product-compliance
Lightning Source LLC
Chambersburg PA
CBHW062158080426
42734CB00010B/1735